DIREITO DE (NÃO) FUMAR
UMA ABORDAGEM HUMANISTA

Amanda Flávio de Oliveira

Doutora e Mestre em Direito Econômico pela Universidade Federal de Minas Gerais (UFMG); Professora-adjunta de Direito Econômico na UFMG; Assessora-jurídica do Ministro do Supremo Tribunal Federal; Ex-Diretora do Departamento de Proteção e Defesa do Consumidor do Ministério da Justiça

DIREITO DE (NÃO) FUMAR

UMA ABORDAGEM HUMANISTA

RENOVAR
Rio de Janeiro • São Paulo • Recife
2008

Todos os direitos reservados à
LIVRARIA E EDITORA RENOVAR LTDA.
MATRIZ: Rua da Assembléia, 10/2.421 - Centro - RJ
CEP: 20011-901 - Tel.: (21) 2531-2205 - Fax: (21) 2531-2135
FILIAL RJ: Tels.: (21) 2589-1863 / 2580-8596 - Fax: (21) 2589-1962
FILIAL SP: Tel.: (11) 3104-9951 - Fax: (11) 3105-0359
FILIAL PE: Tel.: (81) 3223-4988 - Fax: (81) 3223-1176

LIVRARIA CENTRO (RJ): Tels.: (21) 2531-1316 / 2531-1338 - Fax: (21) 2531-1873
LIVRARIA IPANEMA (RJ): Tel: (21) 2287-4080 - Fax: (21) 2287-4888

www.editorarenovar.com.br   renovar@editorarenovar.com.br
                             SAC: 0800-221863
© 2008 by Livraria Editora Renovar Ltda.

Conselho Editorial:

Arnaldo Lopes Süssekind — Presidente
Caio Tácito (*in memoriam*)
Carlos Alberto Menezes Direito
Celso de Albuquerque Mello (*in memoriam*)
Luiz Emygdio F. da Rosa Jr.
Nadia de Araujo
Ricardo Lobo Torres
Ricardo Pereira Lira

Revisão Tipográfica: Júlio Boto

Capa: Raphael Stoeker

Editoração Eletrônica: TopTextos Edições Gráficas Ltda.

Nº 0139

CIP-Brasil. Catalogação-na-fonte
Sindicato Nacional dos Editores de Livros, RJ.

O136d
Oliveira, Amanda Flávio de
Direito de (não) fumar — Uma abordagem humanista / Amanda Flávio de Oliveira. — Rio de Janeiro: Renovar, 2008.
278p. ; 21cm.

ISBN 978857147-678-3

1. Direito econômico. I. Título.

CDD 346.810922

Proibida a reprodução (Lei 9.610/98)
Impresso no Brasil
Printed in Brazil

Para meu marido,
Diego Orosz,
companheiro inigualável,
e para nosso filho,
Eduardo Oliveira Orosz.

AGRADECIMENTOS

Meus sinceros agradecimentos a todos aqueles que contribuíram para a elaboração deste trabalho, em especial:
— Professor Jens Karsten, que me auxiliou na escolha de um tema para meu projeto de tese;
— Dr. Fábio Zicker, Coordenador da "Research Capability Strenghtening Special Programme for Research and Training in Tropical Diseases (TDR)" da Organização Mundial da Saúde (OMS), que, muito gentilmente, atendendo à minha solicitação, encaminhou diversos materiais indispensáveis para a elaboração do projeto de tese;
— Dra. Vera Luíza da Costa e Silva, responsável pelo programa "Tobacco Free Iniciative" da OMS, pela indicação de pessoas com as quais eu deveria entrar em contato, no Brasil, a fim de obter informações essenciais para a minha tese;
— Dra. Tânia Cavalcante, Secretária da Comissão Nacional para o controle do tabaco, Dra. Jeanine Leal, Dra. Cristiane Viana e Dra. Márcia Pinto, do Instituto Nacional do Câncer do Ministério da Saúde brasileiro, bem como os demais integrantes da delegação brasileira na quinta reunião do Órgão Internacional de Negociação da OMS para a celebração da Convenção-Quadro para controle do tabaco;
— Dr. Roberto Augusto Castellanos Pfeiffer, que me encaminhou informações preciosas sobre o controle de tabagismo na União Européia;
— Professor Dr. Frederico Ozanan, pneumologista, pela gentileza em me fornecer relevante material para pesquisa;
— Prof. Dr. Joaquim Carlos Salgado, pelos debates que travamos sobre "livre-arbítrio" e que me fizeram refletir sobre as implicações do tema em meu trabalho;
— Prof. Newton de Souza Braga, pelo zelo com que percorreu cada página do trabalho, aperfeiçoando a sua construção lingüística.
Também não posso deixar de agradecer às pessoas que muito têm contribuído para meu exercício constante de aprimoramento como estudiosa do Direito:
— Dr. Paulo de Tarso Ramos Ribeiro, que me formulou o convite para dirigir o Departamento de Proteção e Defesa do Consumidor do

Ministério da Justiça, proporcionando-me uma oportunidade ímpar de aprendizado;

— Dra. Elisa Silva Ribeiro Baptista de Oliveira, amiga sempre presente em inúmeros desafios de minha carreira jurídica;

— Instituto Brasileiro de Política e Direito do Consumidor — Brasilcon, nas pessoas dos Professores Antonio Herman V. Benjamin, Cláudia Lima Marques, Adalberto Pasqualotto, Antonio Joaquim Fernandes Neto, Silma Mendes Berti, pelo apoio constante e pelo exemplo que representam de excelência em Direito;

— Dr. Marcelo Andrade Feres, amigo e incentivador de meus projetos acadêmicos e profissionais, que solicitou-me cópia deste trabalho para subsidiar a manifestação da Advocacia-Geral da União nos autos da ADI 3.311, em trâmite no Supremo Tribunal Federal;

— Dra. Heloisa Carpena, profissional competente e jurista dedicada, amizade preciosa que o Direito do Consumidor me proporcionou, a quem agradeço o incentivo na publicação deste trabalho;

— Professores Doutores Washington Peluso Albino de Souza, Calixto Salomão Filho, Arthur Diniz, Isabel Vaz e Bruno Wanderley, integrantes de minha banca de doutorado, pelas observações pertinentes e pelo tratamento respeitoso que dispensaram ao meu trabalho;

— eminente Ministro Carlos Velloso, que, tendo me formulado o convite para assessorá-lo no Supremo Tribunal Federal, permitiu-me testemunhar sua sabedoria e seu compromisso com a valorização da pessoa humana, aliados a um profundo conhecimento do Direito;

— eminente Ministro Ricardo Lewandowski, notável Professor e humanista, pela oportunidade de assessorá-lo no Supremo Tribunal Federal, que muito contribuiu para minha formação acadêmica e profissional.

Meu sincero e mais profundo agradecimento ao meu orientador, Professor Doutor João Bosco Leopoldino da Fonseca, que, desde a graduação, me aponta caminhos, abre para mim oportunidades de novos conhecimentos, me aconselha, sempre de forma paciente, zelosa, transmitindo-me a segurança indispensável para o enorme desafio de redigir uma tese de doutoramento.

Agradeço aos meus pais, Humberto de Oliveira e Maria Margarida Flávio de Oliveira, e ao meu irmão, Cristiano Flávio de Oliveira, que inundam minha vida de afeto.

"[...] a pessoa tem uma significação tal, que o lugar que ocupa no universo das pessoas não pode ser preenchido por outra qualquer. Esta é a magistral grandeza da pessoa, que lhe confere a dignidade dum universo: e, apesar disso, a razão da sua humildade, porquanto todas as pessoas se equivalem nessa dignidade, e as pessoas são mais numerosas do que as estrelas."

Emmanuel Mounier

SUMÁRIO

1 INTRODUÇÃO 1

2 A PESSOA NO CENTRO DA REFLEXÃO 11

2.1 O humanismo 12
2.1.1 O fio de um colar inacabado 12
2.1.1.1 O homem, medida de todas as coisas 15
2.1.1.2 O humanismo renascentista: o homem se "descobre" 20
2.1.1.3 O apogeu dos humanismos 22
2.1.1.3.1 O homem trabalhador 22
2.1.1.3.2 O homem solitário e livre 24
2.1.1.3.3 O homem, *habitat de Deus* 29
2.1.1.3.4 O homem, outro eu mesmo 31
2.1.2 A "pérola" escolhida do colar 36

3 AS PESSOAS E OS MITOS NA HISTÓRIA DO TABACO ... 43

3.1 Mito: polissemia e dubiedade 48
3.2 O primeiro mito: o tabaco faz bem à saúde ou promove bem-estar 52
3.2.1 O tabaco e a saúde das pessoas 52
3.2.2 O tabaco, a saúde das pessoas e a Ciência 59
3.2.3 O tabaco, o bem-estar das pessoas e a Ciência 69
3.3 O segundo mito: o tabaco gera riquezas 70
3.3.1 O tabaco e geração de riqueza para as pessoas 71
3.3.2 O tabaco, ilusória fonte de geração de riqueza para as pessoas 76

4 O TERCEIRO MITO: TABAGISMO E LIVRE-ARBÍTRIO ... 87

4.1 Livre-arbítrio: considerações filosóficas 88
4.1.1 Vontade da mente de fazer o bem ou de fazer o mal 88
4.1.2 Ação voluntária, escolha consciente 90

4.1.3 Livre-arbítrio, manifestação da liberdade humana 92
4.1.4 Liberdade e direito à liberdade 97
4.2 Tabagismo e livre-arbítrio 101
4.2.2 Os tribunais brasileiros, o livre-arbítrio e o tabaco 108
4.3 Direito de não fumar 115
4.3.1 Direito à saúde e à vida e direito à liberdade: direitos fundamentais 115
4.3.2 Direitos fundamentais e longa duração 120
4.3.3 Direito de não fumar: direito fundamental 123
4.3.4 Direito de não fumar, direito fundamental e Direito Econômico 127

5 A REGULAMENTAÇÃO DO TABACO NO BRASIL 131
5.1 Os Estados Unidos e o controle do tabagismo 132
5.2 A União Européia e o controle do tabagismo 136
5.3 O Brasil e o controle do tabagismo 147
5.3.1 O tabaco e as leis no Brasil 148
5.3.2 O tabaco e os projetos de lei no Brasil 158
5.3.3 Controle do tabagismo no Brasil: ação normativa do Estado 162
5.3.4 Política econômica de desestímulo ao consumo e à oferta do tabaco e de produtos dele derivados 168

6 A REGULAMENTAÇÃO DO TABACO EM NÍVEL INTERNACIONAL 175
6.1 Controle internacional do tabagismo – a celebração da Convenção-Quadro para o controle do tabaco 176
6.1.1 A Convenção-Quadro para o controle do tabaco: teor 181
6.1.2 A Convenção-Quadro para o controle do tabaco e o Brasil 188
6.2 Política econômica internacional de desestímulo ao consumo e à oferta de tabaco 189

7 CONCLUSÃO 193

REFERÊNCIAS BIBLIOGRÁFICAS 201

ANEXO
Convenção — Quadro para Controle do Tabaco 213

PREFÁCIO

Este livro, que tenho a honra de prefaciar, da professora doutora Amanda Flávio de Oliveira – *Direito de (não) fumar: uma abordagem humanista* – constitui notável contribuição à teoria geral dos direitos humanos. Escrito por uma jurista que tem o homem como o centro de suas reflexões, assim uma humanista, revoluciona o tema até então tratado numa perspectiva mais repressiva, ainda que com vistas à saúde das pessoas. Neste livro, o direito de não fumar é reconhecido como um direito fundamental, um direito humano. Certamente que, a partir desse enfoque, o assunto vai merecer melhor consideração, seja por parte das autoridades, seja por parte dos titulares de tal direito – os fumantes que têm o hábito de fumar e aqueles que, não fumantes, tornam-se, contra a sua vontade, fumantes passivos.

O direito de não fumar constitui-se, segundo a autora, num direito fundamental, que se assenta no direito à liberdade e no direito à vida e à saúde, direitos que implicam atuação negativa e atuação positiva do Estado, esta a exigir que o poder público assegure às pessoas condições capazes de realizar o que a ministra Carmen Lúcia Antunes Rocha considera o *"coração do patrimônio jurídico-moral da pessoa humana"*[1], que é a dignidade do homem.

Proteger os direitos humanos, garanti-los nos planos interno e internacional é, na verdade, registrei em trabalho de doutrina que escrevi, a tônica da era dos direitos de que fala Norberto Bobio.[2]

Registrei, ademais, que é nesse contexto que se insere a Constituição de 1988, que, antes de cuidar da organização do Estado, preocupou-se em estabelecer princípios fundamentais, deixando expresso que a República Federativa do Brasil constitui-se em Estado Democrático de Direito e tem como fundamento, dentre outros, a dignidade da pessoa humana (art. 1º, III). Em seguida, no art. 5º, proclama os direitos e deveres individuais e coletivos. Consagra ela, aliás, direitos de quatro gerações, os individuais e coletivos, os direitos políticos, os di-

---

1 Rocha, Carmen Lúcia Antunes, "O Princípio da Dignidade Humana e a Exclusão Social", p. 32.
2 Velloso, Carlos Mário da Silva, "Os Direitos Humanos e os Mecanismos Constitucionais de sua Defesa", no prelo.

reitos sociais e os interesses difusos e coletivos, aqueles no plano interno e internacional e o direito à democracia. Este, o direito à democracia, é direito fundamental de quarta geração, ensina Paulo Bonavides.[3]

Dissertando sobre o tema direitos fundamentais de 1ª, 2ª e 3ª geração[4], anotei que, segundo Celso Lafer, a matéria pode ser assim exposta: os direitos de 1ª geração constituem herança liberal. São os direitos civis e políticos: a) direitos de garantia, que são as liberdades públicas, de cunho individualista: a liberdade de expressão e de pensamento, por exemplo; b) direitos individuais exercidos coletivamente: liberdade de associação: formação de partidos, sindicatos, direito de greve, dentre outros. Os direitos de 2ª geração são os direitos sociais, econômicos e culturais, constituindo herança socialista: direito ao bem-estar social, direito ao trabalho, à saúde, à educação, são exemplos desses direitos. Os de 3ª geração são direitos de titularidade coletiva: a) no plano internacional: direito ao desenvolvimento e a uma nova ordem econômica mundial, direito ao patrimônio comum da humanidade, direito à paz; b) no plano interno: interesses coletivos e difusos, como, por exemplo, o direito ao meio ambiente.[5]

Nesse contexto insere-se o discurso teórico de Amanda Flávio de Oliveira, a extrair do direito à vida e do direito à saúde – direitos expressos na Constituição – o direito fundamental de não fumar. Robert Alexy, assinala a autora, "refere-se ao direito à vida sob a perspectiva do direito de defesa (direito a uma ação negativa do Estado) e do direito à prestação (direito a uma ação positiva). O primeiro representaria o direito que a pessoa teria frente ao Estado de que este não a mate. O segundo consistiria no direito que a pessoa teria, frente ao Estado, de que ele proteja sua vida contra intervenções arbitrárias de terceiros."[6]

---

3   Bonavides, Paulo, "Teoria Constitucional da Democracia Participativa, Malheiros Ed., 2ª ed., p. 353 e segs.
4   Velloso, Carlos Mário da S., "Reforma Const., Cláusulas Pétreas, Especialmente a dos Direitos Fundamentais, e a Reforma Tributária", em "Direito Administ. e Const.", Estudos em Homenagem a Geraldo Ataliba, Bandeira de Mello, Celso, organizador, Malheiros Ed., págs. 162 e segs.
5   Lafer, Celso, "Direitos Humanos e Democracia: no plano interno e internacional", em "Desafios: Ética e Política", Siciliano, 1995, págs. 201 e segs.
6   Alexy, Robert, "Teoria de los derechos fundamentales", p. 188; ap. Oliveira, Amanda Flávio, "Direito de (não) fumar: uma abordagem humanista".

Ora, o hábito de fumar não se constitui num ato que signifique expressão de liberdade. Ao contrário, a substância tóxica – a nicotina – presente no tabaco, impõe dependência que afasta a capacidade de decisão dos fumantes, os quais, na sua imensa maioria, querem deixar o hábito mas não conseguem. A nicotina impede, exercitem eles o seu livre-arbítrio. Aí, portanto, é que cabe ao Estado, enfatiza a autora, ação positiva, a fim de realizar direitos expressamente consagrados na Constituição, como o direito à vida e à saúde. Ao Estado caberia, então, observado o princípio da legalidade, ações fáticas e normativas, a fim de assegurar o direito de não fumar, o que *"significaria dizer que ao Estado competiria ordenar a ação de cada um de seus órgãos, no sentido de concretizar esse direito (ação fática). Da mesma forma, competiria ao Estado elaborar normas que conduzam ao desestímulo do consumo e da produção do tabaco (ação normativa)"*.

Esse segundo tipo de atuação — ação normativa — o Estado brasileiro tem adotado ao longo do tempo, na linha, aliás, do que ocorre nos países de primeiro mundo: a proibição, por exemplo, de propaganda, na mídia, do tabaco, as advertências e alertas inscritas nas carteiras de cigarros, de que o fumo acarreta um rol de moléstias, a proibição do fumo em locais fechados, lojas, repartições públicas, locais de trabalho, aeroportos, aeronaves, trens, ônibus, etc. A autora apresenta resenha das ações normativas — leis federais — instituidoras de restrições e proibições do fumo e bem assim de normas de proteção dos jovens relativamente ao tabaco e de tratamento e apoio ao fumante.

A atuação do Estado, no ponto, assegura, sobretudo, o direito de não fumar aos que não têm esse hábito, e que acabariam, contra a sua vontade, se transformando em fumantes passivos. Ela conscientiza, ademais, as pessoas que fumam no sentido de que esse hábito causa danos aos que não fumam. Há mais de dez anos os fumantes acendiam os seus cigarros em ambientes de trabalho, em veículos de transporte coletivo e em aeronaves e pouco se importavam com os seus semelhantes. Hoje a coisa mudou.

A atuação do Estado brasileiro, coibindo e desestimulando o tabagismo, é cada vez mais intensa e extensa, anota a autora, arrolando um rol de leis, decretos e portarias, com tal propósito.

A atuação estatal, entretanto, mais se fortaleceria mediante *"normas jurídicas (ação normativa) ou de implementação de ações públicas (ação fática)"*, por isso que, através de tais ações, seria *"possível fomentar atividades econômicas ou desestimulá-las"*. Argutamente, lembra a autora que, *"embora a questão do tabagismo seja compreendida como uma questão de saúde pública, é preciso assinalar que as possíveis ini-*

ciativas estatais ou internacionais de controle do tabagismo sempre se constituirão em medidas de política econômica." Ao direito econômico, portanto, competiria notável papel no garantir o direito fundamental de não fumar.

O livro de Amanda Flávio de Oliveira, entretanto, não fica apenas no campo das normas de elaboração e atuação doméstica. Ele analisa e propõe medidas normativas em nível internacional. Numa época em que ocorre a internacionalização dos direitos humanos, certo que no constitucionalismo brasileiro são três as vertentes dos direitos humanos — estão eles escritos na Constituição, decorrem do regime e dos princípios por ela adotados (direitos implícitos), art. 5º, § 2º, e estão nos tratados internacionais firmados pela República (art. 5º, §§ 2º e 3º) — numa época em que ocorre a internacionalização dos direitos humanos, repete-se, o discurso teórico da autora é digno de nota.

Este é um livro que vale a pena ler e, sobretudo, meditar. Elaborado com cientificidade, foi ele escrito por uma jurista que sabe o direito, mas que não é simplesmente jurista. Amanda é, sobretudo, uma humanista que, fiel aos princípios dessa doutrina, tem o ser humano como o centro de todas as suas reflexões. Não fora assim, não extrairia, com engenho e arte, como fez, do direito à vida e do direito à saúde, direitos fundamentais de primeira e segunda gerações, o direito fundamental de não fumar — dos que têm o hábito de fumar e dos que são submetidos passivamente ao fumo. Por não integrar o rol de direitos fundamentais expressos na Constituição, constitui-se num direito fundamental implícito, convindo lembrar que os direitos implícitos, no constitucionalismo brasileiro, anotamos linhas atrás, estão entre as vertentes dos direitos humanos (C.F., art. 5º, §2º).

Cumprimento a professora Amanda Flávio de Oliveira pela preciosa obra jurídica que produziu, na linha do vaticínio de Bobio, de que vivemos a era dos direitos. Bem por isso, este livro há de estar na biblioteca dos professores, juízes, advogados, membros do Ministério Público, estudiosos e estudantes do direito. E estará no coração das mulheres e dos homens que têm o ser humano como o centro de suas reflexões e ações.

Brasília, DF, 23 de julho de 2007.

Carlos Mário da Silva Velloso
Ministro aposentado e ex-presidente do Supremo Tribunal Federal. Professor Emérito da PUC/MG e da Universidade de Brasília, UnB.

Capítulo 1

INTRODUÇÃO

Segunda-feira, 10 de fevereiro de 2003, 15 hs. Um senhor, aparentando aproximadamente 60 anos de idade, uma jovem senhora e seu pequeno filho e uma estudante aguardavam o elevador do prédio anexo do Ministério da Agricultura, Pecuária e Abastecimento (MAPA), no hall principal.

Após alguns minutos de espera, o elevador chega. Os quatro ingressam no cubículo. O senhor, cabelos brancos, pele castigada, esconde um cigarro aceso com a mão direita atrás do próprio corpo, enquanto brinca com a criança. A fumaça subindo por detrás de sua cabeça o desmascara. Ambiente fechado. A jornada parece longa no curto trajeto a ser percorrido entre o térreo e o primeiro andar. Finalmente, o elevador chega. A porta se abre. O senhor fumante, a mulher e a criança saem do cubículo.

Certamente, aquele senhor, de agora em diante denominado Sr. José, se questionado sobre a sua conduta, muito provavelmente deveria responder com uma ou algumas das seguintes afirmações: a) que o curto período de exposição daquela criança e das duas outras ocupantes do elevador à fumaça de seu cigarro seria incapaz de causar-lhes qualquer tipo de dano; b) que ele sabe dos possíveis males que possa estar causando à sua própria saúde ao fumar, mas que, mesmo assim, pretende (quer) continuar fazendo uso do cigarro; c) que ele não acredita que o cigarro cause os malefícios constantemente divulgados pelo Governo; d) que ele sabe dos possíveis males que possa estar causando à sua própria saúde ao fumar, mas que não consegue interromper seu vício.

O fato é que a atitude de acender um cigarro, em lugar público ou não, tem sido objeto de pesquisas em diversos campos da Ciência. Em especial, a Medicina, já há algum tempo, vem se dedicando ao estudo dos danos à saúde (do fumante ativo e passivo) decorrentes do hábito de fumar, assim como às razões do vício. As conclusões alcançadas pelas ciências da saúde, nos dias atuais, já são capazes de demonstrar alguns equívocos nas supostas alegações do Sr. José.

Entretanto, a grande dificuldade relacionada ao tabagismo coloca-se, na atualidade, como um desafio para o Direito. A Organização Mundial da Saúde (OMS) reconhece o tabagismo como um dos grandes problemas de saúde pública mundial[1], o que conduz à necessidade de se intentar o

---

[1] Segundo a Dra. Gro Harlem Brundtland, Diretora-Geral da Organização Mundial da Saúde, o impacto do tabaco para a saúde justifica-se tendo-se em vista os números alarmantes apontados nos levantamentos acerca do significado do consumo do tabaco no mundo: "Quatro milhões de mortes desnecessárias por ano, onze mil todos os dias. O cigarro é o único produto que mata seus consumidores regulares". WORLD HEALTH ORGANIZATION. Health Impact, 2003. Dra. Gro Harlem Brundtland, Diretora-Geral da Organização Mundial da Saúde. Disponível em: "http://www.who.int/tobacco/health_impact/en". Acesso em: 05 jul. 2003.

desestímulo ao seu consumo. De fato, em maior ou menor grau, praticamente todos os países do mundo e, em especial, os 192 países integrantes da Organização Mundial da Saúde, têm-se preocupado com os graves danos causados pelo tabaco[2] à saúde pública mundial, o que tem ocasionado a intenção de estabelecer normas para a contenção de seu consumo.

Não se sabe se o Sr. José aprovaria essa iniciativa dos países ou da Organização Mundial da Saúde. Não se sabe nem mesmo se ele tem conhecimento dessa intenção. Todavia, pessoas como ele representam a própria razão de ser da norma. O grande desafio que se coloca para o Direito, traduz-se na seguinte interrogação: seria possível conciliar essa iniciativa da OMS com a suposta alegação do Sr. José de que "ele sabe dos possíveis males que possa estar causando à sua própria saúde ao fumar, mas que, mesmo assim, pretende (quer) continuar fazendo uso do cigarro"?

A intenção deste trabalho é demonstrar que a pessoa humana[3] *tem o direito de obter do Estado uma regulamentação adequada do tabaco que possibilite desestimular seu consumo e que tal tutela somente será adequada se realiza-*

---

2   O tabaco é uma planta da família das Solanáceas. As duas espécies mais importantes são a *Nicotiana Tabacum* e a *Nicotiana Rustica*. ORGANIZÁCION PANAMERICANA DE LA SALUD. *Tabaco*: lo que todos debemos saber. Washington Dc: OPLS, 2002. p. 7.

3   Note-se que a opção por se referir à "pessoa humana", antes de representar um pleonasmo, aponta para uma escolha consciente e que parece necessária aos propósitos desta tese, elaborada a partir de uma concepção humanista. Afastou-se, portanto, voluntariamente, a opção de se referir ao "homem" ou ao "ser humano", alternativas possíveis, ou, simplesmente, à "pessoa".

da sob a forma de uma política econômica de desestímulo ao consumo e à oferta de derivados de tabaco.

Trata-se, portanto, de busca de solução para os seguintes questionamentos: *o Estado deve (pode) regulamentar o tabaco no intuito de desestimular o seu consumo e oferta? O Direito Econômico seria capaz de fornecer os instrumentos necessários para que essa regulamentação seja adequada?*

As respostas a essas perguntas deverão ser alcançadas, neste trabalho, a partir de considerações sobre o real significado de uma intervenção estatal no mercado de tabaco. Será, então, fundamental, conhecer a origem dos vários "mitos"[4] que envolvem o tabaco e que têm sido constantemente invocados para sustentar a tese da impossibilidade de uma ação do Estado no sentido de buscar desestimular seu consumo e oferta. Em especial, será feita uma reflexão sobre o "livre-arbítrio" da pessoa humana e suas repercussões nesse assunto, aqui compreendido como o mito concernente ao tabagismo mais desafiante nos dias atuais. A intenção é compreendê-los para afastá-los, demonstrando que não passam de argumentos infundados ou superados pelo conhecimento científico.

Em seguida, parte-se para uma análise do Direito Econômico, nacional e internacional, seu objeto e métodos e sua possível contribuição à questão. Busca-se, então, demonstrar a capacidade do Direito de promover o acesso à saúde, direito de toda pessoa humana e desde muito tempo

---

4   Considerando-se a *polissemia* e *dubiedade* próprias do vocábulo "mito" e a necessidade de opção por uma definição que seja coerente com a linha de raciocínio deste trabalho, adota-se a concepção de "mito" como *idéia falsa, questionável, espontânea ou elaborada e disseminada, capaz de explicar ou conduzir comportamentos humanos em uma determinada época*. Não se desconhece, porém, a existência de outras possibilidades, igualmente válidas. Sobre isso, veja o item 3.1.

sacrificado pelo consumo do tabaco em suas mais variadas formas.

Note-se que a *indignação* que deu origem ao presente estudo encontra-se na constatação, pela pesquisadora, do grande descompasso existente entre os resultados alcançados por outros campos do conhecimento em pesquisas relacionadas ao significado do tabagismo e o estágio dessas discussões em nível jurídico no Brasil. A escassez de trabalhos doutrinários sobre o tema, a limitação de leis que contemplem adequadamente o problema e a análise das decisões judiciais relativas à questão apontam para uma resistência da Ciência Jurídica em superar crenças equivocadas já superadas por outras ciências. Por outro lado, não se pode desconsiderar a importância de um possível papel a ser desempenhado pela norma jurídica, no sentido de contribuir para o aprimoramento da política pública e das ações estatais na matéria.

O presente estudo é orientado pela perspectiva da **pessoa humana**. É a pessoa humana o eixo norteador da tese que ora se apresenta. Para tanto, utiliza-se como marco teórico o **Humanismo**, aqui compreendido como a concepção de que a pessoa humana é a razão de ser da Ciência e deve-se situar como o centro de toda reflexão. A Ciência somente se justifica se elaborada para a pessoa humana, porque fruto dela e instrumento fundamental para a sua realização plena[5]. Esclareça-se, desde já, que a opção por uma perspectiva humanista, neste trabalho, não implicará em uma concepção individualista de pessoa humana. Compreende-se a pessoa humana como ser situado no mundo,

---

[5] Esse é apenas um dos possíveis significados do termo "humanismo" segundo: JAPIASSÚ, Hilton; MARCONDES, Danilo. *Dicionário básico de filosofia*. 3. ed. rev. e ampl. Rio de Janeiro: Jorge Zahar Ed., 1996.

tão importante quanto todas as demais pessoas que nele vivem.

Tal opção se refletirá na *linguagem*, aqui utilizada como instrumento para o acesso ao conhecimento, pela pessoa humana. Traça-se, então, o difícil desafio de se redigir uma tese de doutorado *o mais acessível possível*, em termos de utilização da língua pátria, sem que haja comprometimento da profundidade requerida por um trabalho dessa espécie. Nesse sentido, evitou-se, ao máximo, a utilização, no texto, de expressões ou trechos de textos em língua estrangeira, o recurso a tecnicismos ou uma redação jurídica complexa, buscando-se colocar, assim, a tese à disposição do homem e não o contrário[6].

A concepção humanista servirá, também, para orientar a *forma de abordagem*, além do conteúdo. Dessa maneira, procura-se *praticar* o humanismo, não apenas utilizá-lo como referencial teórico. O recurso à *intertextualidade*, representado pela existência de dois textos, em cada capítulo, que se comunicam ao longo da tese, serve como instrumento para esse fim. No primeiro texto, localizado na parte inicial de cada capítulo, dá-se "face" à pessoa humana. No segundo, logo abaixo, busca-se *dialogar* com ela, elaborando conhecimento científico que esteja à sua disposição.

Também se optou por uma nova maneira de enfocar a História, em que se privilegia o ator individual e anônimo, verdadeiras pessoas comuns, em detrimento das "Grandes Pessoas" da história eventual. Da mesma forma, e, como conseqüência disso, busca-se, ao máximo, alcançar uma

---

6   Note-se que o "direito de desfrutar o progresso científico e suas aplicações" foi consagrado pelo art. 15, 1, b do Pacto sobre direitos econômicos, sociais e culturais da ONU, de 1966, como direito fundamental do indivíduo.

concepção de pessoa concreta, "de carne e osso", com suas dúvidas, inquietações, angústias, imperfeições, abrindo mão de uma perspectiva de pessoa abstrata, que tem sido regra nas análises histórico-jurídicas.

A mencionada opção de abordagem da História representa, em síntese, uma comunhão com os critérios e métodos da Escola dos Annales, que tem, por uma de suas características, a tentativa de se acrescentar novos pontos de vista até então "esquecidos" pela História: não contar a história dos grandes homens, mas das grandes massas ou do sujeito comum; não se limitar a narrar os grandes acontecimentos, mas os pequenos e cotidianos acontecimentos que sustentaram os primeiros[7]. Procurou-se, ainda, na maior parte do texto, adotar uma perspectiva da História de longa duração, contribuição à escola trazida por Fernand Braudel[8].

---

[7] Assim Jacques Le Goff, ele próprio um dos representantes da Escola dos Annales, refere-se às características da nova opção metodológica: "História econômica, demográfica, história das técnicas e dos costumes, não apenas história política, militar, diplomática. História dos homens, de todos os homens, não unicamente dos reis e dos grandes. História das estruturas, não apenas dos acontecimentos. História em movimento, história das evoluções e das transformações, não história estática, história quadro. História explicativa, não história puramente narrativa, descritiva — ou dogmática. História total, enfim [...]". LE GOFF, Jacques. *A história nova*. Tradução Eduardo Brandão. 4. ed. São Paulo: Martins Fontes, 1988. p. 38.

[8] Matéria publicada no Caderno "Fim de Semana" do Jornal "Gazeta Mercantil", em 04, 05 e 06 de julho de 2003, pode-se ler: "*Braudel, mais tarde, para explicar parte de sua tese sobre o desenrolar da História, que tinha como base o conceito da "longa duração", ou "longue durée", costumava lembrar (sic) dos insetos brasileiros que tanto o divertiam. 'Os acontecimentos são como vaga-lumes nas noites brasileiras: brilham mas não aclaram'. Para Braudel, limitar o estudo da História à análise de fatos e acontecimentos não é suficiente.*" MALTA, Cynthia.

Nessa linha de opção metodológica histórica, a adoção da figura do Sr. José como centro da reflexão inspirou-se no caso de Menocchio, moleiro utilizado por Carlo Ginzburg, em "O queijo e os vermes", como dado precioso para a reconstrução da História da Inquisição e da cultura popular e erudita da época. É a intenção de se dar voz à pessoa humana até então anônima[9].

O que se pretende é "ouvir" as aflições do Sr. José, uma pessoa anônima, mas singular, concreta, real. Busca-se dar resposta às possíveis inquietações do Sr. José, colocando-se o Direito e as (possíveis) normas relacionadas ao tabaco à disposição dele, fiel à corrente personalista que se adota como marco teórico e à crença de que o Direito não se justifica, se não estiver à disposição da pessoa humana.

A opção por essa metodologia histórica faz-se presente, também, no capítulo destinado à superação dos mitos que envolvem o tabagismo. O que se busca demonstrar é que a história do tabaco é, acima de tudo, a história de pessoas que o utilizaram, em um dado momento.

Também se buscou conceder ao trabalho o tratamento interdisciplinar que o tema necessariamente requer. Se se reconhece o avanço científico em relação ao tabaco ocorrido em diversos ramos do saber, furtar-se a trazer suas conclusões para esta tese configuraria equívoco imperdoável.

O Brilho dos Vaga-lumes. *Gazeta Mercantil*, São Paulo, 04 a 06 jul. 2003, Caderno Fim de Semana, p. 1.

9   O verdadeiro nome de Menocchio é Domenico Scandella e ele teria sido queimado por ordem do Santo Ofício após uma vida de total anonimato. "Alguns estudos biográficos mostraram que um indivíduo medíocre, destituído de interesse por si mesmo — e, justamente por isso (sic) representativo — pode ser pesquisado como se fosse um microcosmo de um estrato social inteiro num determinado período histórico [...]". GINZBURG, Carlo. *O queijo e os vermes*. Tradução Maria Betânia Amoroso. São Paulo: Companhia das Letras, 1987, p. 25.

As informações aqui apresentadas, oriundas de outras disciplinas, principalmente das Ciências Médicas, foram fruto de pesquisas diretamente realizadas em suas fontes, além de muitos debates com profissionais de outras áreas: médicos de diversas especialidades, economistas, sociólogos, entre outros. Elas têm, além da importância de servir de dados relevantes para a sustentação da tese e para a apresentação do problema na maior parte de suas vertentes, o papel, por vezes, de sensibilizar o leitor para o tamanho do problema que se tem em mãos e, conseqüentemente, o tamanho do desafio que se propõe à Ciência Jurídica.

No que se refere à perspectiva pertinente ao Direito Econômico Internacional, fez-se uma opção pelo estudo do esforço que a OMS vem empreendendo para a elaboração de uma norma internacional para o controle do tabaco. Essa opção, definitivamente, não significa desinteresse ou indiferença às tentativas de controle exercidas por países como os Estados Unidos ou pela União Européia. Embora essas não se apresentem como objeto de estudo deste trabalho, algumas notícias de seus métodos ou resultados serão incorporadas ao texto, o que deve ser compreendido como um reconhecimento de sua importância. Boa parte das informações referentes ao trabalho realizado pela OMS representa um resultado de pesquisa realizada *in loco*, por ocasião da realização da quinta e penúltima reunião do Órgão Internacional de Negociação para a celebração da Convenção-Quadro para Controle do Tabagismo, ocorrida em outubro de 2003, em Genebra.

Por fim, cumpre afirmar que a preocupação com o tabaco se encontra na ordem do dia, em todo o mundo. À intenção do Estado de regulamentá-lo com a finalidade de controlar seu consumo, contrapõem-se muitos interesses, inclusive os da própria vítima, que nem sempre se mostra receptiva a uma ação estatal nesse sentido. Daí decorre o maior desafio colocado ao Direito e a esta pesquisa, no sentido de demonstrar a necessidade, importância e urgência de uma ação estatal efetiva, bem como no sentido de conceder à norma jurídica o conteúdo e a interpretação necessários para permitir o acesso à saúde, sem ser arbitrária. Cumpre ressaltar que, em todas as etapas de negociação, em nível internacional, destas questões, bem como dentre todas as iniciativas em nível nacional de se proceder a uma política consistente de tutela do tabaco, o Brasil tem ocupado posição de destaque ou mesmo liderança. Tal posição é reconhecida pelos países que têm participado das discussões[10]. Coloca-se, portanto, a responsabilidade deste trabalho, dos tribunais e da doutrina jurídica brasileira, em desenvolver concepções que estejam à altura das demais iniciativas promovidas por outros campos do saber e outras instituições brasileiras em relação à tutela do tabaco e ao controle do tabagismo.

---

10 Em email encaminhado em maio de 2003, a Secretária-Executiva da Comissão Nacional para o Controle do Tabaco informava sobre esse reconhecimento internacional da liderança brasileira em controle do tabaco: "Muitos países em seus discursos [por ocasião do encerramento das discussões no âmbito da Organização Mundial da Saúde para a celebração de uma Convenção-Quadro para controle do tabagismo] reconheceram o **papel de liderança do Brasil,** não só pelo fato do Órgão de Negociação Intergovernamental (sic) da Convenção-Quadro ter sido presidido pelos Embaixadores Celso Amorim e Luís Felipe Seixas Correia, mas também pelo Programa de Controle do Tabagismo desenvolvido nacionalmente. Em decorrência deste trabalho, o Ministro das Relações Exteriores, Celso Amorim, receberá o Prêmio Liderança Global na Área de Controle do Tabagismo em 2003, concedido pela OMS às pessoas que se destacaram nessa área." Texto retirado de e-mail encaminhado pela organização "Por um Mundo Sem Tabaco" em 22 maio 2003, às 16:29 hs. Remetente: Tânia Cavalcante — Secretária da Comissão Nacional para o Controle do Tabaco. Assunto: Aprovação da Convenção-Quadro.

Capítulo 2

A PESSOA NO CENTRO DA REFLEXÃO

Certamente, o Sr. José deve ter uma família: esposa, filhos, até netos. Ou pode ser homem solitário, viver sozinho em seu pequeno apartamento. Talvez estivesse, naquele prédio, a serviço. Ou então, estava ali apenas visitando sua filha, funcionária pública. É provável que ele tenha adquirido o hábito de fumar, ainda na juventude, com os amigos. Queria parecer adulto, corajoso, charmoso, talvez para impressionar aquela que viria a ser sua esposa. Uma coisa é certa: o Sr. José é uma "pessoa" e, nessa condição, ama, sente dor e medos, deseja, sonha...

Solitário ou patriarca de uma grande família, sua atitude de acender um cigarro influencia a vida de outras pessoas. Naquele momento, pelo menos, em que ele entrou no elevador, sua conduta repercutiu diretamente na vida de três outras pessoas. Tão "pessoas" quanto o Sr. José e que também amam, sentem dor e medos, desejam, sonham...

2.1 O humanismo

2.1.1 O fio de um colar inacabado

Não é tarefa simples a tentativa de sistematização de todas as possíveis significações do vocábulo "Humanismo". Para efeito deste trabalho, compreende-se como sendo duas as suas possíveis acepções: a) no sentido de "estudo das humanidades", o "Humanismo" representa a formação educacional fundada na cultura clássica; b) no sentido filosófico, a palavra "Humanismo" engloba todas as doutrinas ou concepções que têm o "ser humano" como centro de sua reflexão[11].

É esta última significação a que mais interessa à abordagem pretendida neste trabalho. Interessa-se, portanto, pelas concepções filosóficas que se preocupam com a problemática humana, o significado e papel do ser humano no mundo em que vive, mesmo que não o façam expressamente.

São muitas as doutrinas que se auto-intitulam "humanistas", nesse sentido. Algumas delas, embora assim se considerem, encontram forte oposição nos estudiosos do tema[12], os quais, ao contrário, as classificam de "anti-huma-

---

11 JAPIASSÚ, Hilton; MARCONDES, Danilo. *Dicionário básico de filosofia*, p. 132. Pedro Dalle Nogare prefere conceder três possíveis significados para Humanismo: 1) Humanismo histórico-literário, considerado por ele como o estudo dos grandes autores da cultura clássica dos séculos XIII a XVIII; 2) Humanismo especulativo-filosófico, que se divide em lato e estrito senso e comporta diversas correntes e 3) Humanismo ético-sociológico, que pretende tornar-se realidade, costume e convivência social. NOGARE, Pedro Dalle. *Humanismos e anti-humanismos*. Introdução à antropologia filosófica. 13. ed. Petrópolis: Vozes, 1994. p. 15-16.
12 É o caso do humanismo de Jean-Paul Sartre, por exemplo, assunto abordado adiante.

nismo". Por outro lado, principalmente na filosofia clássica, podem-se verificar manifestações do que, mais tarde, viria a se compreender como Humanismo, mesmo que assim elas não pudessem ser, naquele momento, consideradas.

Na complexa tentativa de sistematização e classificação de todas as manifestações, os autores costumam falar em Humanismo antigo, Humanismo renascentista, Humanismo cristão, Humanismo ateu, Humanismo existencialista, Personalismo, para citar alguns exemplos da enorme variedade de doutrinas que se auto-intitulam humanistas[13] ou que assim são consideradas pelos estudiosos. Note-se, inclusive, que, embora elas possuam em comum o eixo norteador de suas reflexões, o "ser humano", seus resultados apontam para caminhos bastante variados e, em alguns casos, inconciliáveis. Além disso, embora elas possuam em comum a reflexão sobre o ser humano, fazem-no, muitas vezes, em intensidade distinta.

De fato, se é permitida uma representação metafórica do Humanismo, pode-se afirmar que a preocupação filosófica com o ser humano e sua importância e significado no mundo em que habita, perpassam, como o fio de um colar, diversas "pérolas". Essas, por sua vez, são aqui compreendidas como as mais diversas construções filosóficas da história da humanidade, muitas vezes absolutamente diferentes, umas das outras, em seus pressupostos. Se essas concepções são divergentes entre si e algumas até mesmo são con-

---

[13] Henrique de Lima Vaz fala ainda em "Humanismo Científico", "Humanismo Pragmatista", "Humanismo Evolucionista", e afirma estarem essas várias significações, "muitas vezes, unidas apenas pelo nome". VAZ, Henrique C. de Lima. *Humanismo hoje*: tradição e missão. Belo Horizonte: Puc-Minas, Instituto Jacques Maritain, 2001. p. 7-11.

sideradas "menores" por alguns críticos[14], a verdade é que, juntas, compõem o grande e inacabado *Colar do Humanismo*, representado por "pérolas" antigas e recentes[15]. Se se afirma ser esse "colar" *inacabado* é porque se acredita estar ele ainda a se fazer e, enquanto houver seres humanos, haverá reflexões sobre sua condição.

Observe-se que, neste trabalho, não se diferencia entre "manifestações humanistas em certos pensadores ou obras" e "doutrinas declaradamente humanistas" tal como fazem alguns autores, ao mencionar a existência de um Humanismo filosófico em sentido lato e estrito. Tal opção justifica-se por algumas razões: em primeiro lugar, porque, para efeito deste trabalho, tal diferenciação não seria essencial. Em segundo lugar porque classificá-las assim nem sempre é possível, tão tênue é a linha que por vezes divide as duas possibilidades. Como conseqüência, mesmo que o homem se situe apenas como "centro" de reflexão "eventual" em um pensador ou obra, neste trabalho se considera presente o Humanismo.

A verdade é que preocupações com o ser humano e seu papel no mundo sempre se fizeram presentes na história da humanidade, em maior ou menor grau, dependendo das

---

14   É o caso do Humanismo de Sartre, que vem sendo muito criticado. Nesse sentido, Nogare: "Deve-se acentuar Sartre, cujo humanismo, se é que é humanismo, não tem nada de científico e pouco de construtivo". NOGARE, Pedro Dalle. *Humanismos e anti-humanismos*. Introdução à antropologia filosófica, p. 208.

15   A opção pela representação figurada de um "Colar Inacabado", nesse caso, é coerente com a opção por uma história de longa duração, além de justificar-se pela impossibilidade de se classificar, com precisão, as formas de Humanismo em sentido lato e estrito, como fazem alguns autores, entre eles, o próprio Pedro Nogare. NOGARE, Pedro Dalle. *Humanismos e anti-humanismos*. Introdução à antropologia filosófica, p. 15 e ss.

crenças e convicções do momento que se tomem por base de análise. Nessa linha de raciocínio, pode-se afirmar poderem ser constatadas manifestações humanistas na Antigüidade Grega e na Antigüidade Romana.

2.1.1.1 O homem, medida de todas as coisas

Grande parte dos autores que se dedicam a estudar o tema, concorda em que estariam presentes na Grécia antiga as primeiras manifestações de Humanismo[16]. Note-se que se trata, ainda, de uma manifestação de Humanismo pré-científica, que, aliás, perduraria por um certo tempo. Há quem reconheça, no estudo dos pré-socráticos, a existência de reflexões sobre o ser humano que poderiam ser consideradas as primeiras manifestações filosóficas do Humanismo, especificamente em Xenófanes de Cólofon[17], Heráclito de Éfeso[18] e Demócrito[19], mesmo que tais manifestações neles ocorram de forma fragmentada e pouco consistente, para serem assim efetivamente consideradas.

---

16   Outros, embora sejam minoria, preferem reconhecer a existência de Humanismo propriamente dito apenas após a Renascença.
17   580-460 a.C.?
18   entre 500 e 400 a.C.
19   460-370 a.C.? É essa a opinião de Nogare, embora ele próprio reconheça a existência de posição distinta, que afirma que, enquanto os pré-socráticos se ocupavam do mundo externo, a problemática antropológica teria sido introduzida pelos sofistas e Sócrates. As justificativas para seu posicionamento seriam o fato de não se conhecer todos os escritos dos pré-socráticos, além do fato de que a análise dos fragmentos dos escritos existentes aponta interesse pelos problemas humanos. NOGARE, Pedro Dalle. *Humanismos e anti-humanismos*. Introdução à antropologia filosófica, p. 26-27.

Dentre os sofistas, destaca-se a importância de Protágoras[20] na origem do Humanismo, devido à sua afirmação de que "o homem é a medida de todas as coisas". Sua principal contribuição foi trazer à reflexão filosófica o *subjetivismo*. As percepções humanas da realidade, a partir de Protágoras, tornam-se objeto de reflexão. Essa sua frase marcaria a História da Filosofia. Bem mais tarde, essas mesmas preocupações com o subjetivo viriam a ser resgatadas por outros pensadores, declarada ou inegavelmente humanistas, em outros contextos históricos e filosóficos, podendo-se afirmar encontrar-se em Protágoras a origem de todas elas[21].

Em Sócrates e Platão, encontram-se manifestações que podem ser consideradas fundamentais, no trabalho de se procurar alcançar a origem do Humanismo em sua acepção filosófica. Aquele, através do preceito "Conhece-te a ti mesmo" e este, afirmando a indissolúvel união entre espírito e matéria, alma e corpo no homem, são figuras impor-

---

20 Dentre os sofistas, Marcelo Perine considera Isócrates "o pai da cultura humanística". PERINE, Marcelo. Um conflito de humanismos. In: VAZ, Henrique C. de Lima. *Humanismo hoje*: tradição e missão. Belo Horizonte: Puc-Minas, Instituto Jacques Maritain, 2001. p. 28-47.

21 Na opinião de Nogare, embora se discuta se poderiam os sofistas ser efetivamente considerados filósofos ou meros "educadores", eles tiveram a grande importância de situar a problemática humana no centro das preocupações filosóficas. O autor ainda afirma: "São os problemas políticos, morais, jurídicos, estéticos, lingüísticos, etc (sic), isto é, humanos (sic) que interessam aos sofistas. [...] E, aliás, o reconhecimento aos sofistas da guinada da reflexão filosófica, do problema cosmológico ao problema antropológico, é o único ponto em que os historiadores do movimento concordam unanimemente". NOGARE, Pedro Dalle. *Humanismos e anti-humanismos*. Introdução à antropologia filosófica, p. 30.

tantes na reconstrução da "História do Humanismo". Não se pode afirmar, todavia, serem eles propriamente humanistas. A importância do Estado, em especial em Platão, faz com que o indivíduo se torne, para ele, somente objeto de análise, na medida em que permita realizar a existência do próprio Estado. O indivíduo seria, assim, *meio* e não *fim* da sua reflexão, o que os descaracterizaria como humanistas genuínos[22].

Também em Roma podem ser encontradas manifestações fundamentais para a História do Humanismo[23]. É o caso de Cícero, responsável por cunhar o conceito de Humanismo como "cosmovisão na qual o homem ocupa o ponto central". Mais tarde, Seneca escreveu que "para a humanidade a humanidade é sagrada", frase que marcou a História do humanismo[24].

---

22 NOGARE, Pedro Dalle. *Humanismos e anti-humanismos*. Introdução à antropologia filosófica, p. 34-38. Sobre a relação homem-comunidade na Grécia, veja PERINE, Marcelo. Um conflito de humanismos. In: VAZ, Henrique C. de Lima. *Humanismo hoje*: tradição e missão. p. 31.
23 Heidegger acredita encontrar-se em Roma o primeiro Humanismo. Para ele, a Renascença dos séculos XIV e XV, nada mais seria que uma *"renascentia romanitatis"* e por "Humanismo" deve-se compreender a preocupação de que o homem se liberte para a sua humanidade, deste modo investindo na sua dignidade. HEIDEGGER, Martin. *Carta sobre o humanismo*. Tradução Pinharanda Gomes e prefácio António José Brandão. 2. ed. Lisboa: Guimarães e Cia Editores, 1980. p. 49.
24 Sobre a contribuição dos estóicos para o humanismo, veja NOGARE, Pedro Dalle. *Humanismos e anti-humanismos*. Introdução à antropologia filosófica, p. 39 e ss. De Seneca, veja seus Tratados, publicados sob o nome de "Diálogos", assim denominados em razão de sua metodologia de trabalho, em cujos textos, por mais distintos que sejam uns dos outros, sempre se faz referência a um interlocutor. SENECA. *Diálogos*. Tradução Juan Marine Isidro. Madrid: Editorial Gredos, 2000. Veja também SENECA. *Diálogos*. Consolaciones a Márcia, a su madre

É possível verificar, nos Evangelhos, características humanistas, que serviriam de base para o desenvolvimento do denominado "Humanismo cristão". A análise dos textos aponta para uma abordagem do ser humano peculiar que, mais tarde, viria a ser valorizada pelo estudo da História: Neles, os pobres e humildes são tratados como pessoas e não como massa, multidão. Essas pessoas possuem nome, voz e figuram ao lado do Personagem Principal. Essa forma de relato histórico tem sido revalorizada nos tempos atuais[25]. Os Evangelhos são a própria História de um Homem e, ao mesmo tempo, de todos os homens, por sua vez, criados à imagem e semelhança de Deus.

No período medieval, fala-se na existência de um "Humanismo agostiniano", centrado sobre a interioridade e aberto à Transcendência[26]. De fato, a história de vida mesma de Santo Agostinho demonstra o conflito entre o humano e o divino, o que se reflete em suas idéias. Ele, talvez, possa ser descrito como um verdadeiro ser humano, no sentido de que desejava viver sob a fé, a castidade e a continência, enfim, para o espírito, mas a sua condição humana o levava a querer experimentar os prazeres do corpo, da matéria. Suas *Confissões* apresentam, de uma maneira surpreendentemente transparente, os conflitos do ser humano Agostinho[27].

Hélvia y a Polibio. Tradução Juan Marine Isidro. Madrid: Editorial Gredos, 1996.
25 NOGARE, Pedro Dalle. *Humanismos e anti-humanismos*. Introdução à antropologia filosófica, p. 44. Essa concepção de história aproxima-se muito da *Escola dos Annales*, já mencionada.
26 NOGARE, Pedro Dalle. *Humanismos e anti-humanismos*. Introdução à antropologia filosófica, p. 49-50.
27 Em Confissões, pode-se ler: "Eu, jovem tão miserável, sim, miserável desde o despertar da juventude, Vos tinha pedido a castidade, nestes termos: 'Dai-me a castidade e a continência; mas não já.' Temia

Em Santo Tomás de Aquino, a pessoa torna-se o que há de mais perfeito e elevado existente no Universo, a partir de sua característica de ser racional[28]. Seu legado humanista fez com que, em época mais recente, o Papa João Paulo II lhe atribuísse o título de *"doctor humanitatis"*. Seus estudiosos buscam demonstrar que muitas das idéias desenvolvidas pelos humanistas contemporâneos já se encontravam em Santo Tomás, quer pela sua concepção altamente positiva do ser humano, quer porque promoveu o retorno à cultura grega através de uma revalorização substancial de Aristóteles. Em Santo Tomás, o Humanismo possui características teocêntricas, sem deixar de conceder ao homem o que é do homem. É um Humanismo moderado, sem excessos, característica considerada essencial por aqueles que se dedicam a estudá-lo[29].

---

que me ouvísseis logo e me curásseis imediatamente da doença da concupiscência que antes preferia suportar que extinguir." AGOSTINHO, Santo. *Confissões*. 9. ed. Petrópolis: Vozes, 1988. p. 179.
[28] NOGARE, Pedro Dalle. *Humanismos e anti-humanismos*. Introdução à antropologia filosófica, p. 53. Sobre Santo Agostinho e Santo Tomás, Cabral de Moncada assim se manifesta: *"Ninguém ignora, com efeito, que o Grande Doutor da Igreja, como antes de já S. Agostinho e todos os Grandes Padres, se acha fortemente dominado pelo sentimento do valor da personalidade individual humana"*. CABRAL DE MONCADA, Luís S. *Universalismo e individualismo na concepção do Estado*: S. Tomás de Aquino. Coimbra: Armênio Amado Editor, 1943. p. 37.
[29] Battista Mondin rejeita o "Humanismo Antropocêntrico" ou "Ateu". MONDIN, Battista. *O humanismo filosófico de Tomás de Aquino*. Bauru: EDUSC, 1998. p. 7-15. Observa-se que, para este autor, Humanismo seria considerado o Movimento que teve início na Renascença. Henrique Vaz afirma existir um pleonasmo na expressão "humanismo antropocêntrico", uma vez que homo = anthropos. VAZ, Henrique C. de Lima. *Humanismo hoje*: tradição e missão, p. 24.

Em Santo Tomás, o homem é um ser livre, mas não *absolutamente*. A existência de seu ser depende de Deus. Assim, ele se reconhece criatura[30]. Por outro lado, somente o homem, dentre todos os seres do universo, pode amar, o que faz dele a mais perfeita imagem de Deus. O amor é a única lei a guiar as ações humanas. Tomás de Aquino rejeita, assim, ações movidas por interesses pessoais e egoístas[31]. A vida de Santo Tomás foi a própria manifestação de suas crenças. Ela se pautou pelo amor a Deus e aos seus irmãos[32].

2.1.1.2 O humanismo renascentista: o homem se "descobre"

Foi na Itália dos séculos XIV e XV que se verificou a existência de um movimento propriamente Humanista, conhecido como "Humanismo renascentista". Tendo como pensadores Ficino, Pico della Mirandola e Maquiavel[33], o Humanismo que então surgiu pode ser considerado uma das conseqüências do desenvolvimento da Ciência. A partir do momento em que o homem se percebeu capaz de transformar o mundo material, sua forma de ver o mundo e a si próprio alterou-se profundamente.

---

30 TOMÁS DE AQUINO, Santo. Tratado de la ley. Tratado de la justicia. Opúsculo sobre el gobierno de los príncipes. Tradução Carlos Ignácio Gonzáles. México: Editorial Porrúa, 1975. p. XVI.
31 TOMÁS DE AQUINO, Santo. *Tratado de la ley. Tratado de la justicia.* Opúsculo sobre el gobierno de los príncipes, p. XXIII.
32 Na Introdução de Carlos Gonzáles, pode-se ler: "Para Sto. Tomás el amor vale más que todas las riquezas". TOMÁS DE AQUINO, Santo. *Tratado de la ley. Tratado de la justicia.* Opúsculo sobre el gobierno de los príncipes, p. XXII.
33 Entre os não-italianos, destaca-se Erasmo de Roterdã.

O Humanismo renascentista representou, acima de tudo, um movimento de retorno à cultura dos antigos. Volta-se para os "Grandes Pensadores" da cultura clássica, no intuito de se imitar suas formas artísticas e literárias e de descobrir seus conteúdos e valores[34].

Em termos filosóficos, o Humanismo renascentista repousa em uma concepção de vida e do mundo em que o homem se destaca entre os outros seres[35]. Esse papel de destaque creditado ao homem pelo próprio homem, na Renascença, desconheceu limites, o que tem sido alvo de muitas críticas. Afirma-se, inclusive, que o próprio interesse exagerado pelos antigos, uma das características mais marcantes do Renascimento, nada mais era do que manifestação de interesse pelo próprio homem[36].

---

[34] NOGARE, Pedro Dalle. *Humanismos e anti-humanismos*. Introdução à antropologia filosófica, p. 56.
[35] Jacques Maritain critica o Humanismo do século XVI e a sua concepção de homem. É ele quem afirma: "Por mais belas que sejam as formas das quais a natureza se inebria, a humanidade sofre uma queda, por assim dizer, angélica, ela "descobre o humano", [...], ou seja, põe-se a procurar em si mesma o próprio interesse supremo e, vendo-se desnuda, não sente vergonha, como então no Jardim perdido, mas contempla-se". MARITAIN, Jacques. *Por um humanismo cristão*. São Paulo: Ed. Paulus, 1999. p. 47.
[36] Optou-se, neste trabalho, em se fazer uma menção breve ao Humanismo renascentista, embora isso não represente, em absoluto, uma "diminuição" de sua importância e significado na história dos humanismos. Ao contrário. Afirma-se mesmo a sua importância vital para o desenvolvimento de tantas outras manifestações humanistas, algumas delas surgidas atualmente. A referência breve neste trabalho justifica-se, tão-somente, pela grande profusão de textos dedicados a essa temática existentes e pelo propósito de se destinar maior espaço para estudo de certas manifestações humanistas, mais afinadas com o trabalho.

2.1.1.3 O apogeu dos humanismos

Os estudos humanistas recentes têm por característica comum a busca de cientificidade no trato da questão humana, embora apresentem muito mais divergências que propriamente convergências em suas conclusões. Neste trabalho, optou-se por enfatizar três manifestações humanistas que muitos debates têm merecido ainda nos dias atuais: o Humanismo marxista, o Humanismo existencialista e o Humanismo cristão atual, considerados o apogeu dos humanismos[37].

2.1.1.3.1 O homem trabalhador

Muito se discute se a obra de Karl Marx pode ou não ser considerada humanista. De fato, a teoria de Marx preocupou-se em apontar a alienação humana (do ponto de vista econômico, social, religioso, filosófico) e em libertar o homem delas, o que demonstra estar a problemática humana no centro de suas reflexões[38]. Mas algumas observações devem ser feitas. Primeiramente, cumpre observar que o homem que interessa a Marx e se torna o centro de sua teoria

---

37 Muitas outras abordagens poderiam ser feitas aqui. Se o trabalho científico requer uma delimitação do seu campo de investigação, isso não significa que se ignoram outras possibilidades. É Nogare quem considera essas três vertentes do Humanismo o seu apogeu.
38 Segundo Nogare, o marxismo enquanto regime político, sempre se mostrou anti-humano. NOGARE, Pedro Dalle. *Humanismos e anti-humanismos*. Introdução à antropologia filosófica, p. 102. Sobre o socialismo, Recaséns afirma que, se ele pode ser considerado Humanismo, é certo que o socialismo soviético não poderia, sendo manifestação de totalitarismo. RECASÉNS SICHES, Luís. *Tratado general de filosofia del derecho*. México: Editorial Porrua, 1986. p. 525.

não é qualquer homem ou todos eles. Marx preocupa-se com o *homem trabalhador*. Em segundo lugar, não há como ser indiferente ao argumento daqueles que consideram a obra de Marx anti-humanista, de que, na realidade, o homem nela figura em segundo plano, como mera engrenagem da máquina. O motor da história residiria, para Marx, na luta de classes[39]. Nesse sentido, pode-se afirmar que, em Marx, o ser humano representaria apenas um meio, um mero instrumento, para a realização da História.

A única afirmação que se pode fazer com maior convicção a respeito de Karl Marx é a de que, se se opta por considerar sua teoria como Humanismo, apesar dessas observações, certamente que se trata de uma das manifestações do Humanismo ateu[40]. Essa afirmação é importante no sentido de se verificar que, embora se possam observar críticas ao sistema na obra de Marx, convergentes a manifestações proferidas pela Igreja e seus representantes, assim como ocorre com certas concepções de um mundo ideal ou de um "Estado" ideal, onde não houvesse exploração do homem pelo homem, isso não passa de coincidência em posições distintas[41].

---

[39] NOGARE, Pedro Dalle. *Humanismos e anti-humanismos*. Introdução à antropologia filosófica, p. 109 e ss.
[40] "*O ateísmo é sua condição e quase estrutura. Suprime-se Deus para que exista o homem. O homem total não pode realizar-se enquanto um Deus o cria, o domina, o julga. Deus é negado, não porque faltem argumentos para provar sua existência, mas porque — existindo ele — não poderia existir plenamente o homem*". NOGARE, Pedro Dalle. *Humanismos e anti-humanismos*. Introdução à antropologia filosófica, p. 117.
[41] Alceu Amoroso Lima aponta para o risco de se pretender "cristianizar" Marx. Segundo ele, Marx é substancialmente anticristão. LIMA, Alceu Amoroso. *Pelo humanismo ameaçado*. Rio de Janeiro: Editora Tempo Brasileiro, 1965. p. 61-62.

Mas considerar a obra de Marx como uma manifestação de Humanismo está longe de ser entendimento pacífico entre os autores que, ainda hoje, se debruçam sobre essa questão. Althusser, por exemplo, afirma ser contraditório falar-se em Humanismo marxista ou socialista, porque, segundo ele, enquanto o conceito de socialismo é um conceito científico, o de Humanismo é ideológico[42]. Suas idéias sobre esse tema geraram grande celeuma na década de 60, em que diversos autores franceses defendiam a tese da existência de um Humanismo real em Marx[43].

2.1.1.3.2 O homem solitário e livre

Igualmente polêmica é a caracterização do Humanismo sartriano. Embora ele próprio dedique um de seus melhores livros à questão, denominado "O Existencialismo é Humanismo", muitas são as vozes que se levantam contra essa afirmação[44].

---

42 ALTHUSSER, Louis et al. *Polêmica sobre o humanismo*. Lisboa: Editorial Presença, 1967. p. 14.
43 Relata Althusser, na introdução de seu livro, a enorme discussão acadêmica gerada por um texto de sua autoria, escrito para integrar uma obra coletiva sobre o Humanismo socialista, que teria sido deixado de fora da publicação, a pretexto de ser contrário à linha geral do projeto. A organização do livro e a recusa do texto foram de responsabilidade de Erich Fromm. ALTHUSSER, Louis et al. *Polêmica sobre o humanismo*, p. 7. Em verdade, Althusser ganhou notoriedade com o seu anti-humanismo e chocou muitos dentro e fora do marxismo. Para saber mais sobre o Humanismo em Spinoza, Feuerbach e Marx, veja NOGUEIRA, Alcântara. *Poder e humanismo*. Porto Alegre: Sergio Antonio Fabris Editor, 1989.
44 O próprio Nogare o faz com bastante veemência.

Sartre critica o "modismo" do existencialismo de sua época e denuncia o fato de essa palavra ter adquirido tantas conotações que já não era capaz de distinguir nada. Para ele, o existencialismo seria uma doutrina a tornar a vida humana possível, declarando que toda verdade e ação implicam uma subjetividade humana[45]. Classifica em duas as concepções existencialistas, uma cristã e outra atéia, e se afirma representante desta última[46].

Segundo Sartre, o que há de comum entre o existencialismo ateu e o cristão seria o fato de que, para ambos, a existência precederia a essência, o que significaria dizer que o homem primeiro surge no mundo e apenas depois se define. O homem se faz ou está se fazendo. Daí decorre a responsabilidade do homem pela sua existência[47].

Mas se para Sartre o homem é só e, nesse sentido, condenado a ser livre, sua responsabilidade não paira apenas sobre a sua estrita individualidade. Para Sartre, o homem é responsável por todos os homens, na medida em que suas escolhas são escolhas da humanidade[48]. Trata-se aqui de um posicionamento considerado mais "flexibilizado" ou mesmo "incoerente" na obra de Sartre[49]. Ele chega a afirmar que a responsabilidade do homem é maior do que ele pode supor, pois ela envolve a humanidade inteira[50].

---

45 SARTRE, Jean-Paul. *L'existentialisme est un humanisme*. Paris: Gallimard, 1996. p. 23.
46 SARTRE, Jean-Paul. *L'existentialisme est un humanisme*, p. 26.
47 SARTRE, Jean-Paul. *L'existentialisme est un humanisme*, p. 26-31.
48 SARTRE, 'Jean-Paul. *L'existentialisme est un humanisme*, p. 31-39.
49 Assim prefere Nogare. NOGARE, Pedro Dalle. *Humanismos e anti-humanismos*. Introdução à antropologia filosófica, p. 152.
50 SARTRE, Jean-Paul. *L'existentialisme est un humanisme*, p. 32. É Sartre quem afirma: "Sou responsável por mim mesmo e por todos e

Sobre o "Humanismo existencialista", Sartre afirma que não há outro universo que o da subjetividade humana. Mas ele rejeita a concepção de Humanismo que considera o homem fim e valor superior porque, segundo ele, o existencialismo não consideraria jamais o homem como um fim, uma vez que ele está sempre a se fazer[51].

Essa concepção de Sartre é alvo de críticas de humanistas cristãos e de marxistas. Dentre elas, destaca-se o caráter "pessimista" de sua tese, uma vez que o homem sartriano aparenta ser angustiado, desesperado e desamparado[52]. As duas primeiras características decorreriam da livre escolha do homem. A última delas é conseqüência da supressão de Deus[53].

---

crio uma certa imagem do homem que eu escolho; escolhendo a mim, eu escolho o homem". Mais adiante, o autor exemplifica: Se eu escolhi me casar, porque estou apaixonado, estou fazendo uma opção em nome da humanidade pela monogamia. SARTRE, Jean-Paul. *L'existentialisme est un humanisme*, p. 32-33. (tradução livre)

51 Para Nogare, haveria aí um equívoco de compreensão do vocábulo "fim". Se "fim" pode ser entendido como término, ponto final ou como escopo, objetivo visado, é essa última a significação que se pretende humanista. Para Nogare, o autor teria compreendido "fim" como a primeira das acepções. NOGARE, Pedro Dalle. *Humanismos e anti-humanismos*. Introdução à antropologia filosófica, p. 153.

52 São críticas de Nogare. NOGARE, Pedro Dalle. *Humanismos e anti-humanismos*. Introdução à antropologia filosófica, p. 141 e ss. Para esse autor, a posição da liberdade absoluta do homem em Sartre é anti-humana, anticientífica e mítica.

53 Sartre reage contra essas críticas e afirma que não haveria doutrina mais otimista de homem, já que seu destino se encontra nele mesmo. Sobre o caráter ateu de seu existencialismo, ele afirma ser isso um equívoco. O existencialismo sartriano não demonstra que Deus não existe, ele diria mais: mesmo se Deus existisse, isso não mudaria nada. Ninguém poderá salvar o homem dele mesmo. SARTRE, Jean-Paul. *L'existentialisme est un humanisme*, p. 56, 77.

A crítica aponta equívocos nas idéias de Sartre. Sua concepção do ato da Criação, por exemplo, decorrida de uma causalidade unilateral física, é apontada como equívoco de suas idéias. Ao rejeitar Deus, Sartre não teria conseguido salvar o valor da existência humana. Se o homem é um projeto natural de ser Deus, mas se Ele não existe, retira-se todo o sentido real da orientação ao Absoluto[54]. Ao reduzir as preocupações humanistas à transitoriedade, à relatividade, o homem, para os críticos de Sartre, se teria reduzido a um animal. As realizações parciais do homem teriam perdido seu valor último. Muitos são os que consideram o humanismo sartriano limitado, fechado, mutilado, um verdadeiro "infra-humanismo"[55].

O Humanismo existencialista cristão encontra suas origens em Kierkegaard. Para esse pensador, o que existe é o singular-homem, porque somente o homem é verdadeiramente singular. Ele investe contra toda forma de sistematização porque, se o sistema é universal, abstrato, a realidade é singular e concreta. Kierkegaard chama atenção para a vida, as aspirações e as angústias do ser humano, reagindo contra uma visão objetiva da realidade: "A verdade é a subjetividade".

Foi o próprio Kierkegaard quem afirmou que sua obra teria versado sobre ele mesmo[56]. Realmente, todos que já

---

54 ALLEMAN, Jacobus Johannes. Salva-se no ateísmo o valor da pessoa humana? In: SOCIEDADE BRASILEIRA DE FILÓSOFOS CATÓLICOS. *Humanismo pluridimensional*. Atas da Primeira Semana Internacional de Filosofia. São Paulo: Loyola, 1974. 2 v, p. 752 e ss.
55 Nesse sentido, além de NOGARE, Pedro Dalle. *Humanismos e anti-humanismos*. Introdução à antropologia filosófica, 2002, também ALLEMAN, Jacobus Johannes. Salva-se no ateísmo o valor da pessoa humana? In: SOCIEDADE BRASILEIRA DE FILÓSOFOS CATÓLICOS. *Humanismo pluridimensional*, 2 v, p. 753.
56 Segundo Nogare, em seu Post Scriptum. NOGARE, Pedro Dalle.

se interessaram por estudá-lo conhecem sua história de vida, marcada pela presença do pai pecador (por ter amaldiçoado a Deus), pelo rompimento de seu noivado e pela vida absolutamente anti-social que ele próprio se impingiu. E reconhecem claramente os impactos desses acontecimentos em seu pensamento. A teoria de Kierkegaard é mesmo de exaltação da individualidade humana ao máximo, chegando a menosprezar o caráter social do homem. Teria sido também pelo impacto de uma experiência religiosa vivenciada por ele que Deus e o amor a Ele tornaram-se presentes em sua obra[57].

Segundo sua concepção, haveria três estágios de consciência no homem: o estético, marcado pela busca da felicidade no prazer; o ético, em que se busca a felicidade pelo cumprimento do dever e o religioso, em que o homem busca a Deus. O homem se encontraria, sempre, em algum desses estágios, ao longo de sua vida.

A concepção existencialista de Kierkegaard antecedeu no tempo a tese de Sartre. Essa constatação faz com que certos autores chamem a atenção para o fato de que o existencialismo nasceu cristão[58], muito embora Sartre tenha sido o primeiro a se auto-intitular existencialista.

Humanismos e anti-humanismos. Introdução à antropologia filosófica, p. 119.

[57] Um aspecto parece importante no contexto deste trabalho, que pretende se pautar pelo método histórico da Escola dos Annales. Segundo alguns de seus estudiosos, a aversão de Kierkegaard pelo sistema se reflete em sua preferência pelo diário como registro, diário esse que ele próprio teria escrito ao longo de muitos anos de sua vida. Observe-se que o diário é a própria manifestação de singularidade, concretude, no registro histórico. A Escola dos Annales prefere uma nova concepção de fonte histórica, que abarque, também, dados antes desconsiderados, como uma poesia, uma ferramenta, entre outros.

[58] NOGARE, Pedro Dalle. *Humanismos e anti-humanismos.* Introdução à antropologia filosófica, p. 129.

2.1.1.3.3 O homem, *habitat* de Deus

Mas o Humanismo cristão atual é muito mais do que essa concepção existencialista. Os autores costumam referir-se a Teilhard de Chardin como um de seus maiores expoentes. Destaca-se, neste trabalho, a obra do filósofo francês Jacques Maritain.

Maritain foi um dos mais importantes estudiosos de Santo Tomás de Aquino[59]. Sua proposta é de uma concepção de Humanismo teocêntrico ou integral. Para ele, se é legítima a valorização do homem[60], sua absolutização não é. Maritain assumiu para si a tarefa de reconciliar cristianismo e humanismo[61], segundo ele, somente possível através de uma filosofia e de uma política cristãs[62]. Essas, por sua vez, seriam a face especulativa e a face prática do mesmo problema, respectivamente.

---

[59] "Ai de mim se não for tomista, escrevia em um dos meus primeiros livros". MARITAIN, Jacques. *Por um humanismo cristão*, p. 39-40.

[60] Em uma das mais significativas passagens de seu texto, Maritain afirma: "A meu ver, Deus educa-nos através das nossas ilusões e dos nossos passos falsos, para fazer-nos compreender finalmente que devemos crer somente nele e não nos homens: o que nos permite maravilharmo-nos do bem que, apesar de tudo, está nos homens e no bem que eles realizam, malgrado eles". MARITAIN, Jacques. *Por um humanismo cristão*, p. 41.

[61] Sobre isso, leia o prefácio de Giancarlo Galeazzi à obra de MARITAIN, Jacques. *Por um humanismo cristão*, 1999. O tomismo representaria, na obra de Maritain, um meio para se evitar os resquícios do sacralismo, bem como do secularismo.

[62] Maritain anota o caráter impreciso de tais expressões, chegando a considerá-las embaraçosas.

Através de sua concepção de integridade humanística[63], Maritain reivindica o valor da pessoa humana, concebida como individualidade (necessidade de ter) e personalidade (necessidade de dar) e que tem por uma de suas principais tarefas a libertação da inteligência, isto é, a realização das potencialidades espirituais. Ele reage contra toda forma de totalitarismo, cujas bases estariam no Humanismo antropocêntrico, que acabam por criar "absolutos terrestres"[64].

Segundo ele, o debate que dividiria seus contemporâneos estaria em escolher entre um Humanismo teocêntrico ou um Humanismo antropocêntrico[65]. Aquele, seria o Humanismo cristão, ao passo que este seria uma concepção de Humanismo envolvida pelo espírito do Renascimento. É por aquele que Maritain propugna, ao optar por um "Humanismo integral". Quanto a este, nada mais seria, do que um "humanismo inumano"[66].

Por "Humanismo integral", Maritain considera o Humanismo de Santo Tomás de Aquino, que não desconhece nada do que pertença ao homem. É um Humanismo que sabe que o homem é feito do nada e que tudo que sai do nada tende por si ao nada, que sabe ser o homem a imagem de Deus e que no homem há mais do que homem, ele é habitado por Deus[67].

---

63 MARITAIN, Jacques. Por um humanismo cristão, p. 25-26.
64 MARITAIN, Jacques. *Por um humanismo cristão*, p. 27.
65 Veja em Legaz y Lacambra a discussão sobre a possível contradição entre os termos do "humanismo teocêntrico". LEGAZ Y LACAMBRA, Luiz. *Humanismo, estado y derecho*. Barcelona: Casa Editorial Bosch, 1960.
66 MARITAIN, Jacques. *Por um humanismo cristão*, p. 49.
67 MARITAIN, Jacques. *Por um humanismo cristão*, p. 60-61.

Maritain apela ao "heroísmo do homem comum", para que esta era não seja das massas e das multidões informes, nutridas, escravizadas, mas a era do povo e do homem da comum humanidade, consciente de sua dignidade e construtor de um mundo mais humano[68]. Ele fala em substituir o individualismo por uma civilização personalística e comunitária[69], fundada sobre os direitos humanos e que satisfaça as aspirações e necessidades sociais do homem. Defende uma educação que ponha fim à discórdia entre a exigência social e individual no próprio homem e desenvolva conjuntamente o sentido da liberdade e da responsabilidade, dos direitos e deveres humanos, a coragem de afrontar riscos e exercitar a autoridade para o bem geral e, ao mesmo tempo, o respeito pela humanidade de cada pessoa individualmente[70].

2.1.1.3.4 O homem, outro eu mesmo

Conterrâneo e contemporâneo de Maritain, Emmanuel Mounier fala em "Personalismo" ou "Personalismo Comunitário"[71] "para designar sua concepção humanista[72]. Funda-

---

[68] MARITAIN, Jacques. *Por um humanismo cristão*, p. 66-67.
[69] Para Mounier, haveria um pleonasmo na expressão "Personalismo comunitário". MOUNIER, Emmanuel. *O personalismo*. Tradução João Bénard da Costa. 2. ed. São Paulo: Livraria Duas Cidades, 1964. p. 64.
[70] MARITAIN, Jacques. Por um humanismo cristão, p. 108-109.
[71] Sobre a origem do termo "Personalismo", veja o Prefácio da professora Elza Maria Miranda Afonso à obra de Edgar da Mata-Machado: MATA-MACHADO, Edgar de Godoi da. *Contribuição ao personalismo jurídico*. Prefácio da professora Elza Maria Miranda Afonso. Belo Horizonte: Del Rey, 2000.
[72] "O personalismo é uma filosofia, não é apenas uma atitude. É uma filosofia, não é um sistema". MOUNIER, Emmanuel. *O personalismo*, p. 16. Para seus estudiosos, o pensamento de Mounier está sempre em

dor da Revista Esprit na França do início do século XX, suas idéias influenciaram muitas pessoas fora daquele país. No Brasil, suas idéias foram muito difundidas especialmente entre jovens católicos.

Trata-se de uma importante visão do homem porque responsável e altamente realizável no plano concreto. Sua noção de homem distingue o "indivíduo" da "pessoa", porque requer uma negação de qualquer conduta egoísta ou "individualista"[73]. O individualismo seria, para ele, adversário do Personalismo, na medida em que seu fundamento seria um Humanismo reivindicador, "disfarce 'civilizado' do instinto de poder." Seu produto seria um homem sem laços, sem amor, indiferente ao outro porque cioso só de si mesmo, surdo aos gritos das presenças espirituais[74].

Acredita Mounier que esse individualismo teria marcado quase todas as manifestações humanistas desde a Renascença. Elas consagrariam, em verdade, o egoísmo, porque os homens são livres, mas irresponsáveis e proprietários ciumentos de seus direitos. Ele não desconhece, entretanto, a importância da Revolução Francesa, mesmo que de índole individualista. E reivindica uma defesa e proteção de direitos fundamentais que garantam a existência da pessoa, não do indivíduo[75].

---

vias de elaboração, está sempre a ser pensado, porque tem por base a pessoa, que é livre e imprevisível. Sobre isso, vide o Prefácio da obra citada e MOIX, Candide. O *pensamento de Emmanuel Mounier*. Tradução Frei Marcelo L. Simões. Rio de Janeiro: Paz e Terra, 1968. p. 380. Sobre as origens de seu Personalismo, para Mounier, Sócrates, com o "Conhece-te..." teria sido o responsável pela primeira revolução personalista. MOUNIER, Emmanuel. O *personalismo*, p. 23.
73 "A pessoa é uma interioridade que tem necessidade de uma exterioridade." MOUNIER, Emmanuel. O *personalismo*, p. 95.
74 MOIX, Candide. O pensamento de Emmanuel Mounier, p. 144.
75 MOUNIER, Emmanuel. O *personalismo*, p. 31, 107.

Mounier não nega o bem comum, o aspecto social da pessoa humana, a tutela e a garantia de suas liberdades pelo Estado, aos quais o ser humano tem que se subordinar. Mas desde que as exigências impostas pelo Estado ao ser humano não sejam arbitrárias[76]. O aspecto social da pessoa não seria o único. A ele se soma o seu aspecto singular[77].

De fato, em geral, as concepções humanistas ora partem de uma concepção de homem padrão, dado abstrato, ou apenas tomando uma parte dos homens pelo todo[78], ora o estudam como contraponto à noção de Estado ou de Deus. Mounier se dedica a demonstrar ser tudo isso conciliável: uma noção de ser humano em sua interioridade e singularidade, uma noção de bem comum que, por vezes, deve preponderar sobre os interesses da pessoa, e Deus.

O que Mounier quer é descentralizar a pessoa de si mesma, para que essa possa se estabelecer em suas perspectivas abertas de pessoa. A pessoa seria, assim, o oposto do "ensimesmar-se" individualista. O Personalismo, segun-

---

76 NOGARE, Pedro Dalle. *Humanismos e anti-humanismos*. Introdução à antropologia filosófica, p. 138.

77 Recaséns, embora por "Personalismo" não entenda exatamente a mesma coisa que Mounier, parece com eleconcordar, quando afirma: "Claro está que o personalismo admite que o Estado possa e deva impor ao indivíduo uma série de restrições e de sacrifícios, inclusive muito graves, em prol do bem comum, mas esse bem comum não representará, para o personalismo, uma magnitude transcendente, transumana, senão estritamente o necessário para a convivência e a solidariedade dos indivíduos e a soma dos bens dos indivíduos". RECASÉNS SICHES, Luís. *Tratado general de filosofia del derecho*, p. 501. (tradução livre)

78 Na Antigüidade e na Renascença, por exemplo, o "homem" não era representado em sua totalidade. Desse conceito, estavam excluídos, por exemplo, escravos e mulheres. Em Marx, o homem que se estuda é o trabalhador.

do ele próprio afirmava, seria essencialmente uma filosofia da segunda pessoa, o outro, outro eu mesmo[79].

Mounier também diferencia "social" e "político" de "comunidade". Esta seria uma comunidade de pessoas, que aproximam o homem de si mesmo, enquanto aqueles o afastam. E reage contra o homem que existe naqueles: homem número, sem vocação, permutável[80].

A comunicação, no Personalismo, seria o fato primitivo essencial da existência pessoal. Mounier reconhece o Direito, a Ciência, como mediadores necessários das comunicações humanas, verdadeiras bases do universo pessoal. Mas eles seriam incapazes, por si sós, de assegurar uma plena comunicação pessoal[81].

A liberdade do homem, no Personalismo de Mounier, não seria a liberdade sem freio dos individualistas, aí incluídos liberais e certos existencialistas. Liberdade absoluta, para ele, seria um mito e, logo, seguida pelo arbitrário, totalitário e desumano[82]. Segundo ele, os próprios limites são

---

79 MOUNIER, Emmanuel. O *personalismo*, p. 63 e MOIX, Candide. O *pensamento de Emmanuel Mounier*, p. 144-145. Mounier aponta os erros do "coletivismo" das revoluções comunista e fascista. Para ele, o comunismo seria uma filosofia da "terceira pessoa do impessoal".
80 MOIX, Candide. O *pensamento de Emmanuel Mounier*, p. 148-150.
81 MOIX, Candide. O *pensamento de Emmanuel Mounier*, p. 152. Mounier ainda alerta para o Direito formal, que estabelece a universalidade esquecendo a pessoa. Mas compreende o Direito como uma mediação necessária: "Refreia o egoísmo biológico, garante a existência de cada um, assegura na selva dos instintos e das forças um mínimo de ordem e de segurança que irá permitir as primeiras inserções do universo pessoal". MOUNIER, Emmanuel. O *personalismo*, p. 75-76.
82 "Há na minha liberdade um peso que vem de mim, de meus limites, do mundo, das necessidades a que sou submisso, dos valores que me são propostos". MOIX, Candide. O *pensamento de Emmanuel Mou-

necessários ao exercício da liberdade. A liberdade da pessoa só fará sentido se servir para uma liberação e personalização do mundo e da própria pessoa[83]. Uma vez sendo a liberdade limitada, a pessoa deve fazer escolhas. Aí residiria a afirmação da pessoa e a sua grande capacidade de transformar o mundo[84].

Mounier afirma ser seu Personalismo um dos desdobramentos do existencialismo. De fato, ambos reagem contra o sistema, sendo filosofias da existência. Além disso, para Mounier, novamente aproximando-se do existencialismo, a vida pessoal consistiria em uma experiência progressiva. A pessoa é uma presença ativa no mundo, nunca um ser estacionado. Entretanto, considerando-se essas observações e os aspectos que, por sua vez, o afastam do existencialismo, em especial ateu[85], é que certos estudiosos o consideram ocupante de uma posição intermediária entre o tomismo e o existencialismo[86].

Já no confronto entre Personalismo e Marxismo, Mounier não é indiferente ao problema econômico e reconhece alguns dos pressupostos da obra de Marx como sendo verdadeiros, embora aponte também suas falhas[87]. Para ele,

---

nier, p. 167. Veja também MOUNIER, Emmanuel. O *personalismo*, p. 113. O autor parece utilizar a palavra "mito" no mesmo sentido adotado nesta tese. Sobre isso, ver a Introdução.
83 MOIX, Candide. O *pensamento de Emmanuel Mounier*, p. 169.
84 MOIX, Candide. O *pensamento de Emmanuel Mounier*, p. 169.
85 Dentre esses aspectos destacam-se: a impossibilidade de comunicação do existencialismo, em especial sartriano e a concepção absolutamente distinta de liberdade.
86 MOIX, Candide. O *pensamento de Emmanuel Mounier*, p. 180. Nogare também se dedica à reflexão da oposição entre Mounier e Sartre. NOGARE, Pedro Dalle. *Humanismos e anti-humanismos*. Introdução à antropologia filosófica, p. 136.
87 Dentre essas falhas, Mounier aponta o fato de que, no marxismo,

somente desprezariam o econômico aqueles a quem já não atormenta a neurose do pão cotidiano. Mas isso não implicaria, para Mounier, na afirmação de que os valores econômicos sejam superiores aos demais. Por outro lado, e demonstrando sensibilidade importante para o problema, ele afirma acreditar que somente o econômico curará o econômico[88].

Mounier também não nega a importância do progresso técnico, desde que ele esteja à disposição e como forma de realização da pessoa e não progresso pelo progresso. Segundo ele, os promotores de embates contra o uso da máquina estariam equivocados, por tomarem como pressuposto o uso que se faz dela pelo capitalismo. A técnica não é inumana por si só, mas precisaria ser humanizada[89].

2.1.2 A "pérola" escolhida do colar

O que se pretende ter em mira e como eixo norteador do trabalho é, acima de tudo, a pessoa humana. Não o indivíduo, mas a pessoa[90]. Cada uma e ao mesmo tempo todas as pessoas. Não o anônimo em seu anonimato, mas o anôni-

---

a pessoa é esmagada. Só as massas são criadoras. Acrescenta Nogare: "O que Mounier sobretudo recusou do marxismo foi a perspectiva mutilada e materialista [...]". NOGARE, Pedro Dalle. *Humanismos e anti-humanismos*. Introdução à antropologia filosófica, p. 137.
88   MOIX, Candide. O pensamento de Emmanuel Mounier, p. 247.
89   MOIX, Candide. O *pensamento de Emmanuel Mounier*, p. 355-358.
90   Sobre a distinção entre pessoa e indivíduo e suas implicações no âmbito do Direito, leia Edgar da Mata-Machado: MATA-MACHADO, Edgar de Godoi da. *Contribuição ao personalismo jurídico*, 2000. O autor faz uma apresentação das teses dos diversos jusfilósofos que já se dedicaram à questão.

mo em sua singularidade e interioridade. Não a pessoa livre e inconseqüente, mas a pessoa responsável pelo outro, que é pessoa também. Para efeito deste trabalho, o Humanismo é concebido, principalmente, em sua manifestação personalista[91].

Por outro lado, o ser humano representa o valor-fim, a razão de ser da Ciência[92]. *Ele não pode ser compreendido como meio, porque é o objetivo maior. A Ciência (e aqui incluído o Direito) não se justifica se não tomar como eixo norteador de suas reflexões o próprio ser humano. O Estado e suas instituições só se justificam a partir do ser humano e para o ser humano. Mas o que se entende por "ser humano" é a "pessoa" responsável e inserida em uma comunidade.*

Essa concepção filosófica personalista é perfeitamente conciliável com a Ciência Jurídica. Na verdade, as normas jurídicas e a interpretação delas devem-se pautar por valores. O valor máximo, aquele que se pretende exaltar e que se escolhe, especificamente, no âmbito deste trabalho, para nortear a regulamentação do tabaco, é a pessoa[93].

---

[91] Embora alguns críticos apontem pequenas imperfeições na obra de Emmanuel Mounier ou afirmem que, embora sua filosofia seja consistente, sua ação política foi frágil e não conseguiu lograr os objetivos por ele próprio propugnados, acredita-se, para efeito deste trabalho, que suas noções de ser humano, dispostas em sua filosofia personalista, são preciosas e têm muito a contribuir na abordagem que se pretende fazer de uma regulamentação do tabaco. É importante que se diga que aqui não se faz uma comunhão irrestrita com absolutamente todas as conclusões da filosofia personalista de Mounier, mas, certamente, com considerável parte dela.

[92] "Cada vez mais a Ciência e a reflexão nos revelam um mundo que não pode passar sem o homem e um homem que não pode passar sem o mundo". MOUNIER, Emmanuel. O personalismo, p. 48.

[93] A professora Silma Berti, em tese de doutoramento, afirma que "pessoa é, para o jurista, o termo mais precioso do vocabulário jurídi-

Mas a opção que ora se faz é apenas uma das possívcis. Se o Direito requer a eleição dos valores a serem contemplados pela norma jurídica, por vezes, pode-se optar pelo Estado como valor máximo. Seria a situação em que o indivíduo passaria a ser contemplado pela norma jurídica como instrumento para a existência e realização do Estado. É o que se denomina Transpersonalismo, enfoque contrário ao pretendido pelo Humanismo[94].

Na concepção transpersonalista, o ser humano, não raro, é considerado de forma abstrata, desconsiderando-se sua própria subjetividade. Valoriza-se o papel da sociedade (ou do Estado) em detrimento da pessoa humana e coloca-se o Direito a partir dessa perspectiva. Alguns filósofos do Direito identificam essa postura transpersonalista como manifestação de totalitarismo e rechaçam as manifestações históricas dela[95].

---

co." E mais adiante: "A noção de pessoa aparece assim como o suporte necessário aos fenômenos jurídicos, ela vive a vida jurídica. É na pessoa que eles se instalam; e para ela trazem vantagens". BERTI, Silma Mendes. *Responsabilidade civil pela conduta da mulher durante a gravidez*. Tese (Doutoramento em Direito) — Faculdade de Direito da Universidade Federal de Minas Gerais, 2002. p. 52-53. A evolução da compreensão do conceito de pessoa humana pode ser lido em BETTENCOURT, P. F. T. O conceito da pessoa humana através dos séculos. In: SOCIEDADE BRASILEIRA DE FILÓSOFOS CATÓLICOS. *Humanismo pluridimensional*. Atas da Primeira Semana Internacional de Filosofia. São Paulo: Loyola, 1974. 2. v, p. 940 e ss.

94 RECASÉNS SICHES, Luís. *Tratado general de filosofia del derecho*, p. 497.

95 Para Recaséns, seriam as seguintes as manifestações históricas do Transpersonalismo: Antigüidade pagã, doutrinas romântico-tradicionalistas, militarismo, belicismo, fascismo, nazismo, comunismo soviético. É importante observar que, para Recaséns, Platão e Aristóteles fundam suas teorias em uma visão totalitarista, na medida em que os homens são vistos não como seres humanos, mas como cidadãos, postos à servi-

Outro valor a ser escolhido pelo Direito poderia ser o homem abstrato, quando se estaria diante da opção pelo individualismo. Essa concepção de homem, livre e irresponsável, já foi contemplada pelo ordenamento jurídico brasileiro e de outros países e pretende ser afastada neste trabalho. O individualismo, tanto quanto o transpersonalismo, rechaça o homem concreto do domínio do Direito[96].

Ao contrário, uma visão humanista ou personalista, uma vez adotada pelo Direito, implicaria em uma valorização do ser humano concreto como fim último, objetivo maior da norma. O Direito, assim como o Estado, buscaria promover a realização do ser humano. O Estado e o Direito estariam a serviço do ser humano e não o contrário.

Mas dentro dessa concepção geral, o Humanismo aplicado ao Direito encontra diversas possibilidades de manifestação. Em todas elas, admite-se intervenção do Estado para a proteção do bem comum, privando as pessoas de certas possibilidades, mas sempre no intuito de realização do ser humano, sempre tomando-o como pressuposto e objetivo. O bem comum não seria compreendido como uma construção abstrata à qual as pessoas devem obediência e consideração, ou uma idéia vinculada à própria concepção

---

ço da coletividade política. RECASÉNS SICHES, Luís. *Tratado general de filosofia del derecho*, p. 502.
[96] Essa afirmação é de Edgar de Godoi da Mata-Machado. MATA-MACHADO, Edgar de Godoi da. *Contribuição ao personalismo jurídico*, p. 84-85. Ainda para esse autor, o positivismo jurídico teria sido responsável por abrir caminho para a expulsão do homem concreto do domínio do Direito. MATA-MACHADO, Edgar de Godoi da. *Contribuição ao personalismo jurídico*, p. 92. De fato, para a Teoria Pura do Direito de Kelsen, a pessoa é apenas um detalhe. O que importa, para a ordem jurídica, é a norma. KELSEN, Hans. Teoria Pura do Direito. São Paulo: Martins Fontes, 1998.

de Estado, mas como o bem do todo e de cada uma das partes[97].

As possibilidades decorrentes de uma conciliação entre os pressupostos filosóficos personalistas e a Ciência Jurídica já foram objeto de estudo de Edgar de Godoi da Mata-Machado, em obra redigida há mais de cinqüenta anos e republicada recentemente como reconhecimento de sua atualidade. Opondo-se ao individualismo e ao totalitarismo, o professor, embora mencione diversos pensadores humanistas, prefere optar por Jacques Maritain como mestre e guia para sua obra[98].

Também Recaséns Siches e Legaz y Lacambra dedicaram-se a conduzir as discussões filosóficas humanistas ao campo do Direito. Aquele, em especial, as defende com bastante veemência. Quanto a este, afirma que o problema mais profundo do humanismo jurídico da época (sua obra foi publicada em 1960) seria responder ao questionamento: "O que o Direito pode fazer em favor da pessoa humana?" E complementa: O humanismo jurídico deverá partir da afirmação da supremacia do homem, baseada em um conceito exato do mesmo, que inclua sua necessária sub-

---

97 Essa é a noção de bem comum utilizada por Mata-Machado, baseando-se em Maritain: "Sua especificidade está em que é ele recebido e comunicado em pessoas humanas e por intermédio de pessoas humanas. Ou ainda: em que é ele o bem do todo, por causa do todo, e o bem de cada uma das partes do todo, por causa de cada uma delas. E isso porque — eis o significado do bem comum — as pessoas humanas componentes do corpo social são, cada uma, um todo moral e um sujeito de direito". MATA-MACHADO, Edgar de Godoi da. *Contribuição ao personalismo jurídico*, p. 217. Note-se que o autor diferencia "bem comum" de "bem público".
98 MATA-MACHADO, Edgar de Godoi da. *Contribuição ao personalismo jurídico*, 2000. O autor faz opção por uma formação tomístico-maritainiana.

missão às vinculações transcendentes e comunitárias, próprias de sua condição. A concepção de homem, para Legaz y Lacambra, decorreria de uma dualidade de circunstâncias, consistentes em seu caráter individual e coletivo[99].

No caso do presente trabalho, opta-se pelo Personalismo, uma das possíveis manifestações do Humanismo e busca-se conciliá-la com a Ciência Jurídica. Especificamente no contexto do tema que ora se propõe para estudo, o Direito passaria a importar-se, no que concerne à regulamentação do Tabaco, com a pessoa humana, que é, ao mesmo tempo, *parte do todo* e *superior ao todo*. Escolhe-se valorizar o singular, subjetivo, mas também o Estado, na medida em que ele é compreendido como agrupamento de singularidades e subjetividades.

Coloca-se, enfim, neste trabalho, o Direito (e o Estado) a serviço da pessoa humana e não o contrário[100]. As pessoas aqui consideradas são responsáveis, singulares, não abstra-

---

[99] LEGAZ Y LACAMBRA, Luiz. *Humanismo, estado y derecho*, p. 32-37. Tradução livre do espanhol. Para esse autor, no positivismo jurídico, o direito se "deshumaniza". LEGAZ Y LACAMBRA, Luiz. *Humanismo, estado y derecho*, p. 7-9.

[100] Recaséns diferencia entre duas posturas antitéticas e, segundo ele, inconciliáveis: aquela em que o Direito e o Estado existem em função do homem e aquelas em que o homem existe em função do Direito e do Estado. Chama aquelas de "personalismo" e estas de "transpersonalismo". Note-se que, embora tenham pontos de convergência, o "personalismo" a que ele se refere não coincide com o Personalismo de E. Mounier, utilizado como marco teórico neste trabalho. RECASÉNS SICHES, Luís. *Tratado general de filosofia del derecho*, p. 497 e ss. Ainda segundo esse autor, a doutrina política de Hegel, seria uma manifestação do pensamento transpersonalista ou anti-humanista, na medida em que o homem vale na medida em que se desindividualiza e se submerge no geral. RECASÉNS SICHES, Luís. *Tratado general de filosofia del derecho*, p. 503.

tas. Os direitos conferidos à pessoa pela norma jurídica, mesmo os fundamentais do ser humano, devem ser compreendidos a partir dessa ótica não-egoísta e que permite verificar no direito do outro, o direito da pessoa mesma.

No trabalho de elaboração, pelo Estado, da norma jurídica, e no instante de sua interpretação e aplicação ao caso concreto, também por um dos órgãos do Estado, privilegia-se a possibilidade de se conceder à pessoa o tratamento prioritário que merece.

Capítulo 3

AS PESSOAS E OS MITOS NA HISTÓRIA DO TABACO

1) *Segunda-feira, 10 de fevereiro de 2003, 15 hs. Sr. José, aproximadamente 60 anos, aguarda o elevador de um prédio público em Brasília. Ingressam no cubículo, além dele, uma jovem senhora com seu filho pequeno e uma estudante. O senhor, cabelos brancos, pele castigada, esconde um cigarro aceso com a mão direita atrás do próprio corpo, enquanto brinca com a criança.*
2) *Século XVI. A então Rainha da França, Catarina de Médicis, sofria de enxaquecas. Jean Nicot, embaixador da França em Portugal, tomando conhecimento das virtudes medicinais de uma planta exótica, originária do Brasil, a enviou a Paris. Começava, assim, o hábito da Rainha de pitar, servindo de modelo para os nobres de sua Corte e, posteriormente, para os nobres de outras cortes européias*[101].

---

101 Quem relata a história é NARDI, Jean-Baptiste. *A história do fumo brasileiro*. Rio de Janeiro: ABIFUMO, 1985. p. 27. Note-se que foi o embaixador francês quem emprestou seu sobrenome à "nicotina". Jean Nicot de Villemain é reconhecido como um dos grandes responsáveis

3) Século XV, continente americano. Dia de cerimônias tribais. O pajé fumava, numa cangueira[102], folhas de fumo secas, enroladas numa folha de milho ou palmeira, na forma de uma vela, cujas dimensões chegavam a atingir sessenta centímetros. Por meio dele, entrava em transe e conectava com os deuses, espíritos, almas dos mortos, ou predizia o melhor momento para ir à caça, viajar ou atacar o inimigo. A fumaça do fumo era purificadora: protegia dos maus espíritos o jovem guerreiro, a roça, a safra ou a comida.

4) Século XIX, Brasil. O Desembargador Francisco de Assis Pereira Rocho previa a notável riqueza a ser gerada pelo fumo. Por sua vez, pouco tempo depois, o Diretor da Colônia de Santa Cruz, Ten. Cel. P.F. Mabilde, em relatório enviado àquele, confirmava com números o acerto e a veracidade de suas especulações[103].

A História do tabaco é a História de vida e morte de muitas pessoas. Pessoas ligadas no tempo e no espaço por um mesmo produto e pelos mitos que sempre o envolveram.

Mitos que o acompanham desde sua origem, no continente americano. Mitos que se alteram ou que se mantêm, sustentando e promovendo o consumo de produtos derivados do tabaco, ainda hoje, depois de tamanho desenvolvimento científico sobre o tema.

---

pela promoção do uso e consumo do tabaco na Europa. HOJAS doradas, cosecha estéril — los costos de cultivar tabaco. Campaign for Tobacco Free Kids. Washington DC, p. 1, nov. 2001.
102 Um tipo de charuto.
103 SEFFRIN, Guido. *O fumo no Brasil e no mundo*. Santa Cruz do Sul: AFUBRA, 1995. p. 30.

Mitos que, ainda nos dias atuais, fazem com que muitas pessoas se recusem a pretender deixar de consumi-lo ou recusem-se a aceitar qualquer iniciativa estatal no sentido de dissuadir seu consumo e produção.

A correta compreensão dos fatos enseja uma nova visão do Direito aplicável às questões relacionadas ao tabagismo, que possibilite o real e efetivo acesso das pessoas à vida e à saúde.

Dentre os mitos que têm dificultado a compreensão da gravidade do problema e que representam ameaça concreta às discussões políticas, jurídicas e econômicas relacionadas à regulamentação do tabaco, encontram-se as idéias de que "fumar faz bem à saúde ou proporciona bem-estar" e de que "o tabaco gera riquezas". Esses dois mitos, se não forem superados, representam ameaça efetiva ao processo de elaboração de normas jurídicas que tratem de regulamentar o tabaco no Brasil.

Além disso, eles têm, por diversas vezes, sido invocados, para se afastar a responsabilidade civil das empresas em relação aos danos causados. Especificamente em relação à proteção à saúde, por exemplo, embora seja ponto absolutamente pacífico nas Ciências Médicas de que fumar causa danos graves à saúde e está relacionado ao desenvolvimento de diversas doenças, muitas decisões judiciais parecem, ainda hoje, desconsiderar essa situação. Não são raras as alegações, em sentenças e acórdãos, de inexistência de nexo causal entre a doença alegada pelo fumante, autor nas ações, e o cigarro, fabricado pela empresa-ré, ignorando todo o conhecimento científico já produzido acerca das doenças tabaco-relacionadas pela Medicina[104].

---

104 As decisões judiciais em matéria de responsabilidade civil decorrente do tabagismo no Brasil têm, reiteradamente, acatado os argumentos das empresas do setor. São argumentos frágeis se analisados sob a ótica do conhecimento já produzido por outras ciências. Em seu *site* na

O mesmo, lamentavelmente, ocorre com o mito da geração de riquezas. A leitura das decisões judiciais em ações de indenização permite visualizar situações em que o julgador afirma não ser razoável o Estado autorizar a atividade econômica, tributá-la, para, posteriormente, permitir o recebimento de indenizações por parte de consumidores em relação à empresa.

Na realidade, o argumento de que a receita proveniente da tributação do tabaco seria importante para o Estado e de que dissuadir seu consumo poderia representar um impacto econômico negativo para este, além de anti-personalista, é equivocado. Sua característica anti-personalista decorre do fato de que, se se argumenta assim, é porque se considera o Estado e sua saúde financeira mais importantes do que a pessoa e sua saúde física e psíquica. O equívoco da alegação, por sua vez, decorre da ignorância manifestada, relativa aos estudos econômicos existentes sobre a questão.

Note-se que não se cogita a hipótese de se considerar ilícita a produção e comercialização do tabaco. Sabe-se, perfeitamente, que, no atual estágio do problema, essa al-

---

Internet, a Souza Cruz, maior empresa brasileira do setor, informa que foram, até outubro de 2003, propostas 334 ações judiciais no Brasil, desde 1995. Das 72 decisões definitivas já proferidas, **todas** são favoráveis aos argumentos defendidos pela Souza Cruz. Seus argumentos são: a) o caráter lícito da atividade, regulamentada pelo Poder Público; b) o amplo conhecimento dos riscos associados ao tabagismo; c) a ausência de propaganda enganosa; d) o livre-arbítrio do consumidor entre fumar ou não-fumar e d) a assunção dos riscos pelo consumidor. Disponível em: "www.souzacruz.com.br". Regulamentação/Processos judiciais. Acesso em: 21 out. 2003, às 9:30hs. Referências a essas decisões, especialmente aquelas proferidas em segunda instância nos Tribunais de Minas Gerais, São Paulo, Rio de Janeiro e Rio Grande do Sul, serão apresentadas ao longo do texto, fazendo contraponto ao próprio texto.

ternativa apenas agravaria a situação[105]. Busca-se, portanto, encontrar alternativas legais e jurídicas que, considerando a atividade econômica das empresas tabaqueiras lícitas, mesmo assim, desestimule seu exercício, bem como desestimule o próprio consumo do produto pelas pessoas.

Um enfoque personalista prescinde de uma reflexão sobre o surgimento e a evolução do hábito de fumar, a partir da perspectiva das pessoas envolvidas. São pessoas como o Sr. José, a Rainha Catarina, o pajé e o Desembargador, todas concretas, reais, com expectativas em relação ao que o tabaco lhes poderia proporcionar, situadas no tempo e no espaço. A história do tabagismo é a história dos homens que se serviram do tabaco, em algum momento de sua vida, para alguma finalidade. A proteção da vida de pessoas como essas, agora situadas em um momento de evolução da Medicina e de outras ciências em relação ao tema em que se conhece o impacto negativo do tabagismo para o bem-estar delas mesmas e da humanidade, é que deve ser a preocupação do Direito.

Note-se, por fim, que, neste capítulo, muitas referências são feitas a números e percentuais, buscando-se demonstrar, através deles, a falibilidade dos dois mitos em questão. Mas essa referência aos números não pretende se tornar incoerente com a perspectiva personalista adotada no trabalho. Não se recorre aos números no sentido de se abstrair das pessoas ou desconsiderar suas singularidades. Ao contrário, eles estão aqui colocados à disposição da pessoa.

O que se toma por base de estudo, no caso, são as suposições do Sr. José, apontadas na introdução ao presen-

---

105 Acredita-se que tornar ilícita a atividade econômica das empresas produtoras/fabricantes não resolveria o problema, apenas criaria um novo mercado para tráfico, gerando violência e outras conseqüências reconhecidamente inerentes a isso.

te trabalho e as crenças dos magistrados, expostas nas decisões judiciais. O recurso aos números visa demonstrar àqueles seus equívocos, deixando, assim, os resultados alcançados pela Ciência à sua disposição[106].

3.1 Mito: polissemia e dubiedade

Desde a primeira utilização do termo por Platão[107], ao vocábulo "mito" já foram conferidos diversos significados. Dependendo da ciência que se utiliza como parâmetro (seja a antropologia, a teologia, a sociologia ou outra ciência) o "mito" pode ser compreendido em sentidos absolutamente variados e, por vezes, antagônicos. Entre eles, destacam-se, por exemplo, os sentidos de "fábula", "invenção", "ficção" ou de "história verdadeira, sagrada".

A idéia de mito como *história verdadeira* tem sua origem nas sociedades arcaicas e foi recentemente resgatada

---

106 Especificamente no que se refere ao primeiro dos mitos, o de que fumar faz bem à saúde, ao se recorrer aos números, não se desconsidera que cada uma dessas unidades apontadas nas estimativas de mortes decorrentes do tabagismo, represente uma vida única, insubstituível, que se perde. *São mortes dramáticas porque prematuras e evitáveis.* Além disso, costumam ser peculiarmente sofridas para a vítima. Em Rosemberg, pode-se ler: "Não há final mais dramático que o dos doentes de DPOC [doença pulmonar obstrutiva crônica: bronquite crônica e enfisema pulmonar] com insuficiência cardio-respiratória. Sugiro aos tabagistas visitar uma unidade de terapia intensiva, não para verem como vivem, mas para certificarem-se como estão morrendo". ROSEMBERG, José. *Temas sobre tabagismo.* São Paulo: Secretaria de Estado de Saúde, 1998. p. 35.
107 KIRK, G. S. *El mito*: su significado y funciones em la Antiguedad y otras culturas. Barcelona: Paidos Studio, 1985. p. 21.

pelos estudiosos[108]. Mas o sentido de "ficção" ainda permanece válido.

Mircea Elíade explica as influências do cristianismo na compreensão de *mito* como *mentira*. Segundo ele, os primeiros teólogos cristãos tomavam esse vocábulo na acepção de *mentira* e, por essa razão, recusavam-se a ver na pessoa de Jesus uma figura "mítica"[109]. O cristianismo teria sido responsável por relegar ao campo da "falsidade" tudo o que não fosse justificado pelos Testamentos[110]. Para Elíade, interessa a concepção de mito como *modelo para a conduta humana*, sendo um fenômeno humano, de cultura e criação do espírito. Por ser *sagrado*, o mito é *verdadeiro*, correspondendo a "realidades"[111].

O vocábulo também tem sido relacionado às idéias de *conhecimento* e *narrativa*. Naquele caso, o mito poderia ser compreendido como "o conhecimento na sua origem". Esse conhecimento não teria um autor reconhecível, ao contrário, o mito é espontâneo, é "sem pai". Ele existiria antes da própria história[112], mas é responsável por conduzir a humanidade à sua busca[113].

---

[108] ELIADE, Mircea. *Mito e realidade*. Tradução Pola Civelli. 2. ed. São Paulo: Perspectiva, 1986. p. 7-8.
[109] ELIADE, Mircea. *Mito e realidade*, p. 141.
[110] ELIADE, Mircea. *Mito e realidade*, p. 8.
[111] ELIADE, Mircea. *Mito e realidade*, p. 7-13.
[112] É essa a concepção de Gennie Luccioni: LUCCIONI, Gennie. *Atualidade do mito*. Tradução Carlos Arthur R. do Nascimento. São Paulo: Livraria Duas Cidades, 1977. p. 7-9. Mais adiante, afirma: "Do grupo surge a história sem pai; é que o mito já existia, antes da história. Ele existe portanto desde sempre, dizendo e escondendo o começo da história, ao mesmo tempo ocultação e celebração, esquecimento e perpetuação do começo". E considera a palavra *mito* "irritante". LUCCIONI, Gennie. *Atualidade do mito*, p. 105.
[113] Sobre isso, Gennie Luccioni afirma: *"Toda a humanidade conspira*

Walter Burkert, por sua vez, considera a *ambigüidade* do mito e aponta duas definições que, segundo ele, "têm se mostrado úteis [...] sem estarem livres de uma crítica fundamental"[114]. O autor, entretanto, recomenda que não se procure a especificidade do mito no conteúdo, mas na sua *função*. Para o autor, mito seria uma narrativa aplicada[115].

João Bosco Leopoldino da Fonseca propõe uma aproximação entre "linguagem" e "mito"[116], adotando a concepção de mito como *idéia criadora*. Em sua obra, o referido professor aponta a característica de poder intrínseca ao próprio mito e faz uma afirmação relevante para o sentido que se pretende conferir ao termo no presente trabalho: *"[...] o mito surge como um novo poder, que é até mais eficiente do que o poder racional"*[117].

---

por encontrar a porta do mito, por atingir a última Porta, o Santo dos Santos que abre para o conhecimento – a Porta de Ouro onde estaria gravada a palavra do enigma. Mas é ainda uma porta e um texto". LUCCIONI, Gennie. *Atualidade do mito*, p. 9.
114 Para ele, o mito é uma narrativa acerca de deuses e heróis ou uma narrativa acerca do mundo e sua ordenação. BURKERT, Walter. Mito e mitologia. Tradução Maria Helena da Rocha Pereira. Lisboa: Edições 70, 2001. p. 17.
115 BURKERT, Walter. Mito e mitologia, p. 18.
116 LEOPOLDINO DA FONSECA, João Bosco. *O plano nacional de desenvolvimento como expressão da linguagem do direito*. Tese (Doutoramento em Direito). Faculdade de Direito da Universidade Federal de Minas Gerais, 1989. Para Ernst Cassirer, o mito nada mais é *"que a sombra escura projetada pela linguagem sobre o mundo do pensamento humano"*. CASSIRER, Ernst. *O mito do Estado*. Tradução Álvaro Cabral. Rio de Janeiro: Zahar Editores, 1976. p. 35. Sobre "língua" e "mito", leia também PAGLIARO, Antonino. *A vida do sinal*. Ensaio sobre a língua e outros símbolos. 2. ed. Lisboa: Fundação Calouste Gulbenkian, 1983. p. 85 e ss.
117 LEOPOLDINO DA FONSECA, João Bosco. *O plano nacional de desenvolvimento como expressão da linguagem do direito*, p. 178. Na

Embora a tentativa de definição do sentido que se quer conferir ao vocábulo "mito" encontre, nos autores que se dedicam a estudá-lo, múltiplas possibilidades, a pesquisa em suas obras permite verificar duas características expressa ou implicitamente atribuídas ao fenômeno de forma recorrente: sua *relação necessária com as pessoas humanas* e seu *poder de influir em seus comportamentos*.

De fato, os autores parecem concordar com a idéia de que não é possível estudar o mito desvinculado da própria idéia de ser humano. O mito é fruto da pessoa humana. Já a sua capacidade de influir nas condutas humanas encontra-se presente de forma ainda mais evidente nos diversos trabalhos doutrinários. A "força demoníaca do mito"[118] decorre de sua profunda relação à idéia de "obra", "criação". O mito diz respeito à própria ação do grupo[119], que se move provocado por ele.

Embora neste trabalho, tenha sido feita a opção por considerar o mito uma idéia *falsa*[120], apenas uma das opções possíveis, a característica *criadora* do mito, presente nos mais diversos autores, adquire, neste trabalho, significado essencial. Apesar de falso, o mito conduz comportamentos humanos e, por vezes, compreender o mito representa compreender a própria conduta de uma coletividade de pessoas.

---

mesma linha de raciocínio, Ernst Cassirer afirma: *"Em todos os momentos críticos da vida social do homem, as forças racionais que resistem ao surto das velhas concepções míticas já não estão mais seguras de si próprias. É o momento em que o mito regressa."* CASSIRER, Ernst. O *mito do Estado*, p. 298.
118 CASSIRER, Ernst. O *mito do Estado*, p. 298.
119 Nesse sentido, ANSART, Pierre. *Idéologies, conflits et pouvoir*. Paris: Presses Universitaires de France, 1977. p. 67.
120 Veja, na Introdução, o que se compreende por "mito" no presente trabalho.

3.2 O primeiro mito: o tabaco faz bem à saúde ou promove bem-estar

O mito de que o tabaco faz bem à saúde precedeu a convicção de que ele promove bem-estar, embora as duas coisas estejam diretamente relacionadas uma à outra. Desconhece-se a origem da crença nos benefícios à saúde física decorrentes do uso do tabaco, de tão antiga que ela é e tendo perdurado por tanto tempo, até sua superação por trabalhos científicos sérios[121]. Mais recentemente, na história da humanidade, desenvolveu-se a crença nos seus possíveis benefícios à saúde psíquica dos consumidores, que ainda resiste, equivocadamente, aos resultados alcançados pela Ciência. Mesmo no século XXI, ainda há quem sustente a tese de que fumar cause bem-estar, alívio ao stress, prazer[122].

3.2.1 O tabaco e a saúde das pessoas

Sobre a crença de que o tabaco faz bem à saúde (física), registros históricos apontam para o continente americano, onde, há mais de seis mil anos antes de Cristo, curiosa e inexplicavelmente, tribos geograficamente muito distantes umas das outras, utilizavam-no de forma muito parecida[123]

---

121 Sobre esses trabalhos, veja o item 3.1.2.
122 Causa perplexidade a observação de que os resultados alcançados pelas Ciências Médicas em relação aos malefícios à saúde física causados pelo tabagismo, não têm sido trazidos para a discussão sobre seus malefícios à saúde psíquica. Nos dias atuais, admite-se que o tabaco mata, mas, em geral, insiste-se na tese de que ele cause bem-estar, como se fosse possível considerar assim quem convive com tantas conseqüências negativas da ação do tabaco no organismo.
123 Em rituais mágico-religiosos.

e com o mesmo propósito: curar os males, as doenças, aliviar as dores[124].

Aliás, os índios do continente americano possuem papel de destaque na história do tabaco. Foram eles os responsáveis pela disseminação de sua técnica de plantio e de seu consumo[125]. Foram eles, igualmente, os responsáveis pela disseminação do hábito de fumar. Especificamente em relação ao índio da América do Sul, afirma-se existirem, naquela época, seis formas de consumo diferentes do tabaco: comido, bebido, mascado, chupado, transformado em pó e fumado. Mas, desde então, o hábito de fumar era o mais relevante.

Conta-se que o pajé, em seus rituais mágico-religiosos, após consumir tabaco, principalmente após fumá-lo, soprava-o sobre os enfermos, com o objetivo de curá-los[126]. Ele também era utilizado, na cultura indígena, como planta medicinal. Essa concepção de que o tabaco, principalmente fumado ou bebido[127], permitia a cura de doenças e aflições, disseminou-se rapidamente e perdurou até muito recentemente.

Na história da difusão do consumo do tabaco pelo mundo, destaca-se o papel do Brasil[128]. O plantio e o consumo

---

124 O tabaco é originário do continente americano. Veja mais em ROSEMBERG, José. *Temas sobre tabagismo*, p. 10.
125 Sobre isso, confira: SEFFRIN, Guido. *O fumo no Brasil e no mundo*, p. 9.
126 NARDI, Jean-Baptiste. *A história do fumo brasileiro*, p. 5-12.
127 "Todos os navegadores da época [de Cristóvão Colombo] afirmavam terem visto os aborígenes aspirar o fumo pela boca ou nariz, mascar, chupar ou beber o tabaco, quando se tratava de remédio". ROSEMBERG, José. *Temas sobre tabagismo*, p. 10.
128 Uma tese existente é a de que o tabaco teria aqui chegado através de migrações indígenas, sobretudo do Tupi-Guarani, que o teria trazido dos vales orientais dos Andes bolivianos, sua verdadeira origem. SEFFRIN, Guido. *O fumo no Brasil e no mundo*, p. 18-19.

do produto pelos índios brasileiros seguia a mesma linha religiosa, mágica e medicinal quando, em 1500, aqui aportaram os portugueses. Naquela ocasião, o produto era cultivado em toda a costa do Brasil e nas regiões do Alto Xingu e da Bacia Amazônica. O português logo se interessou pelo tabaco e ainda no século XVI já o obtinha, através de trocas com os índios[129].

Em Portugal, a planta chegou a ser cultivada no quintal da infanta D. Maria, devido ao seu aspecto ornamental e, ainda no século XVI, já era plantada por lá, visando a atender à crescente demanda para consumo.

No século XVII, enquanto o tabaco brasileiro era utilizado para comprar escravos em Angola, a Europa se dedicava a estudá-lo, imputando-lhe diversas propriedades como remédio: para matar piolhos e vermes, fortificar o estômago, beneficiar o coração, curar certas afecções da pele[130]. Tratados de Medicina teriam chegado a catalogar cinqüen-

---

[129] NARDI, Jean-Baptiste. *A história do fumo brasileiro*, p. 6. Conta o "Livro de Ouro da História do Brasil", que, no Século XVI, na Bahia, um fenômeno religioso tomava conta dos tupis: a "santidade", destacando-se a de Jaguaripe (1580 e 1585) "Nela, em meio a danças, transes, cânticos e à fumaça inebriante do tabaco, os índios afirmavam sua vontade de encontrar uma terra mítica, onde não houvesse portugueses, lutas e massacres, fome e doença: a 'terra sem mal'." DEL PRIORE, Mary; VENÂNCIO, Renato. *O livro de ouro da história do Brasil*. Rio de Janeiro: Ediouro, 2001. p. 34. Note-se, a título de observação, que Luckesi, em "O Humanismo no Brasil", afirma que a posição do colonizador português frente ao nativo indígena foi de opressão e, por isso mesmo, anti-humanista". LUCKESI, Cipriano Carlos. O humanismo no Brasil. In: NOGARE, Pedro Dalle. *Humanismos e anti-humanismos*. Introdução à antropologia filosófica. 13. ed. Petrópolis: Vozes, 1994. p. 277.

[130] DEL PRIORE, Mary; VENÂNCIO, Renato. *O livro de ouro da história do Brasil*, p. 112-122.

ta e nove doenças curáveis através do tabaco, conhecida como "erva milagrosa". Entre elas, encontravam-se listadas: bronquite crônica, asma, doenças do fígado, do intestino, males cerebrais como a epilepsia, reumatismo, gota, hérnia estrangulada, doenças da pele, doenças venéreas, catarata, úlceras e ferimentos[131].

No Brasil, os negros passaram a ser empregados na produção de tabaco. Na Europa, o costume de fumar espalhava-se por todas as camadas sociais. Por sua vez, as formas de administração do tabaco como remédio proliferavam: xaropes, tisanas, extratos, sucos, inalações, fumigações, pó para aspirar, pasta de dentifrícios, pomadas, emplastros, fricções, purgantes, clisteres[132].

No século XVIII, foi a vez da mania de se aspirar rapé, que teria durado cerca de duzentos anos. Mais uma vez se apresentava o mito das propriedades terapêuticas: o espirro eliminaria os "humores supérfluos", revigoraria o cérebro e clareava a mente[133].

---

[131] Conta Rosemberg que, no século XVII, o médico e filósofo Jean Neander, publicou um Tratado denominado "Tabacologia — tratado médico-cirúrgico farmacêutico do Tabaco ou Nicotina, contendo sua preparação e uso para a maioria das indisposições do corpo humano, como a cura de envenenamentos, minorar a fome e a sede e fortificar a memória; cura da úlcera, pneumonia, gota, angina, asma, tosse e proteção contra a peste". ROSEMBERG, José. Temas sobre tabagismo, p. 12.

[132] ROSEMBERG, José. Temas sobre tabagismo, p. 12. Ainda segundo o autor: "Fumigações em massa fizeram-se nos surtos de peste, e na Grande Peste de 1644/66 até as crianças fumavam um cachimbo diariamente." As propriedades dentifrícias do tabaco encontraram grande adepta na Rainha Carolina da Inglaterra e disseminaram-se rapidamente, fazendo surgir as escarradeiras em salões e edifícios públicos. ROSEMBERG, José. Temas sobre tabagismo, p. 24.

[133] ROSEMBERG, José. Temas sobre tabagismo, p. 22.

Todos esses são registros históricos que apontam a disseminação da idéia de que fumar ou utilizar o tabaco poderia causar benefícios à saúde física. Percebe-se, claramente, tratar-se de crença antiga e que repousa suas origens na origem do próprio país e em seus primeiros habitantes. Já a crença nos benefícios psíquicos (ou no bem-estar) causados pelo tabaco é mais recente. É, também, uma crença mais sutil e que guarda relação profunda com a cultura e os hábitos das pessoas.

Sobre isso, especificamente no Brasil, no século XIX, enquanto Santa Cruz do Sul, cidade gaúcha futuramente chamada "capital mundial do fumo" era fundada (1850), uma nova visão do tabaco se apresentava: no Rio de Janeiro, fumar charuto era sinônimo de elegância e masculinidade dos rapazes da época e uma afirmação da mocidade perante a geração mais velha[134]. O tabaco passava, naquele momento, a incorporar condições de proporcionar bem-estar psíquico aos seus consumidores.

No século XX, o consumo, principalmente de cigarro, alastrou-se rapidamente em todo o mundo. Foi nesse momento que ocorreu, no Brasil, a consolidação e concentração das empresas do setor[135]. Dentre as razões apontadas para o crescimento do consumo interno, destacam-se a melhoria do nível de vida do brasileiro, a urbanização e a maior participação das mulheres no consumo, aliados ao stress da vida moderna. Fumar acalmava, aliviava o cansaço da vida moderna.

---

134 NARDI, Jean-Baptiste. *A história do fumo brasileiro*, p. 21.
135 Uma das maiores empresas ainda hoje, a Souza Cruz foi fundada pelo português Albino Souza Cruz em 1903, no Rio de Janeiro. Em 1914, ela associou-se à British American Tobacco. As primeiras fábricas brasileiras teriam sido instaladas também no Rio, ainda no século XIX. NARDI, Jean-Baptiste. *A história do fumo brasileiro*, p. 10, 19.

Sobre o cigarro, principal produto derivado do tabaco hoje em dia, em termos de consumo, não se sabe exatamente quando tenha surgido, embora se tenha registro de sua existência desde o século XVIII. Seu nome derivaria do "cigarral" ou da horta invadida por cigarras, em que o médico Francisco Hernandes, ainda no século XVI, cultivava o tabaco, obviamente, para empregá-lo com finalidades curativas[136]. A explosão de seu consumo, nos Estados Unidos, decorreu da invenção de uma máquina capaz de produzir duzentas unidades por minuto, em 1880[137].

Em termos mundiais, a indústria do cigarro, no século XX, passou a ser dominada por poucas empresas transnacionais, contando com diversas subsidiárias. Foi o momento em que se desenvolveram as técnicas de Marketing e sua publicidade tornou-se muito agressiva e direcionada. Várias foram as estratégias utilizadas. Aproveitando-se da idéia de bem-estar psíquico que vinha sendo transmitida às pessoas, propalaram suas virtudes terapêuticas e fizeram relacionar emancipação feminina e tabaco, sensualidade e tabaco, aventura e tabaco, coragem e tabaco[138].

Nem as artes ficaram imunes à publicidade do tabaco. Na verdade, desde o século XVII já se verificam referências ou verdadeiras apologias ao tabaco, no cinema[139], nas

---

136 ROSEMBERG, José. *Temas sobre tabagismo*, p. 25.
137 HOJAS doradas, cosecha estéril — los costos de cultivar tabaco. Campaign for Tobacco Free Kids. Washington DC, p. 1, nov. 2001.
138 Até a idéia de paz está atrelada ao tabaco. Desde o século XVIII, introduziu-se nas celebrações de paz entre as tribos e os homens brancos, no Caribe e América do Norte, o "cachimbo da paz", cachimbo abarrotado de tabaco. ROSEMBERG, José. *Temas sobre tabagismo*, p. 10.
139 Humprey Bogart, no clássico Casablanca, permanece quase todo o tempo com o cigarro entre os lábios. Mais tarde, ele morreria de câncer de laringe.

músicas, na literatura[140], no teatro. Se, em alguns casos, se tratava de manifestação espontânea do artista, em outros, nota-se verdadeira tentativa comercial, por parte das empresas interessadas, em se divulgar ainda mais o produto, em especial, a partir do século XX[141]. Em documentos internos que caíram em domínio público, empresas do porte da Philip Morris reconhecem que filmes, vídeos internacionais, músicas, representam estratégias de divulgação de seus produtos, especialmente entre jovens adultos[142].

Ainda nos dias atuais, as propriedades terapêuticas do tabaco continuam sendo equivocadamente alardeadas pela indústria tabagista. Já não se pode mais sustentar a tese de que fumar faça bem à saúde, depois de muitos estudos rea-

---

140 Graciliano Ramos, figura importante na literatura brasileira, dedicou trechos inteiros de "Memórias do Cárcere" ao cigarro. Mais tarde, morreu em decorrência de câncer no pulmão.

141 Rosemberg menciona o episódio de um famoso tango argentino que teria feito sucesso em toda a América Latina na década de 20, denominado "Fumando espero". Segundo ele, haveria fortes indícios de que a música teria sido encomendada por companhias fumageiras para divulgar o tabaco entre as mulheres". ROSEMBERG, José. *Temas sobre tabagismo*, p. 30.

142 Em documentos de 1980, a Philip Morris afirma; "Cada região realizou centenas de promoções locais e regionais que abarcam desde arte e música até prêmios e disputas acadêmicas. São demasiadas para mencioná-las aqui. A mais notável das promoções internacionais foi a dos músicos da Superbanda de Jazz Philip Morris que se apresentaram na Austrália, Filipinas, Japão e Canadá e uma Superbanda Marlboro que atuou em quatro cidades da Espanha. As Superbandas receberam uma cobertura excepcional dos meios de comunicação em cada mercado, incluindo programas 'especiais' de televisão e rádio na Austrália, Japão e Espanha" (Tradução livre do espanhol). CONFIE en nosotros. Somos la industria tabacalera. Campaign for Tobacco-Free Kids (USA) e Action on Smoking and Health (UK). Washington/Londres, p. 10, Apr. 2001.

lizados e divulgados demonstrando o contrário. Entretanto, ainda se incentiva a crença dos seus efeitos no bem-estar psíquico dos fumantes[143].

3.2.2 O tabaco, a saúde das pessoas e a Ciência

Na verdade, a reação contra a afirmação de que o tabaco pudesse fazer bem à saúde físico-psíquica dos seus consumidores começou a se esboçar no século XVII, embora de forma tímida e com poucos resultados efetivos.[144] Foi nessa época que o tabagismo teria sido primeiramente rotulado como vício[145]. Mas a repugnância ao produto apresentava muito mais caracteres ideológicos do que efetivamente científicos. Ou, pelo menos, não apresentava grau de cientificidade seguro.

Uma das primeiras abordagens médicas sobre essa questão foi vergonhosamente equivocada. Relata-se que

---

143 Em 1985, Nardi publicou texto em que afirmava: "É notório que no passar dos tempos oferecemos ao mundo além do ouro, como símbolo de riqueza, a oportunidade de popularizar o consumo do açúcar, do café e do cacau, que embasaram hábitos novos no paladar da humanidade e também o conforto do tabaco que é fonte de tranqüilidade e prazer para os seus apreciadores". NARDI, Jean-Baptiste. *A história do fumo brasileiro*, p. 2.
144 De acordo com Rosemberg, no campo protestante, o Senado de Berna fez incluir no mandamento "não matarás", a expressão "nem fumarás e não aspirarás rapé". ROSEMBERG, José. *Temas sobre tabagismo*, p. 15.
145 Teria sido Jaime I, da Inglaterra, quem o teria feito, em seu livro "Counterblast to Tobacco", em que afirmava ser o tabaco desagradável à vista, odioso ao nariz, nocivo ao cérebro, perigoso aos pulmões. "É um vício prejudicial aos olhos, repugnante ao olfato, danoso ao cérebro". ROSEMBERG, José. *Temas sobre tabagismo*, p. 15.

um médico alemão teria realizado autópsia em um soldado fumante e verificado a existência de uma crosta dura negra, por ele atribuída à fumaça que pelo nariz se difunde ao cérebro. Também há registros médicos que apontam a autópsia de fumante cujo cérebro se teria reduzido ao tamanho de uma ervilha[146].

Segundo a Organização Mundial da Saúde, as primeiras iniciativas contra o tabaco encontram-se na China e na Inglaterra do século XVII, com os trabalhos do filósofo Fang Yizhi e do Rei James I, respectivamente. Na Turquia, em 1633, foi instituída a pena de morte para aqueles que fumassem. Nos Estados Unidos, apenas em 1862 apresentou-se a primeira iniciativa antitabaco. Nesse país, no ano de 1959, a American Cancer Society, a American Heart Association, a National Tuberculosis Association e a American Public Health Association entregaram ao então presidente Kennedy um relatório em que apresentavam evidências sobre os perigos do tabagismo para a saúde[147].

Em nível internacional, as Assembléias Mundiais de Saúde, no âmbito da OMS, passaram a inserir o tabaco em sua pauta de discussões, na década de 70. Desde então,

---

146 ROSEMBERG, José. *Temas sobre tabagismo*, p. 18-19. Na história da superação do mito da saúde e bem-estar propiciado pelo tabaco, destaca-se o episódio cômico relatado por Rosemberg: Fagon, médico francês, teria orientado tese de doutoramento anti-tabagista na Faculdade de Paris, em que Boudin, doutorando, apresentaria o primeiro estudo científico de que fumar encurta a vida. Tendo o doutorando passado todo o tempo da defesa aspirando rapé, um dos examinadores teria-lhe dito: "O senhor poderia pôr seu nariz de acordo com a sua boca?!" ROSEMBERG, José. *Temas sobre tabagismo*, p. 19.
147 MACKAY, Judith; ERIKSEN, Michael. *The tobacco atlas*. Genebra: WHO, 2002. p. 18-19; e ROSEMBERG, José. *Temas sobre tabagismo*, p. 33.

nesses fóruns, o tema ganhou em importância, passando, atualmente, a constituir-se em uma de suas prioridades.

Estudos mais bem fundamentados cientificamente acerca dos malefícios do tabaco são relativamente recentes. Relatórios oficiais sobre o tema somente se apresentaram no decorrer do último século. Como conseqüência direta do desenvolvimento das pesquisas e a comprovação científica de que o tabagismo é um mal grave para a saúde e que pode ser evitado, surgiram os movimentos antitabagistas. Os primeiros deles surgiram nos Estados Unidos[148]. Embora embasados em resultados cientificamente seguros de pesquisas que demonstram a gravidade do problema, por vezes a luta por eles deflagrada apontava sinais ou dava mostras de ser ideológica e passional, o que acabou por conduzir a situações de exagero em suas reivindicações e métodos. Esse exagero, se por um lado chamou a atenção para o problema, por outro, serviu para criar uma certa "rejeição" pela causa, o que significou verdadeiro "desserviço" prestado à Ciência por alguns desses movimentos.

Atualmente, pode-se afirmar, com bases científicas seguras, que o consumo de tabaco provoca danos de várias espécies[149]. Dentre eles, destacam-se os causados à saúde

---

[148] Nem a Suprema Corte daquele país saiu ilesa diante da ação dos movimentos antitabagistas surgidos no fim do século XIX. Argumentava-se que fumar era incompatível com a dignidade do julgador. Por alguns tempos, a Suprema Corte, além dos Tribunais, proibiram os juízes de fumar. Enquanto durou a interdição, os juízes encontraram uma saída, ponderando que o status de juiz é inerente ao ato de julgar. Todas as vezes que se levantavam das imponentes poltronas, postando-se atrás delas, cessavam as prerrogativas de juiz e portanto podiam fumar sem macular a magistratura. ROSEMBERG, José. *Temas sobre tabagismo*, p. 16.

[149] Econômicos, ecológicos e sanitários, de acordo com ROSEM-

de fumantes e não-fumantes. Além de ser responsável pela morte de cinqüenta por cento de seus consumidores regulares, de acordo com a OMS e a Organização Pan-americana da Saúde, o tabaco representa a maior causa de morte evitável do mundo[150]. Conforme o Instituto Nacional do Câncer (INCA), órgão da estrutura do Ministério da Saúde do Brasil, "os produtos derivados do tabaco não apresentam qualquer segurança de consumo"[151].

De fato, os resultados das pesquisas são impressionantes. O tabagismo é responsável por setenta e cinco por cento dos casos de bronquite crônica, oitenta e cinco por cento dos casos de enfisema pulmonar[152], noventa por cento dos casos de câncer do pulmão[153] e quarenta e cinco por cento dos casos de infarto do miocárdio[154]. Especificamente no que concerne a essas doenças, é comprovada a estreita relação de sua incidência com o tabagismo. Por essa razão, a Medicina as denomina doenças "tabaco-associadas" ou "tabaco-relacionadas"[155]. Observe-se que, conforme assinala-

---

BERG, José. *Tabagismo e saúde*. Informação para profissionais de saúde. Brasília: Centro de Documentação do Ministério da Saúde, 1987.
150 ORGANIZÁCION PANAMERICANA DE LA SALUD. *Tabaco*: lo que todos debemos saber, p. 7.
151 BRASIL. Ministério da Saúde. Instituto Nacional do Câncer. *Bases para a implantação de um programa de controle do tabagismo*. Rio de Janeiro: Ministério da Saúde, 1996. p. 7.
152 BRASIL. Ministério da Saúde. Instituto Nacional do Câncer. *Programa nacional de controle do tabagismo e outros fatores de risco de câncer*. Modelo lógico e avaliação 2001. Rio de Janeiro: Ministério da Saúde, 2002. p. 2.
153 ORGANIZÁCION PANAMERICANA DE LA SALUD. *Tabaco*: lo que todos debemos saber, p. 15.
154 BRASIL. Ministério da Saúde. Instituto Nacional do Câncer. *Programa nacional de controle do tabagismo e outros fatores de risco de câncer*. Modelo lógico e avaliação 2001, p. 2.
155 Dados extraídos de ROSEMBERG, José. *Tabagismo e saúde*, p. 7-8.

do na parte inicial do presente capítulo, na contramão da Ciência, muitas decisões judiciais insistem em não reconhecer a existência de nexo de causalidade entre essas doenças e o hábito de fumar[156].

Note-se, ainda, que pesquisas informam que cerca de trinta por cento das mortes de câncer em geral estão relacionadas ao tabagismo[157], além de vinte e cinco por cento de mortes por doença cérebro-vascular (derrames)[158].

---

156 Muitas são as decisões judiciais proferidas em Tribunais brasileiros que não reconhecem a existência de nexo de causalidade entre as doenças tabaco-relacionadas e o hábito de fumar. São exemplos disso, as seguintes decisões: Apelação Cível n. 2002.001.27981, Tribunal de Justiça do Rio de Janeiro, proferida em 18/02/2003 (portador de doença pulmonar obstrutiva crônica); Apelação Cível 2002.001.02666, Tribunal de Justiça do Rio de Janeiro, proferida em 06/02/2003 (portador de câncer de pulmão); agravo de instrumento n. 182.944-4/1, Tribunal de Justiça de São Paulo, proferida em 07/11/2000, (portador de enfisema pulmonar); Apelação Cível 373.582-6, Tribunal de Alçada de Minas Gerais, proferida em 29/10/2002, (portador de doença pulmonar); Agravo de Instrumento 337.719-7, Tribunal de Alçada de Minas Gerais, proferida em 28/06/2001, (portador de enfisema pulmonar). A esse respeito, voto proferido no Agravo de Instrumento n. 345.646-4, do Tribunal de Alçada de Minas Gerais, em 11/12/2001, em ação em que o autor pleiteava indenização em decorrência de estar acometido de câncer no pulmão, pode-se ler trecho em que se afirma que apesar de haver relatório médico dizendo "[...] a carcinomatose pulmonar guarda estrito nexo causal com o seu extenso hábito de fumar, — ainda subsiste a dúvida se o tabagismo foi a causa singular de sua doença".
157 BRASIL. Ministério da Saúde. Instituto Nacional do Câncer. *Programa nacional de controle do tabagismo e outros fatores de risco de câncer*. Modelo lógico e avaliação 2001, p. 2.
158 BRASIL. Ministério da Saúde. Instituto Nacional do Câncer. *Programa nacional de controle do tabagismo e outros fatores de risco de câncer*. Modelo lógico e avaliação 2001, p. 2.

De acordo com a OMS, quatro milhões de pessoas morrem prematuramente, a cada ano, em decorrência dessas chamadas doenças tabaco-associadas. Os números chegarão a dez milhões de mortes por ano até 2.030. Duzentos e cinqüenta milhões de crianças de hoje serão mortas pelo tabaco no futuro, se o consumo regular prosseguir[159].

Além disso, os fumantes, em relação aos que nunca fumaram, têm um risco de cem a oitocentas vezes maior de contrair infecções respiratórias bacterianas e viróticas agudas e crônicas, câncer da boca, laringe, esôfago, pâncreas, rim e bexiga, doenças circulatórias como arteriosclerose, aneurisma da aorta, distúrbios em vários órgãos[160]. Tais problemas de saúde são desencadeados por diversos elementos tóxicos presentes no cigarro e que chegam a ultrapassar o número de quatro mil em uma única unidade do produto. Desses, mais de quarenta são substâncias cancerígenas[161].

Dentre as doenças desencadeadas direta ou indiretamente pelo fumo, algumas são irreversíveis. É o caso do enfisema, por exemplo[162]. Outras, quanto mais cedo se começa a fumar, maior a chance de elas se manifestarem. Especificamente sobre o câncer de pulmão, as pesquisas apontam sua forte correlação com o tabagismo[163].

---

159 WORLD HEALTH ORGANIZATION. *Tobacco poses a major obstacle to childrens rights — report*. Genebra, WHO 24, 4 may 2001. Press Release.
160 Dados extraídos de ROSEMBERG, José. *Tabagismo e saúde*, p. 8.
161 ORGANIZÁCION PANAMERICANA DE LA SALUD. *Tabaco: lo que todos debemos saber*, p. 9.
162 Dados extraídos de ROSEMBERG, José. *Tabagismo e saúde*, p. 11-12.
163 De acordo com estimativas do Ministério da Saúde para 2002, o Brasil apresentaria 21.425 casos novos de câncer de pulmão, que ocasionarão cerca de 15.955 mortes.

Entre os fumantes ativos ou passivos, existem grupos considerados ainda mais vulneráveis à ação do tabaco: são as mulheres e as crianças.

Em relação à mulher, diversas são as repercussões do tabaco em sua saúde. A menopausa pode ser antecipada, as fumantes têm três vezes mais chances de não ser férteis, quarenta por cento das mulheres grávidas têm partos prematuros e de trinta a setenta por cento apresentam mais possibilidades de abortos espontâneos[164]. Observe-se que, em se tratando de fumantes grávidas, o feto também fuma, recebendo as substâncias tóxicas através da circulação sangüínea. Isso gera a elevação do ritmo cardíaco do feto e age sobre seus centros nervosos[165].

Já em relação às crianças, a OMS afirma que o tabaco apresenta grave obstáculo ao exercício de seus direitos, infringindo seu direito à saúde e bem-estar e os expondo ao trabalho em diversas partes do mundo, como na Argentina, no Brasil, na China, na Índia, na Indonésia, nos Estados Unidos e no Zimbábue[166]. Além disso, elas apresentam mais possibilidades de consumir álcool e drogas, como maconha e cocaína[167].

As Ciências Médicas também têm entendimento firmado no sentido de que o fumante passivo (ou ambiental)

---

[164] ORGANIZÁCION PANAMERICANA DE LA SALUD. *Tabaco*: lo que todos debemos saber, p. 18.
[165] Dados extraídos de ROSEMBERG, José. *Tabagismo e saúde*, p. 22.
[166] WORLD HEALTH ORGANIZATION. *Tobacco poses a major obstacle to childrens rights — report*. Genebra, WHO 24, 4 may 2001. Press Release.
[167] ORGANIZÁCION PANAMERICANA DE LA SALUD. *Tabaco*: lo que todos debemos saber, p. 19.

tem sua saúde comprometida pelo cigarro[168], ao contrário do que pretendem fazer crer, ainda hoje, as empresas tabacaleiras[169]. Afirma-se, inclusive, que os efeitos advindos da fumaça aspirada pelo fumante passivo (corrente secundária, que sai do cigarro para a atmosfera) sejam mais lesivos do que o fumo inalado diretamente pelo fumante ativo (corrente principal), por possuir concentrações de duas a setenta e três vezes maiores. Note-se, a propósito, nada adiantar a separação de alas para fumantes e não-fumantes em lugares públicos, uma vez que os poluentes originados do cigarro dissipam-se de forma homogênea na atmosfera[170].

Em relação às mulheres fumantes passivas, estudos realizados na Grécia, Alemanha e em alguns centros norte-americanos concluem que as esposas de maridos fumantes têm de duas a três vezes e meia maior incidência de câncer do pulmão[171]. Já no que se refere às crianças fumantes passivas, segundo a OMS, aproximadamente setecentos mi-

---

168 Segundo a Organização Pan-americana da Saúde, "infelizmente, a exposição à fumaça do tabaco ambiental é generalizada e afeta a maior parte da população." ORGANIZÁCION PANAMERICANA DE LA SALUD. *Tabaco*: lo que todos debemos saber, p. 29. Importante relatório nesse sentido foi publicado em 1986 pela US National Academy of Sciences Research Council e pelo Ministério da Saúde dos Estados Unidos.
169 A Organização Pan-americana da Saúde denuncia as campanhas de informação incorreta sobre tabagismo passivo. ORGANIZÁCION PANAMERICANA DE LA SALUD. *Tabaco*: lo que todos debemos saber, p. 24.
170 Dados extraídos de ROSEMBERG, José. *Tabagismo e saúde*, p. 25. Veja também ORGANIZÁCION PANAMERICANA DE LA SALUD. *Tabaco*: lo que todos debemos saber, p. 24.
171 ROSEMBERG, José. *Tabagismo e saúde*, p. 29.

lhões, ou quase a metade das crianças do mundo encontram-se nesse estado[172]. Na década de 90, entre 9.700 e 18.600 crianças fumantes passivas apresentaram peso abaixo da média ao nascer e de 150.000 a 300.000 apresentam bronquite ou pneumonia[173].

O fumo passivo também ocasionou, na década de 90, aproximadamente três mil casos de câncer de pulmão nas pessoas, além de 35.000 a 62.000 doenças do coração[174].

Enfim, desde que se iniciaram os estudos sobre os efeitos maléficos do cigarro sobre o organismo humano, mais de setenta mil trabalhos científicos foram publicados e relacionam o tabaco ao câncer e outras quarenta doenças[175]. Além de significar um sério risco à saúde e à vida da pessoa, fumar também deixa outros vestígios desagradáveis no corpo humano: diminui o fluxo sangüíneo de pequenos vasos da pele, envelhecendo a face, especialmente em mulheres.

---

[172] WORLD HEALTH ORGANIZATION. *Tobacco poses a major obstacle to childrens rights — report.* Genebra, WHO 24, 4 may 2001. Press Release.
[173] MACKAY, Judith; ERIKSEN, Michael. *The tobacco atlas*, p. 35.
[174] MACKAY, Judith; ERIKSEN, Michael. *The tobacco atlas*, p. 35.
[175] ORGANIZÁCION PANAMERICANA DE LA SALUD. *Tabaco: lo que todos debemos saber*, p. 9. Rosemberg alerta: "Nos últimos tempos a indústria tabaqueira tem veiculado com mais insistência na imprensa (sic), notícias sobre pesquisas referentes a efeitos benéficos da nicotina, apresentando-os como provas de que fumar é vantajoso. Essa propaganda enganosa, orquestrada, esconde que essas investigações realizam-se (sic) em condições experimentais no laboratório, *in vitro* e em animais, nas quais a nicotina é administrada em regime adequado de doses e tempo, nada tendo em comum com a maneira massificante com que ela atua no fumante continuamente por anos.... A transferência dos resultados experimentais para aproveitamento dos fumantes induzindo-os (sic) a se manterem no tabagismo, constitui completa aberração científica". ROSEMBERG, José. *Temas sobre tabagismo*, p. 57.

Nos homens, causa impotência. Os fumantes têm sessenta por cento mais riscos de ter cataratas. Enfim, o organismo de um fumante ativo ou passivo não passa ileso por esse hábito[176].

No que se refere às mortes relacionadas ao tabaco, elas alcançam índices elevadíssimos. De 1930 a 1989 morreram sessenta e um milhões de pessoas por doenças tabaco-relacionadas. Nos Estados Unidos, onde há várias pesquisas sobre o tema, afirma-se que fumar é responsável pela morte de aproximadamente vinte por cento de adultos[177]. Nos países em desenvolvimento, o tabaco é responsável por dez por cento das mortes[178]. A tendência que se observa é de deslocamento do índice de mortes nessas condições de países desenvolvidos para países em desenvolvimento. O número de mortes prematuras ocasionadas pelo consumo de tabaco ultrapassa a soma de mortes provocadas por Aids, cocaína, heroína, álcool, acidentes de trânsito, incêndios e suicídios juntos[179].

A Medicina, nos dias atuais, parece estar convencida de que o tabaco é extremamente lesivo à saúde e encontra-se diretamente relacionado a diversas doenças e mortes prematuras. Diversos trabalhos científicos sustentam essas conclusões. O Direito (em especial, os Tribunais) precisa tomar conhecimento disso. A estreita e inegável relação entre doenças pulmonares e tabagismo, além do desenvolvi-

---

176 MACKAY, Judith; ERIKSEN, Michael. *The tobacco atlas*, p. 33.
177 MURIN, Susan; SILVESTRI, Gerard. Clinics in Chest Medicine. *WB Sanders Company*, Filadélfia, v. 21, n. 1, mar. 2000. p. x.
178 ORGANIZACIÓN PANAMERICANA DE LA SALUD. *El tabaquismo en America Latina, Estados Unidos y Canada* (período 1990-1999). jun. 2000. p. 1.
179 BRASIL. Ministério da Saúde. Instituto Nacional do Câncer. *Bases para a implantação de um programa de controle do tabagismo*, p. 7.

mento das pesquisas acerca das doenças tabaco-associadas, é incompatível com a inexistência de nexo causal alegada pelas empresas em ações de indenização, muitas vezes acatada pelo Poder Judiciário.

3.2.3 O tabaco, o bem-estar das pessoas e a Ciência

A situação é mais complicada quando se trata de afrontar a crença no bem-estar ou benefício psíquico decorrente do tabagismo. Nesse caso, trata-se de convicção difícil de ser superada, por duas razões: em primeiro lugar, porque representa uma meia-verdade; em segundo lugar, porque essa idéia tem sido agressivamente explorada pelas empresas, através de suas campanhas publicitárias.

A "meia-verdade" refere-se à constatação de que, realmente, a inalação da nicotina presente no cigarro, pelo fumante, apresenta forte ligação com a sensação de bem-estar. A nicotina que se aspira chega ao cérebro em, aproximadamente, sete segundos. Ali, aumenta a liberação do neurotransmissor "dopamina", produzindo prazer, alegria e aumento do estado de alerta. O mecanismo utilizado é semelhante ao da cocaína e heroína. O efeito se dissipa em poucos minutos, fazendo o fumante desejar fumar novamente para repetir as sensações. Também ocorre liberação de outro neurotransmissor, denominado "norepinefrina" que produz um aumento do estado de alerta, aumento da concentração e da memória. Também diminui o apetite[180].

Essa efêmera sensação de bem-estar sempre foi muito explorada pelas empresas do setor em suas peças publicitá-

---

[180] ORGANIZÁCION PANAMERICANA DE LA SALUD. *Tabaco*: lo que todos debemos saber, p. 10.

rias. Embora encontrem, atualmente, em diversos países, e, em especial, no Brasil, sérias restrições às suas campanhas publicitárias, suas marcas ainda permanecem, no imaginário das pessoas, associadas à aventura, saúde, leveza, esporte, enfim, a situações facilmente relacionáveis ao prazer, concentração, estado de alerta, que o cigarro aparentemente proporciona.

Mas é evidente que a sensação de bem-estar proporcionada pela nicotina dura apenas alguns minutos, enquanto que seus efeitos negativos no organismo nada têm a ver com essa sensação. O bem-estar momentâneo será, necessariamente, substituído por um mal-estar crônico. Exatamente essa irreal sensação de bem-estar é a responsável por levar o fumante a consumir mais um cigarro, no intuito de manter a sensação por um período maior de tempo no organismo.

Superar esse mito significa compreender que bem-estar é um estado de espírito que se prolonga no tempo por um período maior do que apenas alguns segundos. Além disso, um mesmo ato não pode ser capaz de gerar bem e mal-estar na pessoa. Assim, se se considera que doenças graves como as tabaco-associadas e mortes prematuras delas decorrentes nada têm a ver com bem-estar, não se pode aceitar o ato de fumar como capaz de gerar essa sensação.

3.3 O segundo mito: o tabaco gera riquezas

O tabaco sempre ocupou posição de destaque na economia do Brasil, desde o descobrimento do país. Sua relevância econômica encontra-se registrada em sua representação no brasão das Armas Nacionais, juntamente com o café, desde 1889.

Esse papel destacado do tabaco na economia brasileira deriva de duas situações específicas: a) a posição do país como um dos maiores produtores e exportadores de tabaco do mundo[181] e b) o seu significado como gerador de receita para o Estado, por ser produto altamente tributado.

Mas o grande equívoco, nessa questão, reside em se confundir importância econômica de um produto com importância de um produto como fonte de riqueza e desenvolvimento para um país. Se, de fato, o tabaco é produto importante na economia brasileira desde o descobrimento até os dias atuais, ele está longe de se constituir em fonte de riqueza para o Estado e para as pessoas[182].

3.3.1 O tabaco e geração de riqueza para as pessoas

A descoberta do tabaco em terras brasileiras, quando da chegada dos portugueses, sua rápida expansão pela Europa naquela época, a crescente produção que se verifica, desde

---

181 Atualmente, o Brasil é o principal exportador de tabaco do mundo. De acordo com a Souza Cruz, em 2002, o país teve 36% de participação no mercado externo. CIGANA, Caio. Cresce a participação do fumo brasileiro. *Gazeta Mercantil*, São Paulo, 05 maio 2003, Caderno Agribusiness, p. B-10.

182 Em publicação promovida pela ABIFUMO, pode-se ler: "Podemos dizer que o fumo, por sua história, foi sempre um elemento importante na vida econômica brasileira. Produto do passado, produto do presente, o fumo brasileiro é ainda hoje um produto do futuro, pois é provável que com uma futura exportação de cigarros (sic), de charutos de alta qualidade e de fumos para cachimbos, ele venha a ocupar, somando-se às exportações de fumo em folha, um lugar destacado no comércio mundial, constituindo-se, sem dúvida, numa boa fonte de riqueza e desenvolvimento para o Brasil". NARDI, Jean-Baptiste. *A história do fumo brasileiro*, p. 10.

então, no país, logo seguida por uma regulamentação que visava tirar proveito econômico de todas essas circunstâncias, foram as bases iniciais de uma estrutura que fez do Brasil um dos países cujas economias encontram no tabaco fonte crescente de geração de receita. Esse papel econômico do tabaco remonta ao Marquês de Pombal, quando se regulamentou seu plantio e comercialização, passa por Rui Barbosa, quando, então Ministro da Fazenda, o transformou em uma das principais fontes tributárias do país[183] e alcança os dias atuais. Por muito tempo, o tabaco apenas foi regulamentado, no país, a partir de seu significado econômico: as normas tinham por intenção auferir cada vez mais receita para o Estado e incidiam sobre o plantio, a comercialização, o consumo. Na história brasileira, não são poucas as referências ao tabaco como um promissor gerador de riqueza para o Estado[184].

A produção brasileira de tabaco não parou de crescer. No século XVII produzia-se, anualmente, cerca de 3.500 toneladas. Uma parte era exportada[185]. Outra, servia para se comprar escravos em Angola[186]. A safra 2002/2003 de tabaco atingiu 600 mil toneladas. Desse total, 470 mil toneladas foram exportadas. O principal mercado consumidor, a Europa, adquiriu 51%[187].

---

[183] Em 1892, ao instituir as bases do então Imposto sobre o Consumo. Veja mais em NARDI, Jean-Baptiste. *A história do fumo brasileiro*, p. 3.
[184] Ver mais em SEFFRIN, Guido. *O fumo no Brasil e no mundo*, p. 30 e ss.
[185] SEFFRIN, Guido. *O fumo no Brasil e no mundo*, p. 20.
[186] A utilização do tabaco brasileiro no tráfico de escravos foi a única no mundo. ROSEMBERG, José. *Temas sobre tabagismo*, p. 17.
[187] CIGANA, Caio. Cresce a participação do fumo brasileiro. *Gazeta Mercantil*, p. B-10.

No que se refere à exportação, desde o século XVI, quando de sua descoberta em terras brasileiras, o tabaco é enviado para a Europa, mais precisamente para Lisboa, de onde era reexportado. A importância da Europa como mercado consumidor de tabaco brasileiro permanece ainda hoje. Até 1970, quase oitenta por cento do produto era enviado para aquela região.

Mais recentemente, os Estados Unidos têm aumentado sua participação na importação do tabaco brasileiro, mesmo ainda figurando como um dos maiores produtores mundiais. Lamentavelmente, esse fato justifica-se por duas razões pouco honrosas para o Brasil: em primeiro lugar, pelo fato de os Estados Unidos virem experimentando uma queda em sua produção interna, em decorrência dos altos custos de sua produção[188] e, em segundo lugar, pelos baixos custos de produção brasileiros, que fazem com que seja interessante para os Estados Unidos exportar o mesmo tanto que importam[189]. Note-se, a propósito, que, dentre os motivos ensejadores dos baixos custos de produção do tabaco brasileiro, encontra-se o emprego de produtores e suas famílias, inclusive crianças, em seu cultivo e plantio.

Segundo a Organização Mundial da Saúde, Brasil, China, Índia, Turquia e Estados Unidos produzem dois terços

---

188 Note-se que os movimentos antitabagistas surgiram nos EUA e possuem muita força naquele país. Os Estados Unidos são também reconhecidos por suas ações no controle do tabaco, resolvidas, principalmente, mediante litígios, que têm onerado sensivelmente a atividade econômica.
189 De acordo com a OMS, o tabaco norte-americano é popular mundialmente e tende a ser mais caro que o tabaco de outros países. O valor da folha de tabaco exportada pelos Estados Unidos é aproximadamente o dobro do valor daquela por eles importada. MACKAY, Judith; ERIKSEN, Michael. *The tobacco atlas*, p. 52.

do tabaco mundial. Dentre os maiores exportadores mundiais, destaca-se o Brasil, juntamente com a China e a Índia, nos três primeiros lugares[190].

O cigarro desponta, atualmente, como o mais importante produto derivado do tabaco, em termos econômicos. No Brasil, as primeiras indústrias surgiram no início do século XIX e foram fundamentais no sentido de intensificar a produção e exportação de tabaco brasileiro[191].

De fato, a fabricação em série do cigarro e sua grande difusão, em todo o mundo, ocorreram no transcorrer do século XIX. Logo, o cigarro ganhou muitos adeptos: segundo o Banco Mundial, em estudo publicado em 1999, um em cada três adultos fuma. Desses, aproximadamente 80% vivem em países em desenvolvimento[192]. Observe-se que, historicamente, à medida que a renda de um país aumentava, elevava-se o número de fumantes. Atualmente, o con-

---

[190] MACKAY, Judith; ERIKSEN, Michael. *The tobacco atlas*, p. 46-47.
[191] Nos dias atuais, o mercado de cigarro brasileiro é dominado pela Souza Cruz, fundada no início do século XX, no Rio de Janeiro, por Albino Souza Cruz e hoje controlada pela British American Tobacco. Segundo informações do Ministério da Saúde, trata-se de mercado altamente concentrado, em que a Souza Cruz respondeu por 80% das vendas de cigarro no ano de 1994. A Philip Morris, segunda empresa de cigarros no Brasil, no mesmo ano, teria obtido 17% da venda do produto.
[192] BANCO MUNDIAL; ORGANIZACIÓN PANAMERICANA DE LA SALUD. *La epidemia de tabaquismo*. Los gobiernos y los aspectos económicos del control del tabaco. Publicación Científica n. 577, Washington DC, 1999. p. 15. Dados do IBGE, de 1989, demonstram que 23,9% de pessoas maiores de 5 anos no Brasil fumam. BRASIL. Ministério da Saúde. Instituto Nacional do Câncer. *O cigarro brasileiro*. Análises e propostas para a redução do consumo. Rio de Janeiro: Ministério da Saúde, 2000.

sumo de tabaco, na forma de cigarros, tem crescido entre a população pobre e pouco instruída e diminuído entre os ricos e mais instruídos[193]. Ela também vem diminuindo nos países desenvolvidos e aumentando nos países em desenvolvimento.

No Brasil, a tributação do cigarro contribui com expressiva arrecadação de receita para o país: representa quase 74% do preço final do produto[194]. O principal imposto incidente sobre o produto é o IPI (Imposto sobre Produtos Industrializados). O cigarro, por sua vez, representa significativo percentual da arrecadação desse imposto, que, por sua vez, é um dos mais "produtivos" do país[195]. O interesse pela receita auferida através do cigarro encontra-se na própria origem do IPI[196].

No que se refere à geração de empregos no país, de acordo com a Associação de Fumicultores do Brasil (AFUBRA), entre diretos e indiretos, na agricultura e na indús-

---

[193] BANCO MUNDIAL; ORGANIZACIÓN PANAMERICANA DE LA SALUD. *La epidemia de tabaquismo*. Los gobiernos y los aspectos económicos del control del tabaco, p. 18.
[194] Segundo o Ministério da Saúde, assim se apresenta a estrutura dos impostos dos cigarros: IPI — 41%; ICMS Indústria — 22,2%; ICMS Varejo — 2,8%; Selo de Controle — 2,86%; Cofins — 3,54% e Pis — 0,90%. BRASIL. Ministério da Saúde. Instituto Nacional do Câncer. *Programa nacional de controle do tabagismo e outros fatores de risco de câncer*. Modelo lógico e avaliação 2001, p. 23.
[195] Ver mais em: BRASIL. Ministério da Saúde. Instituto Nacional do Câncer. *O cigarro brasileiro*. Análises e propostas para a redução do consumo, p. 52 e ss.
[196] O IPI seria, segundo os doutrinadores, novo nome dado ao antigo Imposto Sobre o Consumo, diretamente relacionado à regulamentação do tabaco. Veja BALEEIRO, Aliomar. *Uma introdução à ciência das finanças*. 15. ed. atualizada por Dejalma de Campos. Rio de Janeiro: Forense, 1998. p. 349 e ss.

tria, somam-se dois milhões, quinhentos e trinta e cinco mil pessoas envolvidas[197]. Dentre os empregos diretos, mais de um milhão deles concentram-se na agricultura. Na indústria, esses seriam apenas trinta mil.

3.3.2 O tabaco, ilusória fonte de geração de riqueza para as pessoas

No Brasil, assim como ocorre em outros países, a alegada geração de riqueza proveniente do tabaco decorreria de sua alta tributação, da geração de empregos e do índice de exportações. Entretanto, segundo afirmam o Banco Mundial e o Ministério da Saúde do Brasil, essa importância econômica do tabaco tem sido grosseiramente superestimada e apresentada de forma distorcida pela indústria[198]. Também o Secretário Geral do Conselho Econômico e Social da ONU, em informe publicado em 2002, reconhece que os temores econômicos de um controle do tabagismo são, em grande medida, infundados[199].

Em primeiro lugar, é preciso saber que, apesar da relevância econômica do tabaco para o Brasil, não se pode afir-

---

[197] Dados de 1992/1994. BRASIL. Ministério da Saúde. Instituto Nacional do Câncer. *O cigarro brasileiro*. Análises e propostas para a redução do consumo, p. 125.

[198] BRASIL. Ministério da Saúde. Instituto Nacional do Câncer. *Bases para a implantação de um programa de controle do tabagismo*, p. 32. De acordo com o Banco Mundial, os receios econômicos que detiveram as políticas públicas de controle do tabaco são infundados. WORLD BANK. *Curbing the epidemic*. Governments and the economics of tobacco control. Washington DC: WB, 1999. p. 7.

[199] Consejo Econômico y Social, Naciones Unidas, 19/04/2002. Grupo de Trabajo Especial Interinstitucional sobre lucha antitabáquica. Informe del Secretario General.

mar ser a economia do país dele dependente. Segundo informação do Banco Mundial, são pouquíssimos os países, quase todos da África, cujas economias dependem do seu cultivo[200].

Em segundo lugar, a análise dos resultados de pesquisas já realizadas aponta para uma situação em que se verifica claramente que, se os benefícios econômicos advindos do tabaco são ilusórios, seus custos para as pessoas, o Estado e o meio ambiente são reais.

No que diz respeito à análise custo-benefício do tabaco para o Estado, estudos demonstram que o valor auferido pelos impostos, mesmo sendo elevado, não supera os gastos com a assistência às doenças tabaco-associadas, aposentadorias e mortes prematuras e ausência ao trabalho[201]. Pesquisas realizadas em países como Estados Unidos, Canadá, Inglaterra e Austrália demonstraram que os custos de assistência às doenças tabaco-relacionadas são elevados. O Banco Mundial acredita que em países desenvolvidos esses custos oscilam entre 6 e 15% do total das despesas médico-assistenciais[202]. Note-se que se trata de percentual altíssi-

---

200 BANCO MUNDIAL; ORGANIZACIÓN PANAMERICANA DE LA SALUD. *La epidemia de tabaquismo*. Los gobiernos y los aspectos económicos del control del tabaco, p. 10. Em reunião entre os países de língua portuguesa realizada por ocasião da reunião do Órgão Internacional de Negociação para a celebração da Convenção-Quadro para controle do tabagismo (INB5), em 18/10/2002, membros da delegação de Moçambique manifestaram a dificuldade em controlar o tabaco naquele país, devido à dependência da economia de sua produção.
201 Sobre isso, ver: ROSEMBERG, José. *Temas sobre tabagismo*, p. 16.
202 ROSEMBERG, José. *Tabagismo e saúde*, p. 31. Nos Estados Unidos, entre 1975 e 1999 de 6 a 14% dos custos médicos foram atribuídos ao tabagismo. MURIN, Susan; SILVESTRI, Gerard. Clinics in Chest Medicine. *WB Sanders Company*, p. 190, 192.

mo porque evitável. Além do mais, se esse percentual se confirmasse em futura pesquisa a ser realizada no Brasil, em que o Sistema de Saúde se encontra freqüentemente em colapso, representaria verdadeira parcela de assistência médico-hospitalar que poderia vir a ser negada a outros doentes. Em outras palavras: pode vir a ocorrer (ou já ter ocorrido) a negativa de prestação de assistência à saúde de pacientes acometidos de outras doenças, em razão da ocupação de leitos em hospitais, por exemplo, por pessoas acometidas de doenças tabaco-associadas. É fato que os fumantes utilizam mais os serviços médicos do que os não-fumantes, uma vez que as doenças vinculadas diretamente ao tabagismo representam 54% da carga total de doenças[203].

Os custos estatais relacionados ao tabaco são elevadíssimos e encontram-se nos resultados de pesquisas realizadas por países que já se dedicaram a estudar os impactos econômicos do controle do tabagismo. Nos Estados Unidos, por exemplo, estima-se que, em 1990, tenham sido gastos cinqüenta bilhões de dólares em custos médicos atribuídos ao tabagismo. Não se computou, nesse total, os gastos referentes à assistência médica a fumantes passivos, incluindo fetos ou incêndios provocados por cigarros[204]. Além de tudo isso, verificam-se outros custos para o Estado decorrentes de baixa produtividade, doenças e mortes prematuras. No mesmo ano, estima-se que, naquele país, tudo isso tenha custado pelo menos 47,2 bilhões de dólares. Conclui-se, então, que, em 1990 (o que se repetiu em 1999) o

---

203 WORLD BANK. *La epidemia de tabaquismo*. Los gobiernos y los aspectos económicos del control del tabaco. Washington DC: WB, 1999. p. vii.
204 MURIN, Susan; SILVESTRI, Gerard. Clinics in Chest Medicine. *WB Sanders Company*, p. 2.

custo total do tabagismo para os Estados Unidos tenha ultrapassado cem bilhões de dólares.

Na Suíça, em 1995, calcula-se que as doenças tabaco-relacionadas ocasionaram gastos na ordem de dez bilhões de francos suíços, ou 2,75% do produto interno bruto[205].

No Brasil, embora ainda não existam levantamentos globais e mais consistentes, pesquisa realizada entre julho de 1994 e abril de 1995, na cidade de São Paulo, aponta a existência de 2,5 milhões de fumantes. O percentual de gasto médico mensal com internações hospitalares relacionadas a doenças tabaco-relacionadas, na rede SUS, foi estimado em 69% em relação ao total de custos[206]. Reafirma-se o sério significado de um percentual tão elevado, em um país no qual o Sistema de Saúde não tem conseguido atender à demanda por ele existente[207].

Levantamentos realizados recentemente por parlamentares parecem apontar para um gasto anual de 200 milhões de reais para o país, incluídos os gastos com câncer de pulmão e infarto do miocárdio, doenças tabaco-relacionadas[208]. Levantamento global deverá ser patrocinado no país

---

205 LEISTIKOW, Bruce N. The human and financial costs of smoking. In: MURIN, Susan; SILVESTRI, Gerard. Clinics in Chest Medicine. *WB Sanders Company*, p. 190.
206 ROSEMBERG, José. *Temas sobre tabagismo*, p. 105.
207 É o Banco Mundial quem afirma: "Se existem poucos dados sobre a carga econômica do tabagismo para a maioria dos países em desenvolvimento, convém recordar que esses países têm que suportar o custo não somente de enfermidades transmissíveis como também de enfermidades não transmissíveis relacionadas com o tabaco". WORLD BANK. *La epidemia de tabaquismo. Los gobiernos y los aspectos económicos del control del tabaco*, p. vii. (Tradução da autora)
208 E-mail encaminhado pelo INCa/Conprev, Por um mundo sem tabaco, em 07 jul. 2003, às 10:07hs, apresentando como assunto "Frente Parlamentar antitabagista".

pela Organização Pan-americana da Saúde, com o objetivo de se verificar quais são os custos aos cofres públicos de pacientes com doenças atribuídas ao uso do *cigarro*[209].

Além disso, em termos de arrecadação tributária e gastos com saúde dos fumantes, estudos econômicos realizados em outros países demonstram que os não-fumantes suportam uma parte dos custos sanitários gerados pelos fumantes, considerando-se o que se arrecada com os tributos em geral, mesmo quando se leva em consideração que estes possuem uma vida mais curta que aqueles[210].

O receio de, adotando-se uma política estatal de controle do tabagismo, gerar uma perda de arrecadação tributária pelo Estado, também é infundada se se observa que, por mais consistente e efetiva que tal política seja, seus resultados levarão um tempo para se apresentar. Sobre isso, a Organização Mundial da Saúde informa que, mesmo em uma situação em que a prevalência diminua em um ritmo anual de 1% nos próximos vinte anos e nos próximos cinqüenta anos, o número total previsto de fumantes continuará aumentando em comparação com o ano de 2000[211].

Por fim, devem-se relatar estudos realizados na Índia e em Bangladesh que relacionam diretamente o tabaco à pobreza. De acordo com seus resultados, os lucros dele decorrentes não são distribuídos entre os envolvidos. Os ganhos econômicos decorrentes do tabaco concentram-se em

---

209 E-mail encaminhado pelo INCa/Conprev, Por um mundo sem tabaco, em 02 maio 2003, às 15:40hs, apresentando como assunto "Quanto custa o comportamento de fumar?!?".
210 WORLD BANK. *La epidemia de tabaquismo*. Los gobiernos y los aspectos económicos del control del tabaco, p. 5.
211 Consejo Económico y Social, Naciones Unidas, 19 abr. 2002. Grupo de Trabajo Especial Interinstitucional sobre lucha antitabáquica. Informe del Secretario General, p. 2.

poucas mãos, enquanto um grande número de pessoas envolvidas permanece "desesperadamente pobre". Investir em tabaco mantém o ciclo de pobreza e miséria pra a maioria daqueles envolvidos[212].

Conclui-se, portanto, que se o Estado de fato arrecada muito em termos de tributos incidentes sobre o cigarro, isso de forma alguma significa geração de riqueza. Mesmo sendo elevada, a tributação do cigarro não é suficiente para compensar os gastos dele decorrentes. Pesquisas realizadas pelo Banco Mundial em alguns países concluíram que para cada dólar arrecadado através da tributação do tabaco, perdia-se um e meio[213]. Além do mais, um controle efetivo do tabagismo não é capaz de abalar as economias países. Conforme dados da mesma Instituição, uma política de controle do tabagismo não diminuirá a arrecadação do Estado nem causará perdas permanentes de postos de emprego[214].

Em relação à afirmação de que o tabaco gera empregos para o país, é preciso que se reflita sobre quantos eles efetivamente são, quais as vantagens de se manter pessoas empregadas nessa espécie de atividade, se existem alternativas e quais os impactos que sobre eles poderia causar uma política consistente de controle do tabaco. No Brasil, como

---

212 Tobacco and Poverty. Observations from India and Bangladesh. Path Canada. October 2002, Ottawa, p. 4. No Brasil, de acordo com o INCA, a cultura do fumo vem envolvendo um número crescente de propriedades, utilizando a mão-de-obra dos descendentes das famílias colonizadoras, que ocupam a mesma gleba de terra. A renda obtida é dividida por um número crescente de pessoas, o que resulta em um empobrecimento real da região. BRASIL. Ministério da Saúde. Instituto Nacional do Câncer. O *cigarro brasileiro*. Análises e propostas para a redução do consumo, p. 16.
213 BRASIL. Ministério da Saúde. Instituto Nacional do Câncer. *Bases para a implantação de um programa de controle do tabagismo*, p. 10.
214 WORLD BANK. *Curbing the epidemic*. Governments and the economics of tobacco control, p. 3.

em outros países, a maior parte de empregos diretos gerados pelo tabaco encontra-se na agricultura. Trata-se de mão-de-obra não-especializada e barata, uma vez que se verifica serem as plantações familiares. Não raras vezes, essas se constituem de trabalho de mulheres e crianças, as quais não passam ilesas por essa atividade[215].

O trabalho direto na plantação e cultivo de tabaco gera conseqüências sérias à saúde dos trabalhadores e, conforme se assinalou, é pouco rentável. O Ministério da Saúde brasileiro reconhece que, embora a relação entre os agricultores e a indústria seja de dependência mútua, aqueles se encontram sujeitos ao poder destes. O poder de compra da indústria é maior do que a capacidade de barganha do agricultor[216]. Além disso, a redução do consumo do tabaco, em decorrência de um maior controle estatal, demorará para repercutir nesses empregos, levando tempo suficiente para a criação de alternativas agrícolas. Na agricultura, uma política estatal de controle do tabagismo não acarretará desemprego no curto prazo e traria importantes resultados em termos de política sanitária[217].

---

215 Sobre a questão da sujeição a que se expõem as famílias dos agricultores, é comovente o vídeo elaborado pelo Insituto Nacional do Câncer do Ministério da Saúde, gravado em Santa Cruz do Sul, Rio Grande do Sul e apresentado no stand brasileiro em Genebra, durante a realização da 5ª reunião do Órgão Internacional de Negociação para a celebração da Convenção-Quadro para o controle do tabaco. Nessa fita, é apresentado o trabalho desenvolvido pela Igreja Católica junto aos fumicultores locais e a receptividade com que são por eles recebidas as propostas de trabalhos alternativos.
216 BRASIL. Ministério da Saúde. Instituto Nacional do Câncer. O cigarro brasileiro. Análises e propostas para a redução do consumo, p. 31.
217 É a conclusão a que chega o Banco Mundial. WORLD BANK. Curbing the epidemic. Governments and the economics of tobacco control, p. 3.

Na indústria, a situação é peculiar. Primeiramente, é importante que se reafirme que o número de empregos diretos gerados por ela é relativamente pequeno. Em segundo lugar, trata-se de setor em que o desemprego já vem ocorrendo, como conseqüência da mecanização das empresas. A geração de empregos, portanto, nesse setor, tende a decrescer cada vez mais.

Estudos do Banco Mundial concluem que na maioria dos países o controle do tabagismo não acarretará perdas de postos de emprego e que, em alguns deles, poderá ser percebido até mesmo um ganho[218]. A relativa demora em se alcançar diminuição no número absoluto de cigarros consumidos e a destinação, pelos consumidores, do dinheiro antes direcionado aos cigarros, a outros produtos, justificariam essas circunstâncias[219].

O meio ambiente também sofre prejuízos em decorrência do tabaco. Especialmente em países em desenvolvimento, em que o tabaco passa por um processo de secagem em fornos a lenha, os danos ambientais são sérios[220]. Além disso, a maior parte dos incêndios ocorre a partir de pontas de cigarro e outros instrumentos relacionados ao tabaco. De acordo com a OMS, a cada ano, seriam um milhão de incêndios disso derivados[221]. No Brasil, o Ministério da

---

218 WORLD BANK. *Curbing the epidemic*. Governments and the economics of tobacco control, p. 17.
219 WORLD BANK. *La epidemia de tabaquismo*. Los gobiernos y los aspectos económicos del control del tabaco, p. 9.
220 Dentre eles, desmatamento, desequilíbrio ecológico, secagem dos rios e problemas no abastecimento de água. BRASIL. Ministério da Saúde. Instituto Nacional do Câncer. *Bases para a implantação de um programa de controle do tabagismo*, p. 39.
221 MACKAY, Judith; ERIKSEN, Michael. *The tobacco atlas*, p. 40.

Saúde afirma que os incêndios rurais e urbanos relacionados com cigarros representam 25% do total deles[222].

Tudo isso demonstra que a intervenção estatal no tabagismo, orientada por fatores econômicos, é desejável. Se se parte do pressuposto de que a norma jurídica intervencionista, em um caso como este, somente se justificaria em uma hipótese em que as conseqüências econômicas benéficas dela advindas fossem superiores aos custos envolvidos, os dados apresentados demonstram sua necessidade. O custo da utilização de instrumentos jurídicos na contenção do tabagismo, bem como as conseqüências econômicas dessa utilização, justificam-na.

Mas uma abordagem personalista da questão também requer que se reflita sobre os sérios prejuízos econômicos pessoais relacionados ao tabagismo. Além dos gastos pessoais com a compra de cigarros, que, em alguns casos, pode chegar a atingir 25% do salário mensal, os fumantes em geral gastam mais com medicamentos, consultas e intervenções médicas, além de apresentarem mais perdas salariais decorrentes de ausências ao trabalho[223].

Não se pode argumentar, nesse caso, que, para os fumantes, em uma análise custo-benefício, fumar valha a pena economicamente. Seria o caso de alguém que afirmasse que, embora economicamente fumar seja custoso para a pessoa, os prazeres advindos do hábito poderiam superar os custos. Tal afirmação seria equivocada por vários motivos:

---

222 BRASIL. Ministério da Saúde. Instituto Nacional do Câncer. *Bases para a implantação de um programa de controle do tabagismo*, p. 7. Sobre incêndio causado a partir do cigarro, veja decisão proferida na Apelação Crime n. 70004169249, no Tribunal de Justiça do Rio Grande do Sul, em 21/11/2002.
223 BRASIL. Ministério da Saúde. Instituto Nacional do Câncer. *Bases para a implantação de um programa de controle do tabagismo*, p. 38.

a) porque nem sempre os fumantes conhecem efetivamente os altos riscos reais à sua saúde e à saúde das outras pessoas, decorrentes de seu hábito; b) porque a escolha entre fumar e não-fumar não é como uma escolha entre adquirir ou não adquirir um produto qualquer, fazer ou não fazer algo. A existência de um vício e, conseqüentemente, de uma doença, conduz à prática de um ato, não necessariamente querido pelo seu agente. Soma-se a tudo isso, a constatação de que fumar gera danos a não-fumantes e até custos econômicos, que recaem sobre familiares mesmo dos fumantes[224].

Além disso, acredita-se que, em uma situação ideal, em que a pessoa gozasse de informação plena sobre os riscos reais e detivesse, no momento da escolha primeira entre fumar e não-fumar, a seu favor, todos os elementos necessários para uma decisão consciente, por maiores que fossem os prazeres auferidos pelo ato, não compensariam os custos dele decorrentes (possibilidade de morte lenta, prematura e sofrida, em decorrência de acometimento de doença grave, por exemplo).

---

[224] Essa afirmação de que a escolha entre comprar ou não comprar tabaco é diferente da escolha em adquirir qualquer outro bem de consumo é feita também pelo Banco Mundial e pela Organização Pan-americana da Saúde. Segundo eles, isso se justificaria em decorrência de três fatores: a) existirem muitas provas de que os fumantes não são plenamente conscientes dos danos à sua saúde; b) em decorrência da decisão de fumar se tomada, em geral, na juventude, quando não se teria condições de avaliar as informações sobre seus efeitos negativos; c) a existência de provas de que os fumantes impõem um custo, tanto direto, quanto indireto, a outras pessoas. BANCO MUNDIAL; ORGANIZACIÓN PANAMERICANA DE LA SALUD. *La epidemia de tabaquismo*. Los gobiernos y los aspectos económicos del control del tabaco. Washington DC, 2001. p. 34.

Todas essas constatações demonstram que as intervenções estatais no sentido de se controlar o tabagismo, em uma análise custo-benefício econômicos, apontam para a sua necessidade e urgência. O que se alcançará, em termos de proteção da vida e qualidade de vida das pessoas já as justificaria, apenas pelo que são e representam como valores. Além disso, considerações econômicas reforçam-nas ainda mais. O tabaco e, em especial, o cigarro, não geram riquezas, nem para o Estado, muito menos para as pessoas[225].

---

225 Em uma intervenção de cunho personalista, a Secretária Executiva da Comissão Nacional para o Controle do Tabaco do Ministério da Saúde, Tânia Maria Cavalcante, no Seminário Internacional sobre fraudes no setor de cigarros, afirmou, após ser questionada se a arrecadação tributária do fumo era suficiente para cobrir as despesas ou o custo com as doenças provocadas pelo fumo: "Na verdade, ainda não temos um estudo completo sobre o quanto se gasta com as doenças provocadas pelo fumo, mas, qualquer que seja esse número, ele será ainda bastante subestimado...Então qualquer que seja a tentativa de se colocar na balança, no sentido de que arrecadamos mais do que gastamos, ainda vai ser subestimada, porque a vida humana, a qualidade de vida das pessoas não tem preço, por mais que se tente. Então é uma questão bastante difícil de responder, mas na área de saúde é muito clara: qualquer que seja a quantidade de dinheiro arrecadado com a taxação, ainda vai ser inferior à vida humana. Essa é a nossa resposta em relação a isso". BRASIL. Ministério da Fazenda. Secretaria da Receita Federal. SEMINÁRIO INTERNACIONAL SOBRE FRAUDES NO SETOR DE CIGARROS. *Anais* ... Brasília, 2001. p. 45.

Capítulo 4

O TERCEIRO MITO: TABAGISMO E LIVRE-ARBÍTRIO

Mas o Sr. José, que certamente começou a fumar ainda jovem e que já o faz por muitas décadas, sabe, hoje em dia, dos enormes malefícios que possa estar causando à própria saúde com seu hábito. Pelo menos através das embalagens nos maços de cigarro, atualmente contendo advertências sobre os riscos decorrentes de seu consumo, o Sr. José sabe que não o faz impunemente.

Mas e se, mesmo assim, ele afirmar que <u>quer</u> fumar, que <u>escolhe continuar fumando</u>, apesar das advertências?

Neste trabalho, parte-se do pressuposto de que *ninguém fuma porque quer*. Fumar não é exercício de poder/direito de escolha, está longe de representar exercício de livre-arbítrio da pessoa humana. Embora o Sr. José até possa pensar ser assim, ele encontra-se equivocado. Não é ele quem decide, voluntária e conscientemente, pretender continuar fumando.

Os dois anteriormente mencionados mitos relacionados ao tabagismo, do "bem-estar" e da "riqueza", representam ameaças sérias em relação às discussões concernentes à regulamentação do tabaco e deixam reflexos nas decisões judiciais, em que fumantes pleiteiam indenização pelos danos sofridos. O *mito do livre-arbítrio da pessoa humana* deve ser apontado como, talvez, mais preocupante ainda, na medida em que confunde a própria vítima e faz com que ela mesma se apresente, algumas vezes, contrária à intervenção estatal na questão.

No presente item, consideram-se como infundadas três crenças que se constituem em sustentáculos para o mito de que fumar seria exercício de livre-arbítrio da pessoa humana: 1) a crença de que fumar é ato voluntário do indivíduo e que, portanto, apenas a ele interessa; 2) a crença de que o consumidor-tabagista conheça todas as implicações de seu ato e 3) a crença de que, se se considerasse a hipótese ideal de o consumidor gozar de informação plena sobre os danos decorrentes de seu ato, ele escolheria (quereria) fumar.

4.1 Livre-arbítrio: considerações filosóficas

A questão do livre-arbítrio, ponto central de uma abordagem científica sobre a regulamentação do tabagismo, já se constituiu em tema de reflexão de muitos pensadores. No presente trabalho, busca-se examinar algumas dessas reflexões, no intuito de se apreciar os reais pontos de vista dos filósofos e demonstrar que os principais elementos caracterizadores do livre-arbítrio não se encontram presentes no ato de fumar.

4.1.1 Vontade da mente de fazer o bem ou de fazer o mal

Filósofo para uns, teólogo para outros, Santo Agostinho é autor de um dos mais importantes tratados sobre o livre-arbítrio da pessoa humana. Redigido em forma de diálogo entre ele mesmo e seu amigo Evódio, a obra representou, principalmente, uma reação do pensador contra os maniqueístas. Para a teoria maniquéia, haveria duas divindades supremas a presidir o universo: o Bem e o Mal. Como conseqüência moral, o homem teria duas almas, cada uma presidida por uma dessas divindades. Assim, o homem não seria livre nem responsável pelo mal que faz[226].

Santo Agostinho se propõe a solucionar o problema da origem do mal moral. Para ele, esse, ou o pecado, decorreria do exercício abusivo do livre-arbítrio, bem e dom concedido por Deus. Cometer o mal é submeter a vontade às paixões[227]. Agostinho comprova a existência de Deus, atribui-lhe a origem de todas as coisas e confirma Sua Presciência, compatível com o livre-arbítrio humano. Deus tudo conhece, mas concede o dom do livre-arbítrio à pessoa.

O livre-arbítrio humano, para ele, seria o poder de fazer o bem, aproximando-se de Deus e das coisas divinas, ou de fazer o mal, afastando-se Dele e delas. É voluntariamente que os homens merecem uma vida feliz ou infeliz: Deus não os constrange a agir de modo algum.

Em Santo Agostinho, é clara a constatação de que *a idéia de livre-arbítrio está diretamente relacionada com as idéias de "ato voluntário" e de "querer" humano*[228]. O li-

---

[226] AGOSTINHO, Santo. O *livre-arbítrio*. Tradução Nair de Assis Oliveira. São Paulo: Paulus, 1995. p. 15.
[227] AGOSTINHO, Santo. O *livre-arbítrio*, p. 14.
[228] AGOSTINHO, Santo. O *livre-arbítrio*, p. 26, 31, 52, 74-75, entre outras. Também em Schopenhauer, o "livre-arbítrio" relaciona-se com o "querer" e a "vontade". Aliás, para ele, a vontade é o princípio metafísico fundamental e é exercida pelo livre-arbítrio. "É, portanto, impossível estabelecer uma conexão entre o conceito original e empíri-

vre-arbítrio está associado à *vontade da mente* de ceder ou não às paixões. Aliás, ele chega a se referir ao "livre-arbítrio da vontade" ou à "vontade livre"[229].

4.1.2 Ação voluntária, escolha consciente

Já a idéia de "ato voluntário" remonta a Aristóteles, em Ética a Nicômaco[230], datada de mais de dois milênios e, portanto, muito anterior à mencionada obra de Santo Agostinho. Escrita no formato de notas de aula, certamente dadas a seu filho Nicômaco, Aristóteles analisa o ato voluntário, compreendendo-o como a ação cuja prática depende

---

co da liberdade, que se relaciona unicamente com a potência do agir, e o conceito do livre-arbítrio, que se refere exclusivamente à potência do querer". SCHOPENHAUER, Arthur. *O livre-arbítrio*. São Paulo: Ed. Novo Horizonte, [s.d.]. p. 157.
229 AGOSTINHO, Santo. *O livre-arbítrio*, p. 135-140. A vontade livre, para Agostinho, existiria para que o homem possa fazer o bem. Ele diferencia "livre-arbítrio" de "liberdade". Essa distinção é sintetizada nas Notas Complementares à Edição: "O livre-arbítrio existia no primeiro homem. É por ele que Adão escolheu a via do mal. Mas ao agir assim, ele perdeu a liberdade de agir bem. Segue-se que os seus descendentes, deixados a si mesmos, conservaram intacto o livre-arbítrio, para querer livremente o mal. Mas não mais estavam livres no sentido completo da palavra, porque não possuíam, desde então, a verdadeira e plena liberdade, aquela que Adão possuía — a de usar bem de seu livre-arbítrio. Portanto, só há liberdade para Agostinho quando a graça vem se enxertar no livre-arbítrio e este se torna liberdade. Esta, pois, vem a ser o bom uso do livre-arbítrio, o qual subsiste no homem atual, mas com um poder mais restrito". AGOSTINHO, Santo. *O livre-arbítrio*, p. 292-293.
230 Ética a Nicômaco é uma das três "Éticas" de Aristóteles, além de Ética a Êudemos e Ética Maior. ARISTÓTELES. *Ética a Nicômacos*. Tradução Mário da Gama Kury. 4. ed. Brasília: Ed. UnB, 2001. p. 104.

do agente e que é exercida conscientemente[231], não podendo ocorrer de forma acidental ou por compulsão. Para ele, todo ato praticado na ignorância ou que não dependa do agente ou praticado por compulsão é ato involuntário[232].

As *ações voluntárias* foram objeto de *escolha consciente* no momento de serem praticadas. O ato voluntário tem sua origem no próprio agente, que conhece as circunstâncias em que está agindo[233]. Mas ato voluntário e escolha não se confundem. Segundo Aristóteles, o âmbito do ato voluntário é mais amplo, já que tanto as crianças como os animais inferiores são capazes de ações voluntárias, mas não de escolha[234].

Observe-se, que, para Aristóteles, a ética, parte da ciência política, teria como objetivo determinar qual é o bem supremo para o homem. O conteúdo mesmo de Ética a Nicômaco, em linhas gerais, pode ser compreendido como a demonstração de que a felicidade[235] é esse bem supremo e a finalidade da vida humana é fruir da felicidade da maneira mais elevada, a contemplação. Entretanto, para o pensador, o homem é um animal social. Assim sendo, a

---

[231] Conhecendo a pessoa em relação à qual se age, o instrumento e a maneira pela qual se está agindo. ARISTÓTELES. *Ética a Nicômacos*, p. 104, 106.
[232] ARISTÓTELES. *Ética a Nicômacos*, p. 104.
[233] ARISTÓTELES. *Ética a Nicômacos*, p. 52.
[234] ARISTÓTELES. *Ética a Nicômacos*, p. 52. A escolha é voluntária mas nem tudo o que é voluntário é escolha. ARISTÓTELES. *Ética a Nicômacos*, p. 54. Já escolha, para Aristóteles, é o "desejo deliberado de coisas ao nosso alcance, pois quando, após a deliberação, chegamos a um juízo de valor, passamos a desejar de conformidade com nossa deliberação". ARISTÓTELES. *Ética a Nicômacos*, p. 56.
[235] A felicidade, para Aristóteles, é uma certa atividade da alma conforme a excelência. ARISTÓTELES. *Ética a Nicômacos*, p. 27.

felicidade de cada homem pressuporia a felicidade de sua família, de seus amigos e de seus concidadãos[236].

4.1.3 Livre-arbítrio, manifestação da liberdade humana

No presente trabalho, adota-se a concepção de que o livre-arbítrio pode ser considerado como um dos desdobramentos da concepção de "liberdade"[237]. John Stuart Mill, um dos mais ferrenhos defensores da liberdade humana, destina uma de suas principais obras a essa temática[238]. Logo em suas primeiras linhas, Mill adverte que o objeto de estudo da obra é a liberdade social ou civil, não precisamente a liberdade do arbítrio. Dedica-se, então, a estudar *"a natureza e os limites do poder que a sociedade pode legitimamente exercer sobre o indivíduo"*[239]. E reconhece a longa existência da luta entre a liberdade e autoridade, presente na história da humanidade desde a Grécia Antiga.

Discípulo de Bentham e da doutrina utilitarista, as reflexões de Mill apresentam concepções muito particulares que, por vezes, o diferenciam daquele autor e daquela teoria, o que, por sinal, o faz coerente com suas próprias

---

[236] ARISTÓTELES. Ética a Nicômacos, p. 11, 23. Note-se que essa forma de abordagem da questão interessa muito a uma perspectiva personalista. Para um conhecimento mais aprofundado sobre a contribuição de Aristóteles em relação ao livre-arbítrio, ou à liberdade, em Ética a Nicômacos, veja FARIAS, Maria do Carmo Bittencourt de. A liberdade esquecida. São Paulo: Loyola, 1995.
[237] Nem todos os filósofos comungariam com essa forma de abordagem. Santo Agostinho, mesmo, diferencia "livre-arbítrio" e 'liberdade", como já se afirmou.
[238] MILL, John Stuart. *A liberdade; utilitarismo*. Tradução Eunice Ostrensky. São Paulo: Martins Fontes, 2000.
[239] MILL, John Stuart. *A liberdade; utilitarismo*, p. 5.

idéias[240]. Mill rejeita o conformismo, a aceitação acrítica e passiva das idéias e dos costumes da maioria. Ele se propõe a valorizar o individualismo como fator de bem-estar, a liberdade de opinião de acordo com as próprias crenças e convicções. Se a felicidade é, para ele, a razão da existência humana, ela somente seria atingida através da diversidade, da singularidade do homem[241]. Toda a obra de Mill é um tributo à individualidade e à diversidade. Ele as compreende como as únicas saídas para o desenvolvimento da humanidade. E afirma, literalmente, que individualidade e desenvolvimento são a mesma coisa[242].

Mill dispõe-se a analisar a questão da liberdade de opinião. Defende-a com veemência e discorda de quase tudo o que represente uma afronta a ela. Enxerga em diversos fatos históricos em que se verificou a opressão pela autoridade, manifestações de repressão à liberdade de opinião. Para Mill, ela deveria ser preservada a todo custo[243].

Ele aponta três razões pelas quais os homens querem restringir as liberdades de outros: a) porque querem impor seu poder sobre os demais; b) porque querem impor a conformidade (ninguém pensando diferente de ninguém); e,

---

240 Isaiah Berlin, autor da introdução à edição publicada pela Editora Martins Fontes, reconhece Mill como um discípulo de Bentham, mas não um discípulo qualquer: ele teria abandonado silenciosamente o rebanho, conservando o que julgava verdadeiro ou valioso, embora não se sentisse atado às regras do movimento. Veja MILL, John Stuart. *A liberdade; utilitarismo*, p. vii-liv.
241 Sobre isso, leia a introdução à edição publicada pela Martins Fontes. MILL, John Stuart. *A liberdade; utilitarismo*, p. vii-liv.
242 Segundo Mill, apenas o cultivo da individualidade pode produzir seres humanos bem desenvolvidos. MILL, John Stuart. *A liberdade; utilitarismo*, p. 97.
243 Mesmo que, com isso, se autorizasse o fim da paz e se venerasse a guerra.

c) porque acreditam existir apenas uma forma de viver verdadeira. E as rejeitou. Para Mill, a liberdade de opinião justifica-se por vários motivos: porque a opinião diferente pode ser verdadeira[244], porque o conflito de opiniões é essencial para o profundo sentimento da verdade e porque doutrinas conflitantes podem compartilhar a verdade, sendo, às vezes, necessária a opinião discordante para suprir o restante da verdade[245]. Defende a falibilidade, o direito individual de equivocar-se. Prega a tolerância aos dissidentes[246].

Sua tese apresenta reflexões que merecem destaque no contexto do presente trabalho. Em algumas situações, Mill reconhece que a liberdade de opinião possa ser sacrificada. Segundo ele, *o único propósito de se exercer legitimamente o poder sobre qualquer membro de uma comunidade civilizada, contra sua própria vontade, seria* para evitar dano aos demais[247]. Em outras palavras: o Estado não poderia, legitimamente, de acordo com a sua teoria, afrontar a liberdade de um homem sob o argumento de proteger ao próprio indivíduo. Não é possível justificar a interferência estatal na liberdade humana, alegando-se que a escolha feita pelo Estado é a melhor para o indivíduo que sofre essa interferên-

---

244 E a História da humanidade demonstrou isso por diversas vezes.
245 É de Mill a afirmação de que "sempre há esperança quando as pessoas são obrigadas a ouvir os dois lados". MILL, John Stuart. *A liberdade; utilitarismo*, p. 80.
246 Na introdução de Isaiah Berlin, pode-se ler: "Pedia-nos não necessariamente para respeitar as posições alheias — muito longe disso, — mas apenas para tentar entendê-las e tolerá-las, unicamente tolerá-las, desaprová-las, julgá-las mal, se necessário ridicularizá-las ou desprezá-las, mas tolerá-las, pois sem convicção, sem algum sentimento de aversão não haveria, segundo ele, nenhuma convicção profunda [...]". MILL, John Stuart. *A liberdade; utilitarismo*, p. xxii.
247 MILL, John Stuart. A liberdade; utilitarismo, p. 17.

cia[248]. Mas ela se justificaria, excepcionalmente, *quando a conduta do indivíduo puder causar mal a outro indivíduo*. Se cada um, para Mill, é o guardião adequado de sua própria saúde, seja física ou mental[249], *a ação de um indivíduo que prejudique outro autoriza sua punição*, por lei ou pela desaprovação geral.

Além disso, Mill adverte que sua defesa da liberdade humana apenas se aplica aos seres humanos que detenham um certo nível de maturidade de suas faculdades. Não há que se falar em proteção, contra atos de autoridades, da liberdade humana de crianças ou jovens "cuja idade seja inferior à determinada por lei como a da maioridade"[250]. Nessas circunstâncias, assim como em relação a povos ainda considerados primitivos em termos de capacidade de discernimento e conhecimento, seria justificável a ação firme da autoridade para atingir certos fins, mesmo que em afronta à liberdade de escolha daqueles[251].

Soma-se a isso, a afirmação de Mill de que "ninguém pretende que as ações devam ser tão livres quanto as opiniões." Para o filósofo, a liberdade de opinião é a regra, somente afastável em casos muito específicos, como o das crianças e jovens. Mas sua concepção em relação às *ações* do indivíduo parece mais flexível, podendo ser mesmo compreendida como a tese de que, se a opinião deve ser

---

248 Segundo Mill, "essas são boas razões para o advertir, contestar, persuadir, instar, mas não para o compelir ou castigar quando procede de outra forma. [...] Sobre si mesmo, sobre seu corpo e mente, o indivíduo é soberano". MILL, John Stuart. *A liberdade; utilitarismo*, p. 17.
249 MILL, John Stuart. *A liberdade; utilitarismo*, p. 22.
250 MILL, John Stuart. A liberdade; utilitarismo, p. 18.
251 Para Mill, "o despotismo é um modo legítimo de governo para tratar com bárbaros, desde que a finalidade seja aprimorá-los e os meios realmente se justifiquem para realizar tal fim". MILL, John Stuart. *A liberdade; utilitarismo*, p. 18.

livre, os atos devem ser responsáveis. Atos que causem dano a outros devem ser controlados e punidos. Nas palavras de Mill, *"deve-se então limitar a liberdade do indivíduo; ele não deve se tornar nocivo a outras pessoas"*[252].

Mill não autoriza às pessoas serem prejudiciais às outras pessoas em nome de sua liberdade. A conduta prejudicial deve ver tolhida, punida. Não se encontram justificativas para atos que invadam direitos dos outros, causem danos ou sejam favoráveis à abstenção egoísta de defendê-los contra ofensas. Nesses casos, Mill recomenda reprovação moral ou represálias morais e punição[253]. Aliás, ele não defende uma sociedade egoísta. Ao contrário, aponta o papel da educação para permitir aos homens ajudarem uns aos outros a distinguir o que é o melhor e o que é o pior[254].

Em resumo, Mill defende a individualidade[255] e combate o despotismo[256] acima de quase tudo. O único limite legítimo à liberdade dos homens adultos seria os direitos dos outros[257].

Observe-se que muitas críticas foram e têm sido feitas à obra de Mill. Acusam-no de atribuir excessiva racionalidade aos seres humanos, de suas idéias estarem ultrapassadas pelo desenvolvimento da psicologia desde então e de

---

252 MILL, John Stuart. *A liberdade; utilitarismo*, p. 86.
253 MILL, John Stuart. *A liberdade; utilitarismo*, p. 120.
254 MILL, John Stuart. *A liberdade; utilitarismo*, p. 116-117.
255 Note-se que Mill repreende o "egotismo, que julga a si e a suas preocupações mais importantes do que todo o resto", como vício moral. MILL, John Stuart. *A liberdade; utilitarismo*, p. 120-121.
256 Despotismo, para Mill, é tudo o que esmaga a individualidade, quer professe executar a vontade divina, quer as injunções humanas.
257 "Em resumo, quando houver um dano claro ou um risco claro de dano, seja a um indivíduo, seja ao público, o caso é retirado da província da liberdade, e colocado na província da moralidade ou da lei". MILL, John Stuart. *A liberdade; utilitarismo*, p. 125.

prestar pouca atenção à pobreza, doença e suas causas, dedicando-se, quase que exclusivamente, a analisar o pensamento e a liberdade de expressão. Tantas outras foram as condenações que suas idéias sobre a liberdade humana sofreram que se chega mesmo a afirmar que seus críticos excedem seus defensores[258].

4.1.4 Liberdade e direito à liberdade

A concepção de que a liberdade do indivíduo encontra limite na proteção do outro contra danos causados em nome de seu exercício é adequada às preocupações da Filosofia do Direito[259]. A propósito, é importante relembrar que não existe liberdade humana plena e irrestrita no campo do Direito. O próprio ordenamento jurídico nada mais é do que uma limitação das liberdades individuais[260].

---

258 Sobre as críticas a Mill, leia o texto, já mencionado, de Isaiah Berlin. MILL, John Stuart. *A liberdade; utilitarismo*, 2000.
259 Pode-se ler em Cláusulas abusivas nos Contratos, do prof. João Bosco Leopoldino da Fonseca: "A liberdade consiste em poder fazer tudo aquilo que não cause dano a outrem; desse modo, o exercício dos direitos naturais de cada homem só tem como limites aqueles que asseguram aos outros membros da sociedade o gozo desses mesmos direitos. Estes limites somente podem ser determinados pela lei, que é a expressão da vontade geral". LEOPOLDINO DA FONSECA, João Bosco. *Cláusulas abusivas nos contratos*. Rio de Janeiro: Forense, 1995. p. 17-18. Mesmo na Declaração dos Direitos do Homem e do Cidadão de 1789 já se afirmava, no artigo 4, que "a liberdade consiste em poder fazer tudo o que não prejudique a outrem". Observe-se que, de acordo com a opinião de alguns doutrinadores, esse texto era marcado pelo individualismo.
260 RECASÉNS SICHES, Luís. *Tratado general de filosofia del derecho*, p. 578. Ver também GUSMÃO, Paulo Dourado de. Introdução ao

Para o jusfilósofo Legaz y Lacambra, a abrangência da liberdade jurídica não necessariamente coincide com a da liberdade da pessoa humana, como tal, porque prescinde da existência de uma norma jurídica que a defina[261]. O ordenamento jurídico seria, para esse pensador, um sistema de limitações da liberdade que ofereceria como contrapartida a criação de outras tantas esferas de liberdade.

"Liberdade" e "direito de liberdade"[262] são conceitos que não se confundem. Para que se pudesse conceder direito à liberdade irrestrita a um indivíduo, seria necessário elevá-lo a uma categoria superior aos demais integrantes de uma sociedade. Todas as pessoas devem gozar de direitos limitados à liberdade, por razões de ordem social. Observe-se que, quando se fala em "razões de ordem social", não se pretende, com isso, afirmar a possibilidade de predomínio de valores supra-individuais ou de interesses puramente estatais sobre a liberdade individual[263].

O direito fundamental à liberdade, assegurado, em nível constitucional, no caput do art. 5º da Constituição da República de 1.988, pode ser considerado, conforme as lições de Robert Alexy, um princípio, na medida em que se trata de um *mandato de otimização*. Isso significa dizer que esse direito pode ser cumprido em graus diferentes, uma

---

Estudo do Direito. 29ª ed. Rio de Janeiro: Forense, 2001, p. 366 e ss.
[261] LEGAZ Y LACAMBRA, Luiz. *Humanismo, estado y derecho*, p. 125.
[262] Alexy prefere falar em "liberdade jurídica" e "liberdade real". ALEXY, Robert. *Teoria de los derechos fundamentales*. Madrid: Centro de Estudios Políticos y Constitucionales, 2002.
[263] Recaséns, adepto fervoroso de uma concepção humanista de Direito, aponta três razões justas para a limitação de liberdades individuais: razões de ética social, de ordem pública e de bem-estar geral. RECASÉNS SICHES, Luís. *Tratado general de filosofia del derecho*, p. 596.

vez que, para aquele autor, "princípios são normas que ordenam que algo seja realizado na maior medida possível", ao contrário das regras, que contém determinações e, portanto, podem ser cumpridas ou não[264].

Mas esse direito à liberdade, assegurado no caput do art. 5º, deve ser interpretado levando-se em consideração outros princípios, assegurados no mesmo dispositivo, como, por exemplo, o direito à vida. No presente trabalho, busca-se demonstrar que o hábito de fumar se encontra longe de poder ser considerado exercício de livre-arbítrio ou de liberdade do indivíduo, por lhe faltarem pressupostos indispensáveis para a caracterização dessas circunstâncias. É preciso que se observe que a utilização do paradigma da liberdade humana como fundamento para a rejeição à iniciativa estatal de regulamentar o tabagismo, com o fito de dissuadi-lo, é frágil e precisa ser afastado.

Impedir a regulamentação do tabaco com base no direito fundamental à liberdade configura um equívoco se se analisa a própria teoria dos direitos fundamentais. No caso do tabagismo, poder-se-ia falar em uma possível "colisão" de princípios constitucionais, especificamente, entre o direito à liberdade e o direito à vida, ambos assegurados no artigo 5º, caput, da Constituição da República, como propõe Alexy[265].

Segundo esse autor, na hipótese de colisão de princípios, um deles precisaria ceder frente ao outro, considerado de maior peso no caso concreto. Em uma abordagem humanista, seria impensável conceder menor peso ao direi-

---

264 O que não significa que esse direito não possa ser compreendido também como regra, em certas circunstâncias. ALEXY, Robert. *Teoria de los derechos fundamentales*, p. 86, 106-107.
265 ALEXY, Robert. *Teoria de los derechos fundamentales*, p. 87.

to à liberdade do que ao direito à vida, mesmo porque, aquele não faria sentido sem este[266].

Mas não se pretende, neste trabalho, aventurar-se pelo "ambicioso projeto de uma filosofia da liberdade", nas palavras de Robert Alexy[267], e que já mereceu reflexões de jusfilósofos do porte de Kant, Kelsen, e Bobbio. Uma análise do tema, no presente trabalho, não poderia encerrar-se sem uma breve reflexão sob a perspectiva personalista.

Desde a perspectiva humanista, a liberdade é compreendida como componente essencial da dignidade da pessoa humana. Mas não interessaria uma liberdade abstrata e não real. Especificamente no que concerne ao Direito e à proposta de um Personalismo jurídico, aquele teria por preocupação assegurar à pessoa uma liberdade *real* e *não abstrata*. Importaria *tornar o ser humano livre*, mais do que meramente reconhecer e proteger a liberdade humana[268].

A idéia de *voluntariedade*, constantemente mencionada pelos filósofos que se aventuraram pelo tema da liberdade como um de seus componentes essenciais, também encontra referências nos estudiosos do Humanismo, quando fazem reflexões sobre o tema. Nogare, por exemplo, diferencia as várias espécies de liberdade humana em real, biológica e psicológica e compreende esta última modalidade como o "poder de auto-determinar-se", o "poder de escolha", o "poder de decidir sua existência"[269].

---

[266] O professor Washington Peluso Albino de Souza prefere não acreditar em uma "colisão" de princípios constitucionais. Sobre isso, veja o item 4.3.4.
[267] ALEXY, Robert. *Teoria de los derechos fundamentales*, p. 211.
[268] Nas palavras de Nogare, não bastaria ao homem ser livre, é preciso torná-lo livre. NOGARE, Pedro Dalle. *Humanismos e anti-humanismos*. Introdução à antropologia filosófica, p. 20.
[269] NOGARE, Pedro Dalle. *Humanismos e anti-humanismos*. Introdução à antropologia filosófica, p. 20.

Emmanuel Mounier, por seu turno, defende a idéia de "liberdade de pessoas situadas" ou "liberdade de pessoas valorizadas". A concepção de liberdade, para esse pensador, deveria corresponder a uma idéia de *libertação* ou *personalização* do mundo e de cada pessoa. Assim, a liberdade não deveria ser compreendida tão-somente como "poder de opção", *mas como "ação responsável"*. Segundo ele, "a liberdade, assim entendida, não isola, mas une"[270].

4.2 Tabagismo e livre-arbítrio

4.2.1 Tabagismo: sujeição e vulnerabilidade

O tabagismo é antes uma questão de *sujeição* e *vulnerabilidade* do que, efetivamente, uma questão de exercício de livre-arbítrio ou de liberdade de seus consumidores.

Estudos científicos desenvolvidos por outros campos do saber demonstram que o hábito de fumar não tem qualquer correlação com as idéias de *querer consciente* ou de *vontade livre*, pressupostos indispensáveis para o exercício do livre-arbítrio humano[271].

Em primeiro lugar, para sustentar essa tese, é preciso recordar a já largamente propalada conclusão[272] de que o

---

270 MOUNIER, Emmanuel. *O personalismo*, p. 119-122.
271 Refletindo sobre a liberdade no Direito, José Adércio Leite Sampaio aponta o duplo sentido filosófico do termo: a não-intromissão e a autonomia ou direito de escolha. SAMPAIO, José Adércio Leite. *Direito à intimidade e à vida privada*. Belo Horizonte: Del Rey, 1998. p. 263 e ss.
272 Embora a caracterização do tabagismo como vício seja ponto pacífico nas Ciências Médicas, podem-se ler, em decisões proferidas por Tribunais brasileiros, questionamentos quanto a isso. Em decisão proferida na Apelação Cível n. 373.582-6, do Tribunal de Alçada de Minas Gerais, em 29/10/2002, pode-se ler: "Sequer se pode falar em vício,

tabagismo é um vício[273], causado pela dependência da nicotina. Portanto, uma vez dependente da substância, o consumo habitual de cigarro deixa de ser uma decisão livre e consciente, para se tornar uma necessidade psíquica e biológica. Relembre-se, inclusive, que o tabagismo, desde 1993, é considerado, pela Organização Mundial da Saúde, doença, estando incluído no grupo de transtornos mentais e de comportamento, decorrentes do uso de substâncias psicoativas[274].

Mas nem mesmo a *primeira* decisão de fumar representa um exercício de livre-arbítrio da pessoa. Estudos realizados em todo o mundo demonstram que a grande maioria das pessoas inicia o hábito de fumar ainda adolescente. No Brasil, pesquisa realizada pelo Ministério da Saúde, em 1988, destacou o fato de que 75% dos fumantes brasileiros iniciam-se no vício entre 10 e 18 anos[275]. No mundo todo,

---

porque meios existem, ao alcance de qualquer pessoa, para se livrar do consumo do cigarro. Por outro lado, causa espécie o recurso à alegação de vício, quando se sabe que muitas outras pessoas, a maioria, aliás, deixou de fumar mediante simples expediente de vontade. O vício, quando ocorre, só se manifesta após longo período de consumo; período esse em que o fumante poderia, perfeitamente, com facilidade e com vontade, deixar de fumar".
273 Na filosofia de Tomás de Aquino, à lei humana incumbe reprimir os vícios graves. TOMÁS DE AQUINO, Santo. Tratado de la ley. Tratado de la justicia. Opúsculo sobre el gobierno de los príncipes, p. 40-41.
274 Mais informações em: BRASIL. Ministério da Saúde. Instituto Nacional do Câncer. *Programa nacional de controle do tabagismo e outros fatores de risco de câncer*. Modelo lógico e avaliação 2001, 2002.
275 BRASIL. Ministério da Saúde. Instituto Nacional do Câncer. *O cigarro brasileiro*. Análises e propostas para a redução do consumo, p. 94. O percentual de escolares fumantes, em diversas capitais brasileiras, tem crescido a cada ano: Em Belo Horizonte, 23,2% de escolares de 10 a 18 anos de idade fumavam no ano de 1987. Em 1997, esse número

esse percentual atinge 80%[276]. É sabido que, nessa faixa etária, a pessoa não possui discernimento pleno para a tomada de decisões importantes em sua vida. Exatamente por essa razão, o ordenamento jurídico a trata de forma especial, concedendo-lhe prerrogativas e tutelando-lhe os direitos. A liberdade da criança e do adolescente, no Direito, é bastante restringida, em razão da constatação de sua real incapacidade para a tomada de decisões sobre sua vida[277].

Mesmo os maiores defensores da liberdade humana reconhecem que, nos primeiros anos de vida, a pessoa requer tutela especial, que justifica mesmo a interferência estatal sobre sua vontade. Essa ingerência justificar-se-ia pela incapacidade da pessoa em exercer sua liberdade de forma plena[278].

---

passou para 34,3%. Em Porto Alegre, o número saltou de 20,8% para 44,1% no mesmo período. Em São Paulo, o salto foi de 25,4% para 30,7%. BRASIL. Ministério da Saúde. Instituto Nacional do Câncer. *Programa nacional de controle do tabagismo e outros fatores de risco de câncer*. Modelo lógico e avaliação 2001, p. 21-22.
[276] ORGANIZÁCION PANAMERICANA DE LA SALUD. *Tabaco*: lo que todos debemos saber, p. 14.
[277] Em muitas das ações judiciais em que fumantes pleiteiam indenização pelos danos sofridos em decorrência do tabagismo, percebe-se a incidência de baixa idade para o início do hábito. São exemplos disso decisões proferidas nos seguintes casos: Agravo de Instrumento n. 319.971-9, Tribunal de Alçada de Minas Gerais, em 17/04/2001 (18 anos de idade); Apelação Cível n. 7000.627.0508, Tribunal de Justiça do Rio Grande do Sul, em 18/09/2003 (12 anos de idade); Agravo de Instrumento n. 182.944-4/1, Tribunal de Justiça de São Paulo, 07/11/2000, (16 anos de idade).
[278] Nesse sentido, o próprio MILL, John Stuart. *A liberdade; utilitarismo*, 2000. Santo Tomás de Aquino também diferencia entre crianças e adultos para efeito de aplicação da lei humana. Não se poderia exigir aos primeiros o que se exige dos segundos, nem o que seria permitido a

De fato, na adolescência, nem mesmo a educação pode ser suficiente para conter a decisão de fumar. A ânsia em integrar um grupo ou em parecer adulto, aliada à pouca ameaça que a morte representa para pessoas jovens, faz com que as informações obtidas relacionadas aos efeitos maléficos do tabagismo adquiram pequeno poder de persuasão. Por tudo isso, elas tornam-se alvos fáceis em peças publicitárias[279]. Essa informação ajuda a justificar a constatação de que, apesar das campanhas educativas e informativas desenvolvidas pelos órgãos públicos, no sentido de dissuadir o tabagismo, o consumo de tabaco segue aumentando. Na verdade, as ações educativas somente têm atingido os adultos. A cada ano, surgem milhões de novos fumantes crianças ou adolescentes.

---

uns poderia ser permitido aos outros. O diferente grau de maturidade impõe uma diversidade nas possibilidades. TOMÁS DE AQUINO, Santo. *Tratado de la ley. Tratado de la justicia*. Opúsculo sobre el gobierno de los príncipes, p. XLIII.
279 A seguinte informação, apresentada em relatório da Organização Pan-americana da Saúde, impressiona: "Um estudo realizado em 1991, a apenas 3 anos do lançamento no mercado do personagem 'Joe Camel', demonstrou que crianças menores de 6 anos reconheciam tal personagem com a mesma facilidade com que reconheciam o Mickey Mouse". ORGANIZÁCION PANAMERICANA DE LA SALUD. *Tabaco*: lo que todos debemos saber, p. 23 (tradução livre). O mesmo estudo afirma que, na década de 60, quando se suspeitou que as crianças começavam a fumar por desconhecimento dos efeitos maléficos do tabagismo, iniciaram-se trabalhos de educação e prevenção, sem lograr êxito. A avaliação de programas educativos demonstrou ser insuficiente para se atingir resultados satisfatórios: "Recordemos que a adolescência é uma fase em que a pessoa se sente 'invencível', quando se acredita que 'outros irão morrer de câncer, eu não.'" ORGANIZÁCION PANAMERICANA DE LA SALUD. *Tabaco*: lo que todos debemos saber, p. 26 (tradução livre).

A primeira decisão de fumar, aquela que irá desencadear o vício, ocorre, portanto, em sua grande maioria, em uma fase da vida da pessoa, em que o próprio Direito reconhece que ela não deve gozar de capacidade plena para os atos da vida civil.

Outros fatores também apontam para a conclusão de que o ato de fumar não é exercício de livre-arbítrio, por lhe faltar o componente "vontade livre". Destacam-se, nesse sentido, os resultados de pesquisas demonstrando forte correlação entre o tabagismo e predisposição genética[280]. Existem várias explicações científicas para o início do tabagismo e sabe-se que não existe uma única causa para o hábito. Fatores genéticos têm sido apontados em algumas dessas pesquisas, como um dos grandes responsáveis para a evolução da dependência. Estudos demonstram que 90% dos fumantes apresentam predisposição genética para isso, o que faz deles *fisiologicamente dependentes* da nicotina. Note-se que esse percentual, em relação aos dependentes de heroína, cai para 50% (apenas a metade dos dependentes de heroína são fisiologicamente dependentes dela) e, no caso do álcool, é de apenas 10%[281].

Isso explicaria a dificuldade, para o fumante, de interromper o vício, mesmo gozando de todas as informações sobre os efeitos maléficos do tabaco. Para a Medicina, fumar não é apenas um "mau hábito", que pode ser interrompido simplesmente a partir de uma decisão da pessoa nesse sentido. Infelizmente, uma vez dependente, na maior parte

---

280 A referência a muitos trabalhos nesse sentido está relacionada em ORGANIZÁCION PANAMERICANA DE LA SALUD. *Tabaco*: lo que todos debemos saber, 2002.
281 Smoking cessation. Techniques and benefits. Glen A. Lillington et al. In: MURIN, Susan; SILVESTRI, Gerard. Clinics in Chest Medicine. *WB Sanders Company*, p. 201 e ss.

das vezes, não basta força de vontade ou determinação do fumante. É preciso auxílio médico[282].

Boa parte dos fumantes regulares, mesmo os adolescentes, deseja parar de fumar[283]. Mas conseguir alcançar esse objetivo é uma questão que *ultrapassa os limites da vontade* da pessoa. Mais de 90% daqueles que *decidem* parar de fumar, por sua própria conta, têm recaídas no primeiro ano de abstinência[284].

Soma-se a tudo isso, a comprovação de que pessoas que passam por um período de depressão, ansiedade, stress ou baixa auto-estima tornam-se mais suscetíveis a desenvolverem o vício. A justificativa encontra-se no já mencionado efeito da nicotina no corpo humano e a sensação de bem-estar que ela proporciona[285].

Por tudo isso, percebe-se que o ato de fumar nada tem a ver com querer, com "atos voluntários", pressupostos necessários para o exercício de liberdade ou livre-arbítrio pela pessoa humana. Ao contrário, a iniciação no tabagismo e o tabagismo em si são manifestações evidentes de vulnerabilidade e sujeição.

A criança que experimenta um cigarro porque quer parecer adulta e, por razões de predisposição genética, torna-

---

[282] Smoking cessation. Techniques and benefits. Glen A. Lillington et al. In: MURIN, Susan; SILVESTRI, Gerard. Clinics in Chest Medicine. *WB Sanders Company*, p. 199-209.

[283] Pesquisa realizada nos Estados Unidos, entre jovens de 12 a 17 anos, apontou que 66% deles gostariam de deixar de fumar. Na América Latina, entre 60 e 80% dos jovens entre 13 e 15 anos já tentaram para de fumar, sem obter êxito. ORGANIZÁCION PANAMERICANA DE LA SALUD. *Tabaco*: lo que todos debemos saber, p. 20.

[284] ORGANIZÁCION PANAMERICANA DE LA SALUD. *Tabaco*: lo que todos debemos saber, p. 21.

[285] ORGANIZÁCION PANAMERICANA DE LA SALUD. *Tabaco*: lo que todos debemos saber, p. 12.

se um fumante regular por toda a vida (o que é o mais comum de acontecer), não tomou uma decisão livre e consciente. Nem mesmo o faz quando, todos os dias, adquire um novo maço de cigarros. No primeiro contato, ela não possuía discernimento para uma decisão livre; em todos os outros, ela *precisa* do cigarro, mesmo não o *querendo*.

Da mesma forma, o adulto que, deprimido ou estressado, se inicia no tabagismo, não está tomando uma decisão livre e consciente. Seu estado frágil o conduz a uma atitude que lhe parece benéfica no curto prazo, mas altamente maléfica no médio e longo prazo.

A *vulnerabilidade*, compreendida como qualidade daquele que se encontra em desvantagem ou prejudicado em uma relação com alguém ou com algo, é o que conduz a ação dessas pessoas. Essa condição as torna frágeis o suficiente para justificar a intervenção estatal em seu próprio proveito[286]. A *sujeição* da pessoa, por sua vez, manifestar-se-ia em sua dependência, submissão ao produto que, igualmente, demanda uma ação estatal para a proteção da pessoa[287].

---

[286] Paulo Valério Dal Pai Moraes aponta o tabagismo como um exemplo de vulnerabilidade biológica ou psíquica do consumidor. MORAES, Paulo Valério Dal Pai. *Código de defesa do consumidor*: no contrato, na publicidade, nas demais práticas comerciais. Porto Alegre: Síntese, 1999. p. 144 e ss. Sobre o princípio da vulnerabilidade nas relações de consumo, veja LORENZETTI, Ricardo Luís. *Consumidores*. Buenos Aires: Rubinzal-Culzoni, 2003. p. 37. Para esse autor, a vulnerabilidade do consumidor é o que justificaria a aplicação do princípio protetivo constitucional.

[287] Acrescente-se a todas essas informações o escândalo relacionado à nicotina conhecida por Y1. Em 1994, um especialista do órgão "Food and Drug Administration" dos Estados Unidos apresentou a autoridades daquele país o resultado de pesquisas, evidenciando a prática de manipulação de cigarros pela indústria, para aumentar a liberação da

4.2.2 Os tribunais brasileiros, o livre-arbítrio e o tabaco

As próprias empresas tabaqueiras admitem que o tabagismo nada tem a ver com livre-arbítrio. Entretanto, os Tribunais brasileiros ainda insistem na tese de que o ato de fumar representa uma forma de exercício da liberdade individual, reforçando e refletindo uma idéia equivocada disseminada entre as pessoas, muitas delas, fumantes. Documentos de empresas do porte de RJ Reynolds, Brown and Williamson, British American Tobacco (BAT) e do "Tobacco Institute", trazidos a público, demonstram que eles reconhecem que a redução do nível de nicotina "levaria à liquidação do negócio", que "não se pode defender o consumo de tabaco como sendo uma decisão livre se a pessoa é viciada" e que "o argumento de que a escolha é livre é inválido ao evidenciar-se a existência de uma adicção". O dependente, segundo elas mesmas reconhecem, não toma uma decisão adulta de fumar, porque, se pudesse, interromperia o hábito[288].

---

nicotina para o consumidor de cigarro. Nesse relatório, aponta-se o envolvimento da Souza Cruz como receptora das sementes de tabaco supernicotinado, conhecido como Y1, espécie de tabaco com teor de nicotina duas vezes maior que o encontrado nas variedades comuns. Essas sementes teriam sido cultivadas de forma clandestina no Rio Grande do Sul. Tais informações deram origem à abertura de processo administrativo no âmbito do Ministério da Justiça, de n. 08000.011461/94-82. Nesse processo, a Souza Cruz afirma ter produzido o fumo Y1 e exportado, unicamente, para a Brown & Williamson, mas negou que tenha utilizado essa variedade de fumo nos cigarros. O processo foi arquivado em 11/10/1996 por ausência de comprovação de prejuízo ao consumidor brasileiro.
[288] CONFIE en nosotros. Somos la industria tabacalera. Campaign for Tobacco-Free Kids (USA) e Action on Smoking and Health (UK). Washington/Londres, Apr. 2001. p. 6-10. Acrescentem-se a essas

Ao contrário, os Tribunais brasileiros têm insistido na tese de que "[...] não se pode imputar a outrem a responsabilidade de ato inerente ao próprio arbítrio"[289], "o consumidor não é obrigado a consumir os produtos à venda no mercado e se o faz pratica ato de seu exclusivo arbítrio e responsabilidade"[290], "o autor passou a fumar e continuou fumando por sua livre e espontânea vontade ou por seu livre-arbítrio"[291].

Da mesma forma, não tem fundamento a crença na idéia de que o fumante conheça todas as implicações do seu ato. Embora aparentemente as informações relativas aos efeitos maléficos do tabagismo estejam largamente difundidas, o Banco Mundial considera um *mito a afirmação de que os fumantes sabem o que estão fazendo e são livres para escolher entre fumar ou não fumar*[292]. Segundo conclusões dessa Instituição, a realidade é que, mesmo em países desenvolvidos, os *riscos à saúde* associados ao tabagismo ainda não são amplamente conhecidos. Na China, por

---

informações, as inúmeras denúncias, existentes em todo o mundo e, inclusive, no Brasil, relacionadas aos cigarros que teriam sido "supernicotinados" pelas empresas. Essas denúncias têm sido objetos de diversos processos administrativos e judiciais.

289 Decisão proferida na Apelação Cível n. 2002.001.24372, Tribunal de Justiça do Rio de Janeiro, 18/02/2003.

290 Decisão proferida na Apelação Cível n. 2002.001.02666, Tribunal de Justiça do Rio de Janeiro, 06/02/2003.

291 Decisão proferida na Apelação Cível n. 7000.627.0508, Tribunal de Justiça do Rio Grande do Sul, 18/09/2003. Nela, pode-se ler, ainda: "Sustentar, no caso em tela, que o autor restou viciado com a 'nicotina' e, por sua dependência física e mental, não teve forças para se livrar de tal vício, não encontra respaldo sério na experiência comum [...]".

292 O emprego do vocábulo "mito" pela referida Instituição parece alinhar-se à concepção adotada pelo presente trabalho. Sobre "mito", veja a Introdução.

exemplo, 61% dos fumantes, questionados em 1996, afirmaram que os danos à sua própria saúde decorrentes do hábito seriam pequenos ou nulos[293].

Mesmo assim, quase a totalidade das decisões em ações judiciais de indenização no Brasil baseia-se na crença nesse mito. A esse respeito, os Tribunais brasileiros têm-se manifestado no sentido de que "quem fuma conhece exatamente as conseqüências do vício, porque sensitivas, quando não intuitivas"[294], "a população brasileira e, de resto, a população mundial têm largo e amplo conhecimento e consciência, há séculos, de que fumar cigarros de tabaco [...] faz mal à saúde [...]. É uma consciência universal"[295], "qualquer pessoa que fuma sabe muito bem o que está consumindo e os riscos que está correndo"[296].

É também discutível a crença na idéia de que os fumantes conheçam todas as diversas externalidades decorrentes do hábito, que incluem ainda danos ao meio-ambiente, economia individual e estatal, além da própria saúde e da saúde de terceiros. Fumar é custoso para a sociedade, é caro para o fumante e para aqueles que lhe são caros. Embora se possa admitir que campanhas governamentais crescentes estejam atuando de forma eficaz na educação das pessoas, em relação aos riscos sanitários decorrentes do tabagismo, a verdade é que esses riscos ultrapassam bastante essa esfera, atingindo outros interesses do indivíduo.

---

[293] WORLD BANK. Curbing the epidemic. Governments and the economics of tobacco control, p. 26.
[294] Decisão proferida na Apelação Cível n. 110.454-4/3-00, Tribunal de Justiça de São Paulo, 22/02/2002.
[295] Decisão proferida na Apelação Cível n. 7000.627.0508, Tribunal de Justiça do Rio Grande do Sul, 18/09/2003.
[296] Decisão proferida na Apelação Cível n. 373.582-6, Tribunal de Alçada de Minas Gerais, 29/10/2002.

Estudos econômicos empreendidos pelo Banco Mundial e pela Organização Pan-americana da Saúde apontam os benefícios auferidos pelo fumante, para tomar a decisão de fumar. Esses benefícios seriam o prazer e a satisfação, a potencialização da "auto-imagem", o controle do stress e, no caso do viciado, a resistência à abstinência da nicotina. Já os custos, que atuam como contra-pesos a esses benefícios, consistiriam no dinheiro gasto com o cigarro, o dano para a saúde e a adicção à nicotina[297]. Não há estudos que demonstrem gozar a pessoa de todas informações indispensáveis para uma análise custo-benefício correta, o que impediria concluir que o consumidor-tabagista conheça todas as implicações de seu ato.

Note-se, inclusive, que a própria circunstância da adicção se constitui em elemento impeditivo de uma análise custo-benefício correta por parte do consumidor. A ocorrência de um vício desvirtua o comportamento do consumidor, fazendo com que ele se comporte de forma distinta do que ocorreria em uma situação normal.

Por outro lado, mesmo se se considerar a hipótese ideal de o consumidor conhecer todas as conseqüências do tabagismo, não se acredita que seu querer se manteria intacto. Ainda que se adote a concepção egoísta de *homo economicus*, utilizada como paradigma para a Escola da Análise Econômica do Direito, verifica-se que os argumentos para a sustentação do tabagismo como ato livre e individual são frágeis.

O paradigma do *homo economicus* parte do pressuposto de que os indivíduos atuam sempre racionalmente, buscan-

---

[297] BANCO MUNDIAL; ORGANIZACIÓN PANAMERICANA DE LA SALUD. *La epidemia de tabaquismo*. Los gobiernos y los aspectos económicos del control del tabaco, p. 33.

do maximizar seu próprio bem-estar ou seu próprio interesse privado[298]. Isso significaria dizer que os homens teriam a capacidade de ordenar suas preferências e de escolher a que mais os satisfaça. Também integra esse conceito a crença na soberania do consumidor, ou na idéia de que o indivíduo é o melhor juiz de seu próprio bem-estar, concepção absolutamente individualista.

Essa forma de compreender o indivíduo interessa igualmente à concepção utilitarista, e, em especial, a Jeremy Bentham, um dos expoentes dessa teoria. De acordo com essa perspectiva, os homens seriam seres egoístas que buscariam maximizar seus interesses em todas as circunstâncias de sua vida. Também em Gary Becker, Prêmio Nobel de Economia em 1993, o comportamento humano poderia ser explicado como se fosse adotado por pessoas maximizadoras de suas preferências.

Todas essas concepções buscam reconhecer um "preço" nas ações humanas. Assim sendo, as decisões entre casar ou não, ter filhos ou não, divorciar-se ou não, bem como todas as demais adotadas pelos indivíduos ao longo de sua vida (a compra e venda de um bem ou a assinatura de um contrato, por exemplo) somente seriam adotadas após uma análise individual prévia que demonstre qual seria a melhor opção. Todas as ações humanas seriam, portanto, objeto de análises custo-benefício prévias por parte de seus praticantes.

---

[298] A conceituação apresentada é de Mercado Pacheco. PACHECO, Pedro Mercado. *El analisis economico del derecho*. Una reconstruccion teorica. Madrid: Centro de Estudios Constitucionales, 1994. p. 40. O paradigma do *homo oeconomicus*, na realidade, foi desenvolvido pela teoria utilitarista de Bentham e adotada por Richard Posner, principal expoente da Análise Econômica do Direito. POSNER, Richard. *Economic analysis of law*. 4 th ed. Boston: Little, Brown and Company, 1992.

Mas mesmo essa concepção individualista, quando levada à questão do tabaco, autorizaria a intervenção estatal no mercado de tabaco com o fim de dissuadir o consumo do produto.

Primeiramente, é preciso afirmar a dificuldade em se utilizar o parâmetro do *homo economicus* ou da utilidade para a análise de questões relacionadas ao tabaco. Para que isso se torne possível, é necessário partir de pressupostos *ideais e absolutamente irreais*. Assim sendo, o consumidor deveria conhecer todas as conseqüências decorrentes do ato de fumar (sanitárias, econômicas, ao meio-ambiente) e ser livre, no momento da primeira escolha entre fumar ou não fumar, no sentido de que ele não o faria como manifestação de vulnerabilidade e sujeição. Para tanto, ele não poderia ser criança ou adolescente, não poderia encontrar-se em situação de stress, depressão, baixa auto-estima, não poderia ser geneticamente predisposto e nem mesmo apresentar-se como fumante passivo regular, por exemplo. Em uma situação assim ideal, duvida-se de que o indivíduo, buscando maximizar suas preferências, escolheria fumar, porque os custos decorrentes desse ato excederiam por demais seus benefícios.

A mesma conclusão pode ser obtida se se adota o critério da *economicidade*, preconizado pelo professor Washington Peluso Albino de Souza[299]. O conceito de economicidade relaciona-se com a idéia de *linha de maior vantagem*,

---

[299] A opção da Análise Econômica do Direito pela eficiência como critério de justiça é criticada pelo professor Washington Peluso Albino de Souza. Este, por sua vez, faz a opção pela economicidade como critério, que englobaria valores da mais diversa natureza, não propriamente econômicos no sentido estrito. Sobre isso, leia SOUZA, Washington Peluso Albino de. *Primeiras linhas de direito econômico*. 5. ed. São Paulo: LTr, 2003.

compreendendo-se esta *"libertada do sentido primitivo de rentabilidade econômica, de lucro materialmente traduzido"*[300].

A economicidade como critério objetivo de decisão, oferece a possibilidade de ponderação em relação aos mais diversos valores, permitindo-se incluir na avaliação, valores como a vida, a saúde, a arrecadação financeira do Estado, entre outros aplicáveis na questão do tabagismo. As escolhas a serem formuladas resultariam de um julgamento sobre suas "vantagens", através de uma relação custo-benefício[301]. A adoção do critério da economicidade, da mesma maneira, leva à autorização de uma intervenção estatal com a finalidade de dissuadir o consumo e a produção de tabaco[302].

A vulnerabilidade e sujeição do consumidor e os efeitos altamente prejudiciais às pessoas, decorrentes do consumo de um produto lícito, são circunstâncias que requerem ação eficaz do Estado[303]. Não se trata, no caso, de tolher a liberdade humana ou de restringi-la, mas, antes, de preservá-la. Uma ação firme do Estado, no sentido de buscar de-

---

300 SOUZA, Washington Peluso Albino de. *Teoria da constituição econômica*. Belo Horizonte: Del Rey, 2002. p. 299.
301 SOUZA, Washington Peluso Albino de. *Primeiras linhas de direito econômico*. 5. ed., p. 29.
302 Veja mais sobre o princípio da economicidade no próximo item.
303 Thierry Bourgognie aponta várias "deficiências" como falhas de mercado em uma relação de consumo, tornando o consumidor frágil. BOURGOGNIE, Thierry. The Philosophy and the Scope of Consumer Law and Policy. In: MANIET, F.; DUNAJ, B. *The scope and objectives of consumer law*. Louvain-la-neuve: Centre de Droit de la Consommation, Université Catholique de Louvain, 1994. p. 29. Sobre vulnerabilidade do consumidor em uma relação de consumo, veja MARQUES, Cláudia Lima. *Contratos no código de defesa do consumidor*. 4. ed. São Paulo: Revista dos Tribunais, 2002. p. 268 e ss.

sestimular o consumo do tabaco não se configuraria anti-humana, mas, acima de tudo, humanista. O recurso a argumentos de livre-arbítrio para impedir uma ação estatal é frágil e deve ser descartado. A liberdade não pode impedir a realização da própria liberdade. A morte nada mais é que o fim de toda e qualquer forma de liberdade individual.

4.3 Direito de não fumar

4.3.1 Direito à saúde e à vida e direito à liberdade: direitos fundamentais

A reflexão acerca dos limites da regulamentação do tabagismo apresenta como eixo filosófico necessário a compreensão do estágio atual da evolução dos chamados direitos fundamentais do homem[304]. As discussões, travadas em

---

[304] Canotilho esclarece a diferença entre as expressões "direitos do homem" e "direitos fundamentais". A primeira estaria vinculada aos direitos válidos para todos os povos e em todos os tempos (dimensão jusnaturalista-universalista), enquanto a segunda se vincularia aos direitos do homem, jurídico-institucionalmente garantidos e limitados espacio-temporalmente. CANOTILHO, J. J. Gomes. *Direito constitucional e teoria da constituição*. 5. ed. Coimbra: Almedina, 2002. p. 391. No Brasil, veja ainda LINHARES, Paulo Afonso. *Direitos fundamentais e qualidade de vida*. São Paulo: Iglu Editora, 2002. p. 55 e SARLET, Ingo Wolfgan. Os direitos fundamentais sociais na Constituição de 1988. *Revista de Direito do Consumidor*, São Paulo, n. 30, Revista dos Tribunais, p. 97-122, abr./jun. 1999. No presente trabalho, as expressões são utilizadas como sinônimas, fazendo-se a ressalva de que, embora não se pretenda adotar uma concepção de direito fundamental própria do direito natural, uma perspectiva personalista requer o reconhecimento da existência de direitos fundamentais inerentes à própria condição humana e que, por isso mesmo, devem constar do ordenamento jurídico.

nível mundial, em relação aos impactos do tabagismo na saúde, economia ou meio-ambiente, sempre têm como pano de fundo os ideais de liberdade humana e proteção da vida, ambos contemplados em quase todas as Constituições democráticas contemporâneas como direitos fundamentais, assim como nas Declarações de Direitos Humanos.

Entretanto, a compreensão do significado real dos direitos fundamentais tem-se constituído em objeto de muitos debates doutrinários, devido ao caráter muitas vezes vago de seus termos, bem como à falta de consenso sobre seus conteúdos. Numa discussão sobre o tabagismo, pode-se tentar solucionar o problema a partir da compreensão do alcance dos direitos fundamentais ou da possível existência de uma circunstância de predomínio de um dos direitos fundamentais consagrados constitucionalmente sobre o outro.

Muitas são as formas de se analisar ou compreender a teoria dos direitos fundamentais. Uma delas, que se pode denominar "histórica", dedica-se a compreender o surgimento desses direitos e sua evolução[305]. Essa forma de abordagem da questão dedica-se a relatar e compreender sua evolução, em uma perspectiva de existência de "gerações" ou "dimensões" (como prefere Canotilho[306]) de direitos fundamentais.

---

305 Comparato dispõe-se a estudar a evolução dos direitos humanos desde a democracia ateniense até os dias atuais. COMPARATO, Fábio Konder. *A afirmação histórica dos direitos humanos.* 2. ed. São Paulo: Saraiva, 2001.
306 CANOTILHO, J. J. Gomes. *Direito constitucional e teoria da constituição*, p. 384-385.

Em um primeiro momento, eles teriam adquirido a conotação de direitos individuais, civis e políticos, reconhecidos e assegurados pelo Estado. Entre seus principais documentos assecuratórios inclui-se a Declaração dos Direitos do Homem de 1789. Os direitos fundamentais de primeira geração podem ser compreendidos como direitos que o homem possui a fim de que lhe sejam reconhecidas autonomia e independência, decorrentes de sua liberdade[307]. Ao Estado competia abster-se de interferir nas ações individuais. Essa primeira fase da consagração dos direitos fundamentais, embora importante na evolução deles, nada mais representou do que a consagração jurídica do individualismo.

Em um segundo momento, passou-se ao que se convencionou chamar direitos sociais. Ao contrário dos direitos fundamentais de primeira geração, passava-se a impor ao Estado e às pessoas, o dever de zelar, de agir, para a proteção do homem. Os direitos sociais requeriam uma atitude ativa, positiva, do Estado e das pessoas. Sua origem está relacionada ao advento da Revolução Industrial. A atitude estatal intervencionista, presente na Constituição Mexicana de 1917, bem como na Constituição de Weimar, de 1919, abriu as portas para uma mudança de rumo das Constituições de muitos outros países. Esses direitos representam o reconhecimento de que os indivíduos não gozam, todos eles, de condições essenciais para o exercício de sua liberdade, mesmo estando assegurada juridicamente. É também a compreensão de que, como há muito afirmava Aristóteles, o homem não vive isolado, mas em comunidade.

---

[307] Sobre isso, leia RECASÉNS SICHES, Luís. *Tratado general de filosofia del derecho*, p. 601 e ss.

Os direitos sociais, ou direitos fundamentais de segunda geração, consistem em direitos de caráter econômico e social, entre eles os direitos à educação, ao trabalho, à vida, os quais requerem uma ação efetiva do Estado. Não representam, em hipótese alguma, o desconhecimento ou o afastamento dos direitos individuais, mas demandam sua compatibilização.

Sob a perspectiva da relação Estado-direitos fundamentais, há uma mudança de enfoque considerável na transição entre os direitos de primeira e de segunda geração. Em se tratando de direitos individuais, o valor máximo tutelado é a liberdade civil. Sob essa ótica, requer-se a abstenção estatal para a realização plena do valor tutelado. Já no que se refere aos direitos sociais, preocupa-se em proteger aqueles que se encontram em condições desfavoráveis. Dessa forma, exige-se uma postura ativa do Estado.

Os direitos fundamentais de terceira geração estariam ligados a interesses supra-individuais, difusos, à perspectiva da solidariedade, entre eles os direitos da humanidade, como o direito ao meio ambiente e o direito ao patrimônio cultural[308]. Todas as gerações de direitos se complementam, vinculando-se uns aos outros[309].

---

308 Há autores que mencionam a existência de uma quarta geração de direitos fundamentais. Eliana Calmon se refere aos direitos da era digital. CALMON, Eliana. As gerações dos direitos e as novas tendências. *Revista de Direito do Consumidor*, São Paulo, n. 39, Revista dos Tribunais, p. 41-48, jul./set. 2001. Linhares, reconhecendo a existência de apenas três gerações, denomina a última como o direito à qualidade de vida. LINHARES, Paulo Afonso. *Direitos fundamentais e qualidade de vida*, p. 101.
309 Leia mais em LINHARES, Paulo Afonso. *Direitos fundamentais e qualidade de vida*, p. 101. Canotilho fala em direitos de quarta geração, como direitos dos povos. CANOTILHO, J. J. Gomes. *Direito constitucional e teoria da constituição*, p. 384.

O direito à vida, como não poderia deixar de ser, foi consagrado em muitos dos documentos relevantes na história dos direitos fundamentais. Entre eles, destaca-se o art. I da Declaração de Virgínia, de 1776, considerado por Comparato o "registro de nascimento" dos direitos humanos na história[310]. Ele também se encontra presente em muitos outros documentos elaborados ao longo da evolução dos direitos fundamentais, como a Declaração de Direitos Humanos da ONU de 1948 (art. III, onde se consagra, também o direito à liberdade), no Pacto sobre os direitos civis e políticos de 1966 (art. 6º, 1), no Pacto sobre os direitos econômicos, sociais e culturais de 1966 (art. 11, 1; 12, 1, 2) e na Convenção Americana de Direitos Humanos de 1969 (art. 4º).

Canotilho parte do pressuposto de que não há direitos fundamentais que não estejam dispostos no texto constitucional[311]. Se se opta por essa forma de abordagem, pode-se afirmar que especificamente no que se refere ao direito à vida, somente alcançou esse status no ordenamento jurídico brasileiro, a partir da Carta de 1.988. As variadas formas de expressão de liberdade, por seu turno, encontram-se presentes em todos os textos constitucionais brasileiros, desde 1824.

---

310 COMPARATO, Fábio Konder. *A afirmação histórica dos direitos humanos*, p. 47.
311 Canotilho fala em "constitucionalização" e "fundamentalização" dos direitos fundamentais. Essa última característica abriria a Constituição a outros direitos, também fundamentais, mas não constitucionalizados, ou direitos materialmente mas não formalmente constitucionalizados. CANOTILHO, J. J. Gomes. *Direito constitucional e teoria da constituição*, p. 375-377. Veja ainda LINHARES, Paulo Afonso. *Direitos fundamentais e qualidade de vida*, p. 71.

4.3.2 Direitos fundamentais e longa duração

Mas essa forma histórica de compreensão dos direitos fundamentais do homem, que busca apresentar a existência de fases deles, embora se tenha difundido entre os autores que se dedicam a analisar a questão, parece inadequada a uma concepção de história de longa duração. A forma como a história dos direitos fundamentais é descrita, como um processo histórico bem definido em etapas, independentes e bem demarcadas, parece distorcer a realidade, menos bem definida e mais lenta do que essa maneira de compreensão dos fatos faz crer[312]. Entretanto, seu estudo é importante no sentido de demonstrar que a crença inicial em um dever de abstenção do Estado em relação aos indivíduos, ou a crença na liberdade humana, precisou ceder, frente à constatação de que a positivação da liberdade, por si só, é insuficiente para a sua concretização. Em outras palavras, de nada adianta consagrar juridicamente a liberdade da pessoa, se tudo conduz à ausência de liberdade real.

Muitas outras formas de abordagem da temática dos direitos fundamentais podem ser encontradas nos autores que se dispõem a estudá-los[313]. Entre elas, destaca-se a

---

312 Alexy parece concordar com essa afirmação quando diz que o fosso que separa os direitos de tradição liberal dos direitos próprios do Estado social não é tão profundo como parece a uma primeira vista. ALEXY, Robert. *Teoria de los derechos fundamentales*, p. 441. Também Canotilho afirma, sobre a perspectiva histórica dos direitos fundamentais: "O processo histórico não é assim tão linear [...]". CANOTILHO, J. J. Gomes. *Direito constitucional e teoria da constituição*, p. 378.
313 Robert Alexy menciona as teorias históricas, as filosóficas e as sociológicas. ALEXY, Robert. *Teoria de los derechos fundamentales*, p. 27.

classificação dos direitos fundamentais em direitos de defesa e direitos a prestações, de Alexy[314].

Os direitos de defesa representariam aqueles direitos em que se requer uma atitude negativa do Estado, no sentido de que limitam sua atuação e asseguram a liberdade individual. Os direitos a prestações, por sua vez, implicariam em uma postura positiva do Estado, no sentido de se conceder ao indivíduo condições para a sua existência digna e, também, para o exercício pleno da primeira espécie de direitos.

A classificação dos direitos fundamentais nessas duas categorias apenas se justifica como uma questão teórico-didática. Isso significa dizer que a distinção não significaria um isolamento entre essas duas espécies de direitos, nem mesmo se prestaria a afirmar a prevalência de uma modalidade sobre a outra. Os direitos "de defesa" e "à prestação" coexistem no texto constitucional e ambos demandam concretização.

Em uma perspectiva humanista, a liberdade assegurada pela primeira espécie de direitos (direitos de defesa) requer a proteção conferida pela segunda espécie (direitos a prestações). Assim, o direito à vida, por exemplo, ou o direito à liberdade, ao mesmo tempo em que requereriam

---

[314] Na doutrina francesa, Jean Rivero menciona os "direitos de crédito" como "poder de exigir da sociedade um certo número de prestações positivas". Seriam os "direitos de ..." em contraposição aos conhecidos "direitos a ...". O autor os considera uma espécie de direitos sociais, embora não goste dessa expressão, "porque todos os direitos são sociais, em um certo sentido". E aponta a dificuldade, verificada nos países, em garantir os "direitos de crédito", ao contrário do que ocorre com os direitos que asseguram as liberdades fundamentais. RIVERO, Jean. *Le conseil constitutionnel et les libertés*. Paris: Economica, 1984. p. 171.

uma abstenção do Estado para a sua realização plena (no sentido de impedir-se a ingerência estatal arbitrária, que obstrua o pleno desenvolvimento da liberdade humana, elemento fundamental para uma vida digna), exigem uma atitude ativa desse (no sentido de garantir que a liberdade não seja apenas juridicamente estabelecida, mas real, assegurada através de intervenções estatais não-arbitrárias)[315].

Legaz y Lacambra, ao se referir aos direitos fundamentais a partir de uma perspectiva humanista, considera que, se existe um único princípio a sustentar aqueles e ao qual eles estejam submetidos, esse princípio deveria ser o direito de ser reconhecido como pessoa humana[316]. Robert Alexy, que, em um primeiro momento, discorda da possibilidade de todos os direitos fundamentais se submeterem a um único princípio, reconhece como exceção o princípio da dignidade da pessoa humana, considerado por ele o fim último dos direitos fundamentais, embora, nem por isso, se constitua em princípio absoluto[317].

---

315 O professor argentino Ricardo Lorenzetti chama de "leis sem alma" aquelas que se propõem a consagrar um direito humano mas apenas o declaram, sem estabelecer mecanismos eficazes de implementação deles. LORENZETTI, Ricardo Luis. Haciendo realidad los derechos humanos. *Revista de Direito do Consumidor*, São Paulo, n. 39. Revista dos Tribunais, p. 9-31, jul./set. 2001.
316 LEGAZ Y LACAMBRA, Luiz. *Humanismo, estado y derecho*, p. 139.
317 ALEXY, Robert. *Teoria de los derechos fundamentales*, p. 37, 108. No texto constitucional de 1988 a "dignidade da pessoa humana" é assegurada como fundamento da República. Art. 1º, inc. III, CR/88. A "existência digna" também se encontra consagrada como "fim" da Ordem Econômica no caput do artigo 170 da CR/88, reforçando e justificando a intervenção estatal em uma atividade econômica que afronte esse preceito constitucional.

4.3.3 Direito de não fumar: direito fundamental

O reconhecimento e a consagração dos direitos fundamentais é tema que muito interessa ao Humanismo jurídico. Entretanto, como advertiu Legaz y Lacambra, a tarefa deste não se esgota no estabelecimento desses direitos[318]. Especificamente no que se refere à perspectiva do tabagismo, as reflexões sobre os limites de uma tentativa de regulamentação requerem um exercício de compreensão de dois direitos fundamentais da pessoa: o direito à liberdade e o direito à vida.

Pode-se solucionar o problema do tabagismo a partir da constatação de que ambos (o direito à liberdade e o direito à vida) se constituem em direitos que demandam defesa e prestação por parte do Estado. O direito à liberdade, na medida em que requer abstenção do Estado para seu exercício, configurar-se-ia em direito de defesa. Mas, a partir do momento em que se verifica que à liberdade jurídica (direito de defesa), não corresponde uma liberdade fática, haveria a exigência de atuação do Estado (direito à prestação). Igualmente, o direito à vida (digna) pressupõe liberdade de arbítrio ou de escolha (direito de defesa), mas, da mesma forma, acesso às condições necessárias para essa vida digna (direito à prestação).

Alexy refere-se ao direito à vida sob a perspectiva do direito de defesa (direito a uma ação negativa) e do direito à prestação (direito a uma ação positiva). O primeiro representaria o direito que uma pessoa teria frente ao Estado de que ele não a mate. O segundo consistiria no direito que

---

[318] LEGAZ Y LACAMBRA, Luiz. *Humanismo, estado y derecho*, p. 36.

a pessoa teria, frente ao Estado, de que ele proteja sua vida contra intervenções arbitrárias de terceiros[319].

Ao tabagismo interessa, particularmente, essa última forma de abordagem do direito à vida, na medida em que se constata que o hábito não se constitui em exercício de liberdade real. Assim sendo, o ato de fumar demanda um direito à prestação, oponível contra o Estado, diretamente relacionado ao direito a uma vida digna, em todos os seus desdobramentos[320].

Se se impede a ingerência arbitrária do Estado na liberdade humana, não se encontra fundamento para uma intervenção que se dê de forma a assegurar o gozo de um direito fundamental. Ademais, parte-se do pressuposto, neste trabalho, de que, em uma situação de "colisão" de princípios, não se encontraria razão para se conceder maior peso a outro princípio que à vida, razão de ser de todos os demais.

Da mesma forma, se se requer, como faz Canotilho, a consagração constitucional do direito fundamental, pode-se sustentar a idéia de existência de um direito de não fumar a partir das teses de Robert Alexy, que denomina de "relação de fundamentação", a relação existente entre uma norma "concreta" e uma norma constitucional de direito

---

319 ALEXY, Robert. *Teoria de los derechos fundamentales*, p. 188.
320 Canotilho aponta quatro funções dos direitos fundamentais, entre elas, a função de prestação social e a função de proteção perante terceiros. A primeira significaria o direito do particular a obter algo através do Estado, destacando-se o direito a políticas sociais ativas e a segunda implicaria no dever do Estado de proteger direitos perante eventuais agressões de outros indivíduos. No último caso, o esquema relacional não se estabeleceria entre o titular do direito fundamental e o Estado, mas entre o indivíduo e outros indivíduos. CANOTILHO, J. J. Gomes. *Direito constitucional e teoria da constituição*, p. 406-407.

fundamental. Segundo este autor, enquanto esta se encontraria diretamente estatuída na Constituição, aquela estaria à Lei Maior adscrita. Para esse autor, uma norma adscrita valeria e poderia ser considerada uma norma de direito fundamental, se para a sua adscrição a uma norma de direito fundamental estatuída diretamente for possível dar uma "fundamentação jusfundamental correta"[321].

Seguindo essa linha de raciocínio, pode-se propor *o reconhecimento de um "direito de não fumar"*, como desdobramento dos direitos à vida e à saúde, direitos humanos, fundamentais, constitucionalmente assegurados. Esse direito demandaria ação efetiva do Estado, consistente em condicionar a atividade de todos os seus órgãos e influenciando a ordem jurídica.

Os direitos à ação positiva do Estado subdividem-se, de acordo com a Teoria dos Direitos Fundamentais de Alexy, em direitos a uma ação fática (direitos de requerer uma ação, independentemente da forma jurídica a ser utilizada) e direitos a uma ação normativa (direitos a atos estatais de imposição de norma). Conduzindo essa concepção ao âmbito do tabagismo, especificamente no que concerne ao direito de não fumar, isso significaria dizer que ao Estado competiria ordenar a ação de cada um de seus órgãos, no sentido de concretizar esse direito (ação fática). Da mesma forma, competiria ao Estado elaborar normas que conduzam ao desestímulo do consumo e da produção do tabaco (ação normativa).

---

[321] ALEXY, Robert. *Teoria de los derechos fundamentales*, p. 70-71. Canotilho fala em "direitos extraconstitucionais materialmente fundamentais", como aqueles equiparáveis pelo seu objeto e importância aos diversos tipos de direitos fundamentais. CANOTILHO, J. J. Gomes. *Direito constitucional e teoria da constituição*, p. 401.

O direito a uma ação fática poderia se traduzir no alinhamento de todos os órgãos estatais e suas decisões, no sentido de uma política de desestímulo à produção e ao consumo do tabaco. Um exemplo de ação nesse sentido poderia ser a não aceitação de uma determinada alegação de eficiência, por parte das empresas tabacaleiras, como fundamento para uma determinada fusão no setor. Ao Conselho Administrativo de Defesa Econômica (CADE), como autarquia responsável por uma decisão de aprovação ou não de um ato dessa espécie, e, portanto, órgão da administração pública indireta, competiria rejeitar o argumento, em razão de ele não se coadunar com a política estatal de desestímulo à produção e consumo do tabaco, e, assim, não autorizar o ato de concentração[322].

No que concerne ao direito a uma ação normativa, ela requer a elaboração de leis que contemplem adequadamente a questão, aptas a alcançar o fim de desestimular o consumo e a produção do tabaco.

---

322 Sobre a legislação de defesa da concorrência brasileira e a atuação do CADE, leia LEOPOLDINO DA FONSECA, João Bosco. *Lei de proteção da concorrência*. 2. ed. Rio de Janeiro: Forense, 2001 e SALOMÃO FILHO, Calixto. *Direito concorrencial* – as estruturas. São Paulo: Malheiros Editores, 1998. No campo do direito antitruste, ou direito da concorrência, discute-se se a decisão deveria se pautar exclusivamente por critérios econômicos (como a eficiência econômica) ou, também, por outros critérios. A professora Isabel Vaz relata a forma de atuação dos Tribunais Supranacionais Europeus em casos de direito concorrencial, em que estes aplicam princípios gerais do Direito segundo escolhas políticas, *"mas cuja repetição assegura o requisito da segurança jurídica"*. Seria a *"inspiração de natureza política na aplicação das normas de Direito comunitário da concorrência"*. VAZ, Isabel. *Direito econômico da concorrência*. Rio de Janeiro: Forense, 1993. p. 278. Paula Forgioni compreende a concorrência como instrumento de implementação de políticas públicas. FORGIONI, Paula. *Fundamentos do antitruste*. São Paulo: Revista dos Tribunais, 1998. p. 31.

4.3.4 Direito de não fumar, direito fundamental e Direito Econômico

A via apresentada, de postulação de reconhecimento de um direito fundamental de não fumar, a partir de contribuição oferecida predominantemente pelas teses de Alexy, não se constitui na única via possível. O desenvolvimento de uma tese de existência de um direito fundamental de não fumar, para que possa ser realizado adequadamente sob o enfoque do Direito Econômico e em uma perspectiva humanista, requer que se proceda a algumas outras reflexões.

O professor Washington Peluso Albino de Souza, reconhecido como o introdutor e sistematizador do Direito Econômico no ensino jurídico brasileiro, oferece, na 5ª edição de sua obra *Primeiras linhas de Direito Econômico*, instrumental essencial para o tratamento da questão e que não pode ser desconsiderada.

Para esse professor, o Direito Econômico adota o Método Analítico Substancial, partindo do "fato" originário para atingir a "conclusão" jurídica[323], passando pela caracterização da política econômica. A partir desse Método, dá-se a elaboração das conclusões (ou hipóteses) relativas ao fato político-econômico, dando a este o tratamento de fato jurídico. Parte-se, portanto, do "fato" como fundamento, passa-se ao "princípio", definindo a ligação com a ideologia, chega-se à "regra", que levará ao dever-ser da "norma".

A questão que se apresenta sob análise na presente tese decorre da constatação de existência de um fato, o vício do

---

[323] SOUZA, Washington Peluso Albino de. *Primeiras linhas de direito econômico*. 5. ed., p. 106.

tabagismo, um ato de consumo, mas que representa um enorme impacto negativo na vida e na saúde das pessoas e com conseqüências também danosas à economia, ao meio ambiente, à coletividade. Em especial, preocupa-se o trabalho com as repercussões negativas do tabagismo na vida e na saúde das pessoas, configurando o "hábito" em manifestação de sujeição, vulnerabilidade e ausência de liberdade real.

Por outro lado, os Direitos Fundamentais do Homem, em seu estágio atual, reconhecem que para que se configure a "existência digna" da pessoa é preciso levar em consideração a circunstância real de sua existência, afastando crenças em modelos abstratos, não-verificáveis na realidade. O direito à vida, à saúde e à liberdade, considerados como fundamentais nas Declarações de Direitos Humanos, devem ser compreendidos a partir de uma visão personalista da própria evolução nas "gerações" de direitos. Nessa linha de raciocínio, a crença na liberdade individual plena e no livre-arbítrio, em tabagismo, conduziria a uma compreensão e a uma disciplina equivocadas dos fatos[324].

Washington Peluso Albino de Souza prefere não admitir a hipótese de conflitos de princípios, proposta por Alexy. Essa saída, segundo ele, constitui-se em um "non-sen-

---

324 Em certa passagem de sua obra, o professor Washington Peluso Albino de Souza faz uma afirmação importante para este trabalho: "Nem sempre a legislação vigente mostra ter captado os elementos completos da ideologia. Então, estaremos diante de uma 'regra de direito'que não se concretizara em lei e que, por isso, permanece na função de inspirar o legislador para que o faça, ou o juiz para que a utilize na interpretação, ou atenda o texto legal desajustado, ou corrija a sua falha." SOUZA, Washington Peluso Albino de. *Primeiras linhas de direito econômico*. 5. ed., p. 121.

so"³²⁵. O professor prefere crer na existência de um "conjunto", que incorpora a ideologia. O referido professor defende o ponto de vista da inexistência de conflitos, introduzindo o recurso hermenêutico da economicidade, *"que se contrapõe à possibilidade de tais conflitos pela maneira que, na circunstância verificada, melhor atenda à realidade dentro dos parâmetros constitucionais"*³²⁶.

A tese do autor, portanto, conduz à via segura do tratamento da questão do tabagismo a partir da observação do "princípio da economicidade", enquanto princípio hermenêutico. Esse princípio autoriza a política econômica estatal de desestímulo ao consumo e à produção de tabaco na medida em que, em uma ponderação entre valores ou "vantagens" objetivas, não haveria como se abrir mão (ou superar o valor) da vida humana.

Há, portanto, um fato econômico, o consumo e a produção de tabaco, o qual deve ser ajustado à ideologia na formulação da política econômica. Uma política de controle do consumo e da produção do tabaco torna-se conteúdo do Direito Econômico, entendendo-se este como um conjunto de normas jurídicas relativas a fatos político-econômicos e considerando-se a adequação do fato econômico à ideologia. Os efeitos e conseqüências da disciplina do tabagismo no âmbito do Direito Econômico serão melhor analisados no item 5.3.4 do presente trabalho.

---

325 SOUZA, Washington Peluso Albino de. *Primeiras linhas de direito econômico*. 5. ed., p. 118.
326 SOUZA, Washington Peluso Albino de. *Teoria da constituição econômica*, p. 251.

Capítulo 5

A REGULAMENTAÇÃO DO TABACO NO BRASIL

O Sr. José é vítima de uma doença, possui um vício, que demanda tratamento médico para sua interrupção ou cura. Ele encontra-se sujeito, em razão dessa doença, a sérios problemas de saúde. Ele também é capaz de causar problemas de saúde a outras pessoas, com sua atitude de acender cigarro em um elevador. Ele também pode, através do hábito de fumar, causar danos a outras pessoas, mesmo que ali não estivessem naquele momento, mas que, por qualquer razão, necessitem de assistência médica e não a obtenham, em razão de os leitos hospitalares já estarem ocupados, por ele mesmo ou por outros fumantes... Inúmeros são os danos que o Sr. José poderá causar a si próprio, às pessoas com as quais convive, à coletividade de pessoas. Mas um dado é precioso para efeito de regulamentação do tabaco: ele é vítima, tão sofredora de danos quanto todas as pessoas às quais ele próprio prejudica com seu hábito de fumar.

Focando o problema e a responsabilidade na atuação das empresas e considerando-se que impedir essa atuação, tornando suas atividades ilícitas, traria conseqüências ainda mais graves para o atual estágio do problema, é imperioso que o Direito Econômico reivindique para si a questão do tabagismo.

Se o direito à saúde é direito de todas as pessoas, é o Direito Econômico que possibilitará o acesso ao direito à saúde, pelo Sr. José e por outras pessoas.

Urge uma abordagem do problema pelo Direito Econômico nacional que atue em duas vertentes: estabelecendo normas que contemplem uma política econômica de desestímulo ao consumo do tabaco, aliadas a normas que visem a uma consistente política econômica de desestímulo à sua produção.

Nesse sentido, importa conhecer a experiência já adquirida em outras realidades, com vistas a aproveitá-la, quando positiva, adaptando-a à realidade brasileira.

5.1 Os Estados Unidos e o controle do tabagismo

As condenações milionárias (e, até mesmo, bilionárias[327]) a que têm sido condenadas as empresas do setor de tabaco nos Estados Unidos da América têm alcançado as páginas de jornal do mundo inteiro, sendo responsáveis por

---

327 Segundo o Jornal *Folha de S. Paulo*, um júri do estado do Oregon condenou a Philip Morris a pagar uma indenização de 150 milhões de dólares ao espólio de Michelle Schwarz, que morreu de câncer de pulmão, depois de anos fumando cigarro de baixo teor de alcatrão. Júri condena Philip Morris em US$ 150 Mi. *Folha de S. Paulo*, São Paulo, 23 mar. 2002, p. A-17. A maior condenação individual ocorreu em Los Angeles, no ano de 2002, no valor de US$ 28 bilhões. PHILIP Morris condenada a pagar US$ 28 bilhões. *Gazeta Mercantil*, São Paulo, 07 out. 2002, p. A-8.

conduzir a duas conclusões equivocadas acerca das iniciativas antitabagistas naquele país: em primeiro lugar, tem-se a impressão de que os responsáveis pelas lides sempre obtiveram êxito, no sentido de as vítimas, desde o começo, terem garantidas indenizações pelos danos sofridos em decorrência do consumo de tabaco, e, em segundo lugar, faz crer que essas iniciativas antitabagistas se restrinjam às lides.

É preciso observar, primeiramente, que, mesmo nos EUA, foram necessárias décadas de tentativas judiciais de indenização fracassadas, antes de se obter êxito. Segundo informa o "Atlas do Tabaco", publicado pela Organização Mundial da Saúde, as lides antitabagistas surgiram, nos Estados Unidos, com uma ação individual em 1954. Por mais de quarenta anos, as empresas obtiveram vitórias nessas ações, até que um caso iniciado em 1994, em Minnesota, fez com que milhões de páginas de documentos internos das empresas fossem trazidos a público, evidenciando o caráter lesivo do produto e demonstrando suas não tão boas intenções[328]. Esse fato foi importante para alterar o quadro anteriormente favorável às empresas, principalmente no que se refere às ações judiciais.

Em relação às formas de controle do tabagismo nos EUA, é equivocado crer que as lides sejam a única alternativa adotada. Em realidade, os Estados Unidos foram um dos primeiros países do mundo a adotar legislações nesse sentido e, atualmente, são conhecidas as iniciativas exitosas de alguns de seus estados em relação à elaboração de normas de desestímulo ao tabagismo. Áreas livres de fuma-

---

[328] Trechos desses documentos encontram-se em CONFIE en nosotros. Somos la industria tabacalera. Campaign for Tobacco-Free Kids (USA) e Action on Smoking and Health (UK). Washington/Londres, Apr. 2001.

ça, ambientes de trabalho livres de fumaça, proibições de propaganda comercial, advertências nas embalagens, são questões já contempladas pela legislação estadunidense, de forma geral[329]. Além disso, destacam-se as iniciativas de estados como a Califórnia, que, desde a década de 70, vem desenvolvendo ações normativas de sucesso no sentido de se controlar o tabagismo[330]. Segundo informações prestadas pelos responsáveis pelas iniciativas, a redução do consumo de tabaco naquele estado se teria reduzido em 75% em apenas 10 anos, através da promoção de uma mudança de pontos de vista das pessoas a respeito do tabaco e das empresas envolvidas[331].

Entretanto, é correto afirmar que as lides e alguns de seus notórios êxitos, podem ser considerados *elementos essenciais* no atual estágio do controle do tabagismo nos Estados Unidos, transformando-os em uma estratégia eficaz adotada. De fato, há quem argumente que a maneira mais eficiente de se reduzir as mortes decorrentes do tabaco não se encontra na regulação ou na regulamentação da propaganda comercial ou das embalagens, mas na obrigação de que os responsáveis paguem pelo prejuízo que causam. Dessa maneira, eles seriam forçados a criar produtos mais

---

329 MACKAY, Judith; ERIKSEN, Michael. *The tobacco atlas*, p. 74-79.
330 Responsáveis por essas iniciativas orgulham-se de terem conseguido elaborar o "maior programa de controle do tabagismo do mundo", a "Proposition 99". GLANTZ, Stanton A.; BALBACH, Edith D. *Tobacco war*. London: University of California Press, 2000. p. xv. O livro conta a história política envolvida na elaboração da "Proposition 99". Sobre a história da transformação da Califórnia em um estado livre do fumo veja também EMERSON, Elizabeth. *Enseñanzas de las campañas em favor de ambientes libres de humo de tabaco em Califórnia*. Washington: Organización Panamericana de la Salud, [s.d.].
331 GLANTZ, Stanton A.; BALBACH, Edith D. *Tobacco war*, p. 5.

seguros, além de se obter um forçado aumento de preço do produto[332].

Entusiastas do controle do tabagismo através das lides apontam suas principais vantagens: a) argumentam que mesmo um sistema regulatório ideal não é capaz de prever todas as condutas criminosas das empresas; b) afirmam que as lides expõem o comportamento das empresas não apenas perante o tribunal, mas também para a imprensa e o público em geral, reduzindo a força política das empresas e "imunizando" a população contra suas técnicas de manipulação pelo marketing; c) argumentam que as lides apresentam as "caras" das vítimas do tabaco, comunicando aos atuais e aos potenciais fumantes que "pessoas reais" ficam doentes e morrem através do tabagismo; d) por fim, argumentam que, pagando substanciais indenizações ou acordos, as empresas são forçadas a aumentar seus preços, desencorajando o consumo, além de, em alguns casos, uma parcela da quantia paga a título de indenização ser encaminhada a programas públicos de controle do tabagismo[333].

Realmente, é fato que o consumo de tabaco se tem reduzido consideravelmente nos Estados Unidos, nos últimos tempos, e que a própria Organização Pan-americana da Saúde reconhece os efeitos positivos das intervenções efetuadas e sugere que esses modelos sejam analisados em profundidade com vistas a identificar seus fatores de êxito[334]. Também é verdade que a produção estadunidense de

---

332 HOWELLS, Geraint. Tackling Tobacco the European Way. INTERNATIONAL CONSUMER LAW CONFERENCE, 9th. Consumer Choice and Risk in Society. Áthens, 10 to 12 apr. 2003. p. 3.
333 DAYNARD, Richard A. Tobacco litigation recognized as public health strategy: 28 billion arguments for the industry to improve its behaviour. *Alliance Bulletin*, Genebra, issue 28, 16 oct. 2002. p. 4.
334 Dentre os países da América do Norte, Estados Unidos e Canadá

tabaco teve uma queda considerável recentemente, equiparando-se à baixa de 1874. Especialistas justificam esse fato como decorrência do aumento de impostos, da proibição de fumo nas empresas e *dos processos judiciais*[335]. Também é de se considerar que as ações judiciais estadunidenses e suas vitórias têm produzido resultados positivos até mesmo além de suas fronteiras, provocando debates sobre o tema em países como o próprio Brasil e auxiliando, assim, no processo de tomada de consciência, por parte das pessoas, da real situação do tabagismo no mundo atual. Todos esses dados são relevantes e não podem ser desconsiderados por qualquer programa de controle do tabagismo que pretenda ser eficiente.

5.2 A União Européia e o controle do tabagismo

Diferentemente da experiência norte-americana, em que as lides têm representado importante papel no controle do tabagismo, a Europa tem-se preocupado em adotar a via da regulação como instrumento para esse fim. Isso não significa que não existam ações judiciais em curso na Europa, visando à responsabilização das empresas do setor, mas, ao contrário, aponta para o reconhecimento de ausência de êxito por parte destas[336].

---

destacam-se como aqueles que apresentam a maior redução de consumo. ORGANIZACIÓN PANAMERICANA DE LA SALUD. *El tabaquismo en America Latina, Estados Unidos y Canada* (período 1990-1999), p. 27-30.

335 E-mail enviado por: Por um Mundo sem tabaco- Inca/Conprev, em 04/07/2003, às 16:07, assunto: Produção de tabaco nos EUA perto da baixa de 1874.

336 Sobre isso, veja HOWELLS, Geraint. Tackling Tobacco the European Way, p. 3.

Embora seja fato que as tentativas de se obter indenizações face às indústrias do tabaco, na Europa, tenham se frustrado, nos tribunais nacionais[337], pode-se verificar, em autores que se dedicam a analisar o tema, a intenção de não apontar essas "derrotas" como razão para a opção européia pela regulação. A leitura de textos europeus parece querer inverter a análise dos fatos, afirmando que a diferença de tratamento da questão por parte dos Estados Unidos e da Europa residiria, principalmente, nas dificuldades daquele país em regular. Isso se deveria ao poder econômico e de pressão da indústria naquele país, combinado com os complexos procedimentos legislativos e as limitações constitucionais, que tornam difícil progredir nas tentativas de adoção de medidas de controle. Dessa forma, as lides surgiriam como a única alternativa viável[338].

A opção pela regulação não traduz, para a Europa, a não-intenção de buscar um controle do tabagismo através de ações judiciais. Além do fato de elas já existirem, embora em número relativamente pequeno[339], não se afasta a hipótese de as lides serem a opção necessária, caso as tentativas de regulação se frustrem[340]. Por outro lado, mesmo os autores europeus se mostram, por vezes, céticos em relação à eficácia da regulação como instrumento exclusivo

---

337 A Souza Cruz, em seu site na Internet, vangloria-se do fato de que, das 261 ações movidas em países como Irlanda, França, Espanha e Alemanha, apenas uma, dentre as 43 já julgadas, levou à condenação, mesmo assim, em primeira instância. Disponível em: "www.souzacruz.com.br". Regulamentação/Processos Judiciais, Europa. Acesso em: 21 out. 2003.
338 HOWELLS, Geraint. Tackling Tobacco the European Way, p. 3.
339 G. Howells não acredita na capacidade delas, pelo menos por enquanto, de ameaçar a indústria do tabaco. HOWELLS, Geraint. Tackling Tobacco the European Way, p. 23.
340 HOWELLS, Geraint. Tackling Tobacco the European Way, p. 24.

de controle do tabagismo[341]. Essa ineficácia poderia ocorrer se se verificasse a incapacidade ou pouca capacidade da norma em produzir os resultados desejados. De nada adianta regular o limite de nicotina e alcatrão, por exemplo, se o fumante precisa fumar mais para obter a mesma satisfação de sua necessidade ou de nada adianta inserir advertências na embalagem se elas puderem ser "tapadas" pelos próprios fumantes.

O tratamento da questão em nível comunitário apresenta significados e conseqüências importantes. Em verdade, muitas têm sido as iniciativas de países europeus com vistas a controlar o tabagismo em âmbito nacional. Mas essas iniciativas têm-se desenvolvido de forma diferenciada, o que demanda uma política comum para a aproximação das normas nacionais e a conseqüente promoção do mercado comum interno de produtos derivados de tabaco[342]. Ações nesse sentido vêm sendo implementadas, em nível comunitário, desde fins da década de 80. Atualmente, a União Européia desenvolve uma política de controle do tabagismo em quatro estágios: a) adotando medidas legais, utilizando-se de normas comunitárias, como Diretivas; b) patrocinando campanhas de prevenção e cessação do tabagismo; c) buscando alinhar as várias políticas comunitárias à preocupação de controlar o tabagismo[343] e d) buscando

---

341 Para Howells, a regulação européia do tabagismo deve estar aberta a mudanças caso se perceba que suas normas não são eficientes. HOWELLS, Geraint. Tackling Tobacco the European Way, p. 4.
342 KARSTEN, Jens. Tobacco control in the European Union and the proihibition of advertising. (Controle do tabaco na União Européia e a proibição da propaganda). *Revista de Direito do Consumidor*, São Paulo, n. 40, Revista dos Tribunais, p. 9-19, out./dez. 2001.
343 Embora exista essa intenção, a verdade é que se questiona se ela tem ocorrido na prática. Uma das perguntas mais freqüentes em rela-

fazer da União Européia o principal agente de controle do tabagismo em nível global[344].

As ações européias para controle do tabagismo não se esgotam, porém, nas quatro mencionadas iniciativas. Há, também, um fundo, denominado Fundo Comunitário do Tabaco[345], responsável por financiar projetos de promoção da conscientização dos consumidores e de investigação a fim de orientar a produção de tabaco para variedades e mé-

---

ção à regulação européia do tabagismo consiste no questionamento se o subsídio a produtores de tabaco não constituiria uma incoerência à política antitabagismo. Em resposta a esse questionamento, em 18/03/2002, a Comissão Européia respondeu: "O argumento de que descontinuar esses subsídios não reduziria o consumo do tabaco manteve a saúde pública e a política agrícola em caminhos separados. Agora, com a introdução de objetivos de saúde pública no Tratado da União Européia (artigo 152) aquele argumento perde legitimidade... Subsídios para o tabaco não estão alinhados às medidas legais e não estão coerentes com as atividades atuais de saúde pública da Comunidade." Tradução livre de e-mail encaminhado por sanco-news@cec.eu.int. Assunto: What's new on DG Health & Consumer Protection website (18-Mar-2002). Enviada em qua 20/03/2002 08:01.

344 É o que informa o site oficial do bloco: http://europa.eu.int/comm/health/ph_determinants/life_style/tobacco/tobacco_em.htm . Acesso em 10/11/2003. John F. Ryan prefere verificar duas formas de abordagens do controle do tabagismo na Europa: prevenção (através de campanhas como a "Europa contra o câncer" e o Fundo para pesquisa e informação sobre tabaco) e a legislação (desde a Diretiva de 1989 que impôs a proibição de publicidade de tabaco na televisão). RYAN, John F. EU Tobacco Control — Fighting for lives. *Health and Consumer Protection*, DG. Bruxelles, Consumer Voice n. 2, p. 4, 2000.

345 Para saber mais sobre isso, veja o Regulamento (CE) n. 1648/2000 da Comissão de 25 de julho de 2000, que estabelece normas de execução do Regulamento (CEE) n. 2075/92 do Conselho no que diz respeito ao Fundo Comunitário do Tabaco e revoga o Regulamento (CEE) n. 2427/93.

todos culturais o menos nocivos possível para a saúde humana e mais adaptados às condições de mercado, favorecendo o respeito ao ambiente. Além disso, a União Européia encontra-se em negociação com a Organização Mundial da Saúde e seus membros, na condição de bloco regional, para o estabelecimento de normas internacionais para o controle do tabagismo[346].

Entretanto, se, por um lado, é fundamental a inserção do tema do controle do tabagismo em nível comunitário, na Europa, por outro lado, isso esbarra em algumas dificuldades. A primeira delas diz respeito aos limites de atuação das entidades e normas comunitárias. Nesse sentido, afirma-se que a União Européia teria competência para atuar em casos de promoção das quatro liberdades (livre-circulação de bens, serviços, pessoas e capital), eliminando barreiras ao comércio e prevenindo distorções da concorrência intra-bloco. Questiona-se se a preocupação com a saúde pública seria um problema de ordem nacional ou comunitária.

Sobre esse questionamento, há quem afirme que, se o tabagismo é uma questão de saúde pública das mais graves, a verdade é que suas soluções se encontrariam fora do campo sanitário, mais especificamente na publicidade, na oferta, na produção, no comércio, na tributação[347]. Não é à toa que argumentos de "repercussão no mercado interno" têm sido utilizados para sustentar as Diretivas que formam o arcabouço de normas de controle do tabagismo na Europa[348].

---

[346] Sobre isso, veja o próximo capítulo desta tese.
[347] É o que pensa Sinikka Turunen, membro da associação finlandesa de consumidores. TURUNEN, Sinikka. Des consommateurs font front au tabagisme. *Health and Consumer Protection*, DG. Bruxelles, Consumer Voice n. 3, p. 13-14, Sept. 1999.
[348] Howells sugere que o controle do tabagismo seja objeto de um

Uma segunda dificuldade enfrentada pelas ações européias com vistas a regular o tabagismo diz respeito às comumente alegadas restrições a direitos fundamentais delas decorrentes. Lá, como aqui no Brasil, as empresas e aqueles que se mostram resistentes à regulação utilizam-se de argumentos como o direito fundamental à liberdade de expressão para sustentar a conduta das empresas e a desregulação do setor. A verdade é que, lá, como aqui no Brasil, e sempre que se analisar a possível infração de direitos fundamentais pela norma de controle do tabagismo, é preciso ter em mente que, de fato, se trata, antes de tudo, de um *conflito* entre direitos fundamentais. Assim, da mesma forma, é possível sustentar a necessidade de regular com base em direitos fundamentais. Como se afirmou em um capítulo anterior da presente tese, a questão é saber qual é o valor máximo a ser contemplado pela norma. No presente trabalho, acredita-se que a vida e a pessoa humana são esses valores máximos.

Uma terceira dificuldade, ainda a ser enfrentada, refere-se à já mencionada participação da Europa como bloco comunitário nas negociações para o controle do tabagismo em nível internacional que vêm ocorrendo no âmbito da OMS. Embora esse assunto vá ser tratado apenas no próximo capítulo do presente trabalho, é de se mencionar, neste instante, as dúvidas que vêm sendo suscitadas acerca da atuação dos delegados europeus nessas negociações. O caráter vago dos termos da Convenção-Quadro em relação às Diretivas européias poderá vir a ser utilizado como questio-

---

Tratado especialmente firmado para esse fim, criando um poder independente e autônomo, eliminando, assim as discussões sobre a competência do bloco para isso. HOWELLS, Geraint. Tackling Tobacco the European Way, p. 22.

namento se a Comissão teria excedido seus poderes na negociação[349].

Dentre todas as iniciativas adotadas pela União Européia para o controle do tabagismo destacam-se as medidas legislativas, seja pelo impacto que produzem, seja pelas discussões que têm gerado[350]. Pode-se afirmar que, atualmente, os principais documentos legais com esse objetivo, no âmbito comunitário, consistem: a) na Decisão da Comissão, de 05 de setembro de 2003, relativa à utilização de fotografias a cor ou de outras ilustrações como advertências relativas à saúde nas embalagens de tabaco (2003/641/CE)[351]; b) na Diretiva do Parlamento Europeu e do Conselho, de 26 de maio de 2003, relativa à aproximação das disposições legislativas, regulamentares e administrativas dos Estados-membros em matéria de publicidade e de patrocínio dos produtos de tabaco (2003/33/CE)[352]; c) na Recomendação do Conselho, de 02 de dezembro de 2002, relativa à prevenção do tabagismo e a iniciativas destinadas a reforçar a luta antitabaco[353]; d) na Diretiva do Parlamento Europeu e do Conselho, de 05 de junho de 2001, relativa à aproximação das disposições legislativas, regulamentares e administrativas dos Estados-membros no que respeita ao fabrico, à apresentação e à venda de produtos do tabaco (Diretiva 2001/37/CE); e) na Resolução do

---

349 Nesse sentido, HOWELLS, Geraint. Tackling Tobacco the European Way, p. 23.
350 As medidas legislativas são apenas um dos aspectos da regulação, que deve ser complementada com outras medidas, especialmente aquelas decorrentes do Fundo. WORLD HEALTH ORGANIZATION. *Advancing knowledge on regulating tobacco products*. Genebra: WHO, 2001. p. 89.
351 Jornal Oficial n. L 226 de 10/09/2003, p. 0024-0026.
352 Jornal Oficial n. L 152 de 20/06/2003, p. 0016-0019.
353 Jornal Oficial n. L 022 de 25/01/2003, p. 0031-0034.

Conselho de 26 de novembro de 1996 relativa à redução do tabagismo na Comunidade Européia[354]; f) na Diretiva do Conselho, de 03 de outubro de 1989, relativa à coordenação de certas disposições legislativas, regulamentares e administrativas dos Estados-membros relativas ao exercício de atividades de radiodifusão televisiva (Diretiva 89/522/CEE)[355] e; g) na Diretiva do Parlamento Europeu e do Conselho de 30 de junho de 1997 que altera a Diretiva 89/522/CEE do Conselho relativa à coordenação de certas disposições legislativas, regulamentares e administrativas dos Estados-membros relativas ao exercício de atividades de radiodifusão televisiva (Diretiva 97/36/CE)[356].

A análise do inteiro teor desses documentos permite verificar o estágio atual da regulação do tabagismo na Europa:

a) *Em relação à publicidade e patrocínio:* A Diretiva 2003/33/CE parte do pressuposto da existência de diferenças entre disposições legislativas, regulamentares e administrativas dos Estados-membros em matéria de publicidade e patrocínio de produtos do tabaco. Por outro lado, a publicidade e o patrocínio quase sempre ultrapassam as fronteiras dos Estados-membros. A intenção da Diretiva, portanto, é eliminar entraves à livre circulação de produtos e serviços entre os Estados-membros, regulamentando a publicidade aos produtos de tabaco que não ocorram através da televisão, especificamente na imprensa, na radiodifusão e nos serviços da sociedade de informação. Regulamenta, também, o patrocínio, pelas empresas do setor do tabaco, de emissões radiofônicas e de eventos ou atividades

---

354 Jornal Oficial n. C 374 de 11/12/1996, p. 0004-0005.
355 Jornal Oficial n. L 298 de 17/10/1989, p. 0023-0030.
356 Jornal Oficial n. L 202 de 30/07/1997, p. 0060-0070. Para conhecer o inteiro teor das Diretivas: Disponível em: "http://europa.eu.int".

que envolvam ou tenham lugar em vários Estados-membros. Trata-se, na verdade, de uma Diretiva que, embora muito recente, já surge considerada pelos estudiosos do tema como tímida e de poder de influência restrita. Em realidade, a elaboração dessa Diretiva decorreu da anulação, pelo Tribunal de Justiça Europeu, da Diretiva 98/43/CE, de 06 de julho de 1998, que tratava, igualmente, da aproximação das disposições legislativas, regulamentares e administrativas dos Estados-membros em matéria de publicidade e de patrocínio de produtos de tabaco. Esta última era considerada uma norma extremamente rigorosa, por estabelecer uma ampla proibição da publicidade e patrocínio de produtos de tabaco, apresentando limitadas exceções. O rigor da norma fez com que a Alemanha questionasse judicialmente a competência comunitária para questões de saúde e a base legal para sua adoção, obtendo êxito[357]. Como conseqüência da decisão, a Comissão apresentou, em 2001, uma proposta para nova Diretiva, o que deu origem à presente Diretiva 2003/33/CE[358]. O que se

---

357 Sobre a história da Diretiva 98/43/EC, desde seu processo de elaboração até a sua anulação, veja HOWELLS, Geraint. Tackling Tobacco the European Way, 2003. e KARSTEN, Jens. Tobacco control in the European Union and the proihibition of advertising. (Controle do tabaco na União Européia e a proibição da propaganda). *Revista de Direito do Consumidor*, out./dez. 2001.
358 Em e-mail encaminhado pela Diretoria Geral de Saúde e Consumidor da Comissão Européia em 21/11/2002, contendo *press release* cuja matéria era as deliberações para a adoção da nova Diretiva sobre publicidade e patrocínio, David Byrne informa que a proposta apresentada leva em consideração os elementos da decisão de anulação proferida pelo Tribunal de Justiça na Diretiva anterior. E afirma que, embora aquela Corte tenha considerado que a Diretiva anterior tenha excedido os limites da competência da União Européia em relação ao mercado interno, ela estabeleceu que o artigo 95 do Tratado da União Européia

verifica, na comparação entre elas, é que a atual apresenta um campo de influência bem menor do que sua antecessora. Ela apenas se aplica à publicidade e patrocínio em algumas áreas, especificamente na imprensa, na radiodifusão e nos serviços da sociedade de informação, o que é um objetivo bastante limitado se comparado à Diretiva anulada[359].

---

poderia ser invocado para uma proibição mais branda. De: sanco-news@cec.eu.int. Assunto: sanco-news@cec.eu.int. What's new on DG Health & Consumer Protection website (20-Nov-2002). Enviada em 21/11/2002 12:46.

[359] É de se observar, entretanto, a afirmação de Jens Karsten de que, entre todos os países europeus, a Alemanha tem sido a mais relutante em adotar normas mais restritivas nessas questões e que, inclusive, países como Finlândia, Itália, Portugal e França já baniram todas as formas de publicidade internamente. KARSTEN, Jens. Tobacco control in the European Union and the proihibition of advertising. (Controle do tabaco na União Européia e a proibição da propaganda). *Revista de Direito do Consumidor*, p. 16. John Ryan, a esse respeito, alerta para o fato de que medidas nacionais para controle da publicidade do tabaco são consideradas ineficientes se se verifica que estratégias de marketing costumam ser adotadas em escala mundial. E apresenta as relações numerosas de países que baniram a publicidade no cinema, em pôsters, imprensa escrita, rádio, televisão e em pontos de venda, além de patrocínios, nacionalmente. RYAN, John F. EU Tobacco Control — Fighting for lives. *Health and Consumer Protection*, p. 7. Sinikka Turunen também alerta para o fato de que a mera proibição da publicidade, mesmo de forma abrangente, não é suficiente para reduzir de maneira significativa o consumo de tabaco, o que requer medidas complementares. TURUNEN, Sinikka. Des consommateurs font front au tabagisme. *Health and Consumer Protection*, p. 14. Em Andrew Hayes, pode-se ler: "A decisão da Corte significa que a proteção da saúde não significa nada para o mercado interno. Interesses financeiros de alguns foram sobrepostos à saúde de milhões de consumidores". HAYES, Andrew. Is the EU good for our health? — different responses to different risks. *Health and Consumer Protection*, DG. Bruxelles, Consumer Voice n. 3, p. 18-19, 2000. (tradução livre)

Ela expressamente afirma não se aplicar a qualquer forma de publicidade indireta ou a patrocínio de eventos e atividades sem efeitos transfronteiriços, por exemplo. Por sua vez, a publicidade televisiva de tabaco é regulamentada pela Diretiva 89/552/CEE[360], alterada pela Diretiva 97/36/CE. Segundo essas Diretivas, programas televisivos não podem ser patrocinados por empresas que tenham por atividade principal a fabricação ou a venda de cigarros e outros produtos de tabaco. Ela se preocupa, também, em proibir toda e qualquer publicidade televisiva de produtos de tabaco, inclusive a indireta, que, embora não mencione diretamente o produto, tenta contornar a proibição utilizando nomes de marcas, símbolos ou outros traços distintivos dos produtos e das empresas.

b) *Em relação aos produtos elaborados a partir do tabaco*: A fabricação, a venda e a apresentação de produtos do tabaco são regulamentadas pela Diretiva 2001/37/CE, que revogou as Diretivas 89/622/CCE, 92/41/CCE e 90/239/CCE. Sua preocupação principal é eliminar obstáculos à livre circulação desses produtos no mercado comum. Estabelece limites para a presença de alcatrão, nicotina e monóxido de carbono nos cigarros comercializados na Europa, bem como naqueles por ela exportados[361]. Também estabelece regras para a apresentação de advertências e proíbe a utilização de indicações como "baixo teor de

---

360 Esta Diretiva costuma ser denominada "Televisão sem fronteiras".
361 A mera limitação dos teores dessas substâncias costuma ser questionada como instrumento de desestímulo ao consumo do tabaco. Em primeiro lugar, porque os critérios científicos para o estabelecimento do limite costumam ser considerado questionáveis. Segundo, porque se afirma que, na hipótese de se configurar um caso de dependência, o consumidor será levado a consumir mais cigarros, para obter o mesmo grau de satisfação. Veja, sobre isso, HOWELLS, Geraint. Tackling Tobacco the European Way, p. 16.

alcatrão", "light", "suave", geralmente apostas nas embalagens de cigarro, em razão de sua capacidade de induzir o consumidor ao erro de supor que esses produtos sejam menos nocivos à saúde. São estabelecidas regras para a rotulagem dos cigarros, tornando obrigatória a inscrição de frases como "Fumar mata" ou "Fumar prejudica gravemente a sua saúde e a dos que o rodeiam", além de várias outras constantes de seu anexo I. Os ingredientes do produto também devem constar do rótulo[362]. A Decisão da Comissão 2003/641/CE, o mais recente documento europeu em matéria de tabagismo, sustenta-se na investigação e experiência de países que adotaram advertências relativas à saúde com fotografias a cor e no seu resultado como instrumento eficaz para desencorajar a utilização do tabaco e de informação sobre os riscos dele decorrentes. Afirmando expressamente que "a utilização de fotografias em embalagens de tabaco constitui [...] um elemento-chave de uma política global e integrada de controle do tabagismo", a decisão estabelece normas relativas à utilização dessas fotografias. Trata-se, entretanto, tão-somente, de uma Decisão da Comissão, sustentada na Diretiva 2001/37/CE.

5.3 O Brasil e o controle do tabagismo

Embora já seja possível verificar ações judiciais em curso nos Tribunais brasileiros em que as vítimas pleiteiam indenizações pelos danos sofridos em decorrência do consumo de cigarros, o fato é que elas ainda são em número reduzido e apresentam pouquíssimos resultados positi-

---

[362] Essa Diretiva também foi questionada no âmbito do Tribunal de Justiça Europeu, que decidiu pela sua validade. Ver mais em HOWELLS, Geraint. Tackling Tobacco the European Way, p. 18-19.

vos[363]. Por outro lado, há pouco mais de uma década, as iniciativas de regulamentação do tabagismo vêm crescendo e se solidificando no país. O estágio inicial do controle já foi trilhado. É chegado o momento de se investir na obtenção de melhores resultados, iniciando, assim, a segunda fase do controle do tabagismo no Brasil.

5.3.1 O tabaco e as leis no Brasil

A análise da história da regulamentação do tabaco no Brasil demonstra claramente uma mudança recente de enfoque no sentido de passar a se preocupar com as repercussões do produto em termos de saúde pública. Essa mudança de enfoque, como se afirmou, é recentíssima, e permite afirmar que, por mais de três séculos, as leis que tinham por objeto o tabaco serviram exclusivamente como instrumentos de exploração de seu valor econômico.

O melhor exemplo disso encontra-se nas bases do IPI, principal imposto incidente nos produtos derivados de tabaco nos dias atuais. Seu antecessor, o chamado "Imposto sobre o Consumo", foi criado em 1892 visando à exploração econômica do tabaco, e, naquela ocasião, teve o papel de transformar o fumo em uma das principais fontes tributárias do Estado[364]. Essa forma de abordagem da questão,

---

363 Essa questão já foi abordada, em especial, no item III do presente trabalho.
364 O responsável pela criação do Imposto sobre o Consumo foi Rui Barbosa. Essa sua criação foi responsável por desencadear a chamada "questão do imposto do fumo", reação dos industriais da época que durou até 1920. A revolta foi estabelecida porque o Imposto sobre o Consumo criado era cobrado mediante estampilhas, à saída do produto dos estabelecimentos fabris, sendo cobrado, portanto, antes de ser ven-

que tratava o tabaco e os produtos dele derivados tão-somente como fonte de recursos econômicos para o Estado, pode ser verificada claramente nas legislações a ele aplicáveis vigentes no Brasil desde o século XVII, bem como nos séculos posteriores. Eram leis que cuidavam da circulação do produto, da importação e exportação do fumo, do consumo, sempre contemplando-o como suposta fonte de riqueza para o Estado[365]. Esse tipo de interesse do Estado pelo tabaco persistiu até quase todo o século XX. Legislações protecionistas e de favorecimentos às empresas do setor podem ser encontradas até a década de 70[366].

Foi apenas em fins do século XX que surgiram as primeiras leis brasileiras a considerar o tabagismo uma questão de saúde pública, merecendo um tratamento que vise a desestimular seu consumo. Essas leis, por serem recentes, ainda não conseguiram afastar a crença geral na concepção de que o tabagismo se pode configurar em fonte de riqueza para o Estado. Isso se justifica por alguns fatores, mas, principalmente, pela novidade que representam em relação a muitos séculos de uma abordagem diferente e equivocada. Também ainda não foram capazes de estabelecer uma consciência efetiva nas pessoas acerca dos males do tabagismo. Neste último caso, por se tratar de questão que envolve educação para o consumo, sabe-se que algum tempo ainda se levará até se atingir um nível elevado de conscientização, face aos muitos séculos de desconhecimento real dos

---

dido para consumo. Ver mais em NARDI, Jean-Baptiste. *A história do fumo brasileiro*, p. 3, 24, 38 e ss.
365 Ver mais em NARDI, Jean-Baptiste. *A história do fumo brasileiro*, p. 6, 24.
366 Sobre isso, ler BRASIL. Ministério da Saúde. Instituto Nacional do Câncer. O *cigarro brasileiro*. Análises e propostas para a redução do consumo, p. 51 e ss.

impactos do ato de fumar e de estímulo a esse ato, pelas empresas e pelo Estado, através das leis[367].

As primeiras legislações antitabagistas no Brasil se constituíram de Portarias do Ministério da Saúde e podem ser consideradas embrionárias de medidas mais substanciais, somente ocorridas em meados da década de 90. Assim, por atos do Senhor Ministro da Saúde da época, foi criado grupo assessor do Ministério da Saúde, para controle do tabagismo no Brasil, em 1985[368]; recomendaram-se medidas restritivas ao hábito de fumar em órgãos públicos; eram inseridas tarjetas de advertência nos maços de cigarros e peças publicitárias, em 1988[369], entre outras medidas. A primeira lei federal antitabagista foi a Lei n. 7.488, de 11 de junho de 1986, responsável por criar o Dia Nacional de Combate ao Fumo, dia 29 de agosto.

O advento da Constituição da República de 1988 também se constituiu em importante marco na mudança de rumo das leis regulamentadoras do tabaco no Brasil. Sua principal importância foi a de estabelecer regras para a publicidade de cigarros, reconhecendo expressamente os efeitos maléficos à saúde decorrentes de seu consumo[370] e abrindo caminho para uma legislação mais consistente.

Atualmente, a legislação federal sobre tabagismo compõe-se de iniciativas em diversas frentes: a) proteção à saúde, especificamente contra riscos decorrentes da exposição

---

[367] Sabe-se, porém, que o tempo necessário para a educação depende diretamente do teor das medidas adotadas. Quanto mais duras forem as medidas adotadas pelo Estado, mais rapidamente se alcançará nível razoável de conscientização.
[368] Portaria 655/GM, 06/09/1985.
[369] Portaria 490/GM, 29/08/1988.
[370] Art. 220, par. 4º, CR/88.

à poluição tabagística ambiental[371] e em relação à prevenção a acidentes de trânsito[372]; b) restrição ao acesso dos produtos derivados do tabaco[373]; c) proteção aos jovens[374]; d) tratamento e apoio ao fumante[375]; e) disciplina da publicidade e patrocínio dos produtos derivados do tabaco[376]; f) disseminação de informação ao público[377]; g) controle e fis-

---

[371] Portaria Interministerial n. 3.257, de 22 de setembro de 1988, Lei n. 9.294, de 15 de julho de 1996, posteriormente alterada, Decreto n. 2.018, de 01 de outubro de 1996, Portaria do Ministério da Saúde n. 2.818, de 28 de maio de 1998, Lei n. 10.167, de 27 de dezembro de 2000 e Portaria Interministerial n. 1.498, de 22 de agosto de 2002.
[372] A Lei n. 9.503, de 23 de setembro de 1997, proíbe dirigir com apenas uma das mãos.
[373] Lei n. 10.167, de 27 de dezembro de 2000, Resolução da Agência Nacional de Vigilância Sanitária n. 15, de 17 de janeiro de 2003 e Lei n. 10.702, de 14 de julho de 2003.
[374] A Lei n. 8.069, de 13 de julho de 1990 proíbe vender, fornecer ou entregar, à criança ou ao adolescente, produtos cujos componentes possam causar dependência física ou psíquica. Lei n. 10.167, de 27 de dezembro de 2000, Lei n. 10.702, de 14 de julho de 2003, Portaria do Ministério do Trabalho e Emprego n. 06, de 05 de fevereiro de 2001, Resolução da Agência Nacional de Vigilância Sanitária n. 304, de 07 de novembro de 2002, Resolução da Agência Nacional de Vigilância Sanitária n. 14, de 17 de janeiro de 2003.
[375] Portaria do Ministério da Saúde n. 1.575, de 29 de agosto de 2002.
[376] Constituição da República, de 05 de outubro de 1988, já mencionada. A Lei n. 8.078, de 11 de setembro de 1990 proíbe a publicidade enganosa e abusiva. Portaria Interministerial n. 477, de 24 de março de 1995, Lei n. 10.167, de 27 de dezembro de 2000, Resolução da Agência Nacional de Vigilância Sanitária n. 15, de 17 de janeiro de 2003, Lei n. 10.702, de 14 de julho de 2003.
[377] Lei n. 7.488, de 11 de junho de 1986, Portaria Interministerial n. 3.257, de 22 de setembro de 1988, Resolução da Agência Nacional de Vigilância Sanitária n. 46, de 28 de março de 2001, Resolução da Agência Nacional de Vigilância Sanitária n. 104, de 31 de maio de 2001, Portaria Interministerial n. 1.498, de 22 de agosto de 2002, Resolução

calização dos produtos derivados do tabaco[378]; h) participação na elaboração de um instrumento legal internacional para o controle do tabagismo, especificamente a Convenção-Quadro para o controle do tabaco[379]; i) disciplina do financiamento à cultura do tabaco[380]; j) taxação sobre os produtos de tabaco[381]; l) medidas para conter o mercado ilegal de cigarros[382].

Dentre as várias normas hoje existentes, destaca-se a lei n. 9.294, de 15 de julho de 1996, alterada mais recentemente pelas leis n. 10.167, de 27 de dezembro de 2000 e n. 10.702, de 14 de julho de 2003. Através dela, proíbe-se fumar em recintos coletivos, privados ou públicos (art. 2º), em aeronaves e demais veículos de transporte coletivo (art. 2º, par. 1º), proíbe-se a propaganda comercial dos produtos derivados do tabaco, salvo nos próprios locais de venda (art. 3º), são adotadas advertências sobre os malefícios do fumo em peças publicitárias e nas embalagens (art. 3º, par. 2º e 3º), proíbe-se a venda e distribuição dos produtos em

---

da Agência Nacional de Vigilância Sanitária n. 14, de 17 de janeiro de 2003.
[378] Decreto n. 2.637, de 25 de junho de 1998, Lei n. 9.782, de 26 de janeiro de 1999, Lei n. 10.167, de 27 de dezembro de 2000, Resolução da Agência Nacional de Vigilância Sanitária n. 46, de 28 de março de 2001, Resolução da Agência Nacional de Vigilância Sanitária n. 105, de 31 de maio de 2001, Instrução Normativa da Secretaria da Receita Federal n. 194, de 29 de agosto de 2002.
[379] Decreto de 01 de agosto de 2003.
[380] Resolução do Banco Central do Brasil n. 2.833, de 25 de abril de 2001.
[381] Instrução Normativa da Secretaria da Receita Federal n. 60, de 30 de maio de 1999, Decreto n. 4.542, de 26 de dezembro de 2002.
[382] Decreto n. 2.876, de 14 de dezembro de 1998, Instrução Normativa da Secretaria da Receita Federal n. 95, de 28 de novembro de 2001.

determinadas circunstâncias, como, por exemplo, a menores de dezoito anos (art. 3º-A, inc. IX)[383].

Os aspectos dessa lei que maior polêmica vêm causando residem na proibição de patrocínio de atividade cultural ou esportiva por empresas do setor (art. 3º-A, inc. V), bem como na proibição de propaganda fixa ou móvel em estádio, pista, palco ou local similar (art. 3º-A, inc. VI). Incluídos pela Lei n. 10.167/2000, esses dois dispositivos, previstos para entrar em vigor em 1º de janeiro de 2003, causaram reação em diversos setores, especialmente naqueles relacionados à Fórmula 1, esporte cujas equipes costumam ser patrocinadas por fabricantes de cigarros. A reação levou à alteração da lei, para adiar a data prevista para entrada em vigor dos dispositivos, para 30 de setembro de 2005. Tal episódio pode ser reconhecido como uma demonstração de força das empresas envolvidas e implica em retrocesso no atual estágio de evolução da lei[384].

---

[383] Como medida eficaz para o controle do tabagismo, a Organização Pan-americana da Saúde recomenda aos países a elaboração de um modelo legislativo integral,: uma única lei abordando diversos temas sobre controle do tabaco. ORGANIZACIÓN PANAMERICANA DE LA SALUD. *Desarollo de legislación para el control del tabaco*. Modelos y Guias. Washington, DC: OPLS, jun. 2002. p. 6.

[384] O fato ocorreu às vésperas do Grande Prêmio de Fórmula 1 em São Paulo. Na ocasião, o Ministro da Saúde, Sr. Humberto Costa, afirmou em audiência pública realizada na Câmara dos Deputados que houve chantagem da Federação Internacional de Automobilismo (FIA) ao Brasil, ameaçando suspender o Grande Prêmio e excluir o país do calendário oficial de corridas dos próximos anos. Informação obtida em e-mail encaminhado por: Por um Mundo sem Tabaco — INCa/Conprev [mailto:porummundosemtabaco@inca.gov.br], Assunto: "Extra: Audiência Pública sobre a Medida Provisória 118 — Fórmula 1". Enviada em quarta, 14/05/2003, 11:33.

Soma-se às medidas legais, a instituição, no âmbito do Governo Federal, de um Programa Nacional de Controle do Tabagismo e Outros Fatores de Risco de Câncer, descentralizado. Através desse programa são desenvolvidas diversas atividades, principalmente voltadas à educação das pessoas[385]. Também deve ser ressaltada a inserção da regulamentação, controle e fiscalização de produtos derivados de tabaco entre as atribuições da Agência Nacional de Vigilância Sanitária (ANVISA), a qual tem sido responsável por significativas medidas normativas recentes de controle do tabagismo[386].

Apesar de todo o avanço legislativo recente, especialistas ainda apontam sérias barreiras ao controle do tabagismo no Brasil, diretamente relacionadas a essas leis[387]. Dentre elas, destacam-se o fácil acesso do consumidor aos cigarros devido ao seu baixo preço, a deficiência de mecanismos de fiscalização de infrações à lei[388] e o grave problema do contrabando de cigarros. Observe-se, todavia, que, malgrado essas dificuldades, o Brasil é considerado um dos países mais avançados do mundo em termos de legislação para o controle do tabagismo, o que lhe tem rendido prêmios e reconhecimento internacional.

---

385 Ver BRASIL. Ministério da Saúde. Instituto Nacional do Câncer. *Programa nacional de controle do tabagismo e outros fatores de risco de câncer*. Modelo lógico e avaliação 2001, 2002.
386 A ANVISA foi criada através da Lei n. 9.782, de 26 de janeiro de 1999.
387 BRASIL. Ministério da Saúde. Instituto Nacional do Câncer. *Programa nacional de controle do tabagismo e outros fatores de risco de câncer*. Modelo lógico e avaliação 2001, 2002.
388 A venda a menores e em unidades inferiores a um maço de cigarros, embora proibidas, são praticadas constantemente em todo o país.

A questão do preço do cigarro no Brasil merece ser comentada com maior cautela. Embora as empresas do setor afirmem constantemente que o cigarro brasileiro é dos mais tributados do mundo, a realidade é que, mesmo assim, o maço no Brasil apresenta um dos preços mais baixos do mundo. Isso se justifica, talvez, pelo baixo custo de produção no país.

Para a Organização Pan-americana da Saúde, o consumo de cigarro segue a lei econômica da oferta e da procura, a despeito de seu uso se dar a partir de uma adicção, na maioria dos casos. Em outras palavras, isso quer dizer que o aumento do preço do cigarro conduz à redução de seu consumo, mesmo considerando que boa parte dos fumantes é viciada. A razão para isso decorre da constatação de que, através de um aumento considerável de preços, é possível induzir pessoas a deixar de fumar, evitar que outras comecem a fazê-lo e reduzir o número de ex-fumantes que recuperam o hábito[389].

Em relação ao contrabando de cigarros, a questão da pirataria de diversos produtos é hoje um problema dos mais sérios no país. Além de gerarem uma perda significativa de arrecadação pelo Estado, a fraude, em qualquer dos setores, expõe o consumidor a produtos muitas vezes pouco seguros. A Receita Federal do Brasil estima que 30% do mercado nacional seja abastecido por cigarros contrabandeados[390]. O Ministério da Saúde também reconhece que o

---

[389] ORGANIZACIÓN PANAMERICANA DE LA SALUD. *La epidemia de tabaquismo. Los gobiernos y los aspectos económicos del control del tabaco*, p. 45.
[390] Segundo a Organização Mundial da Saúde, o cigarro é o produto mais contrabandeado do mundo. MACKAY, Judith; ERIKSEN, Michael. *The tobacco atlas*, p. 54.

consumo de cigarros ilegais vem aumentando no país[391]. Pesquisas realizadas em alguns deles revelam o que já se espera: em termos de agressão à saúde, os cigarros ilegais são ainda mais nocivos do que os legais.

A ação contra o contrabando de cigarros requer medidas variadas. Medidas de impacto nacional podem ser importantes, mas insuficientes, se se observa a grande diferença de preços de cigarros brasileiros em relação a cigarros de países vizinhos e a relativa facilidade de ingresso destes últimos no país[392]. Pesquisa elaborada pela Fundação Getúlio Vargas (FGV) em 2000, a pedido do Ministério da Saúde, demonstrou a necessidade de uma política conjunta do Mercosul para evitar o aumento do comércio ilegal de cigarros. A FGV, na ocasião, sugeria a taxação do cigarro paraguaio, para equiparar seus preços ao de seus vizinhos[393].

Note-se que a indústria do setor insiste em afirmar que o contrabando é resultado direto dos altos impostos incidentes sobre o tabaco. Essa concepção do problema é con-

---

[391] Segundo a Abifumo, o consumidor brasileiro gasta R$ 8,5 bilhões por ano com cigarros, dentre os quais R$ 6,6 bilhões de reais são do mercado legal e 1,9 bilhões, do ilegal. BRASIL. Ministério da Fazenda. Secretaria da Receita Federal. SEMINÁRIO INTERNACIONAL SOBRE FRAUDES NO SETOR DE CIGARROS. Anais ... Brasília, 2001. p. 66.

[392] Em BRASIL. Ministério da Saúde. Instituto Nacional do Câncer. *Programa nacional de controle do tabagismo e outros fatores de risco de câncer*. Modelo lógico e avaliação 2001, 2002, p. 25; pode-se ler: "No Brasil o maço de cigarros é tributado em 70% de seu valor, enquanto na Argentina essa tributação é de 67%, no Uruguai é de 67% e, no Paraguai, 13%.".

[393] Ver BRASIL. Ministério da Saúde. Instituto Nacional do Câncer. *O cigarro brasileiro*. Análises e propostas para a redução do consumo, p. 51.

siderada errônea pela Organização Pan-americana da Saúde. Segundo ela, um indicador muito mais seguro do nível de contrabando é o nível de corrupção de um país, medido pelo chamado "índice de transparência". Assim, entre as estratégias contra o contrabando dever-se-ia adotar: a) a eliminação de vantagens tributárias imediatas para exportar, exigindo que os exportadores demonstrem que seus produtos tenham chegado a seu destino final e b) o estabelecimento de maneiras de "seguir" e detectar a cadeia de custódia dos produtos[394]. Além disso, a teoria econômica demonstra que a própria indústria se beneficia da existência do contrabando, na medida em que este conduz a uma queda dos preços dos produtos, incrementando sua venda[395].

Uma observação feita por Patrício Ruedas, presidente da Organização não-governamental "Alliance Against Contraband", no Seminário Internacional sobre Fraudes no Setor de Cigarros, realizado em Brasília, no ano de 2001, oferece a orientação para controlar a questão do tabagismo no

---

[394] ORGANIZACIÓN PANAMERICANA DE LA SALUD. *Desarollo de legislación para el control del tabaco*, p. 38.
[395] ORGANIZACIÓN PANAMERICANA DE LA SALUD. *La epidemia de tabaquismo. Los gobiernos y los aspectos económicos del control del tabaco*, p. 74. Em matéria de grande repercussão, o jornal Valor Econômico publicou, em 08/05/2002, informações de documentos revelando que a Souza Cruz teria utilizado o contrabando nos anos 90, através de vendas de cigarros ao Paraguai, que retornariam ao país, com preços bastante inferiores aos aqui praticados. Em 1999, a tarifa de 150% para exportações de cigarros à América Latina criada pela Receita Federal derrubou absurdamente a exportação de cigarros brasileiros para o Paraguai, passando de 22,6 bilhões de unidades em 1998 para 540 milhões em 1999 e zero em 2000. SOUZA Cruz usou contrabando nos anos 90. *Valor Econômico*, 08 maio 2002, p. B-6-7.

Brasil, seja derivado de produtos legais ou ilegais: para ele, as atividades de contrabando são motivadas pela demanda. Sempre que houver demanda suficiente para o contrabando e onde quer que haja lucro suficiente para fornecer esses produtos, o crime organizado estará presente[396]. O caminho para o controle do tabagismo passa, então, pelo controle da oferta e da procura.

5.3.2 O tabaco e os projetos de lei no Brasil

A mudança de enfoque na legislação brasileira concernente ao tabaco, embora recente, parece ser definitiva. A análise de projetos de lei em tramitação no Congresso Nacional aponta a existência de quase cento e cinqüenta casos de propostas para controlar o tabagismo[397]. Desses, um grande número trata da proibição de fumar em aeronaves comerciais, transportes coletivos[398] ou em lugares públicos[399] ou trata da proibição da propaganda comercial de produtos de tabaco, questões já constantes da legislação atualmente em vigor. Outro grande número de projetos de

---

[396] BRASIL. Ministério da Fazenda. Secretaria da Receita Federal. SEMINÁRIO INTERNACIONAL SOBRE FRAUDES NO SETOR DE CIGARROS. *Anais* ... Brasília, 2001. p. 69-71.

[397] Pesquisa realizada em 24/09/2002, às 15 hs, na Coordenação de Documento Legislativo da Secretaria de Assuntos Legislativos do Ministério da Justiça. Na ocasião, foram encontrados exatamente 147 projetos de lei relacionados ao tabaco.

[398] PL 04589 — 1998 — Dep. Fed. Coriolano Sales; PL 04657 — 1998 — Dep. Fed. Silas Brasileiro — PL 04683 — 1998 — Dep. Fed. Fernando Zuppo.

[399] PL 05527 — 2001 — Dep. Fed. Neuton Lima; PL 04355 — 2001 — Dep. Fed. Ricardo Ferraço.

lei busca proibir a venda de cigarros a crianças e adolescentes[400], disciplinar a embalagem, especialmente garantindo o direito à informação plena[401], bem como limitar as quantidades de ingredientes[402]. Note-se, entretanto, que boa parte desses projetos, que tratam de aspectos já contemplados na legislação, são a ela anteriores. Aliás, pode-se verificar claramente, na pesquisa, que a preocupação em tratar o tabagismo como uma questão de saúde pública fez-se presente a partir, principalmente, do ano de 1995.

A proibição da veiculação de propaganda comercial de tabaco em eventos desportivos, uma das maiores polêmicas atualmente, também é verificada como objeto de projetos de lei[403]. Já a questão da publicidade recebe tratamentos diversos nos projetos de lei[404]. A preocupação com a tutela de crianças e adolescentes em relação ao tabaco também pode ser observada em diversas propostas[405]. Uma inova-

---

[400] PL 02463 — 1996 — Dep. Fed. Elias Murad; PL 02277 — 1996 — Dep. Fed. Jorge Wilson; PL 02060 — 1996 — Dep. Fed. Nelson Bornier; PL 00903 — 1995; Dep. Fed. Jorge Anders.
[401] PL 03267 — 1997 — Dep. Fed. Roberto Valadão.
[402] PL 02506 — 1996 — Dep. Fed. Jorge Anders.
[403] PL 04060 — 1998 — Dep. Fed. Jorge Wilson
[404] O PL 03042 — 1997 — Dep. Fed. Marçal Filho permite a veiculação após 23 e antes de 4 hs. O PL 01599 — 1999 — Dep. Fed. Lincoln Portela proíbe no rádio e na TV e permite em jornais e revistas. Já o PL 01893 — 1999, Dep. Fed. Luiz Bittencourt pretende proibí-la durante programas infanto-juvenis. Por sua vez, o PL 00806 — 1999 — Dep. Fed. João Caldas permite a publicidade apenas em publicações especializadas.
[405] PL 04006 — 2001 — Dep. Fed. Themístocles Sampaio — Dispõe sobre a obrigatoriedade de publicação de mensagens educativas sobre os males e os riscos do tabaco e do álcool em cadernos e livros escolares. PL 04445 — 2001 — Dep. Fed. Rubens Furlan — Dispõe sobre a proibição da importação, fabricação e comercialização de produtos, de

ção verificada consiste na proibição de veiculação de imagens, através da televisão, de pessoas fumando[406].

O grande avanço, entretanto, se encontra nos vários projetos de lei que pretendem assegurar ou garantir a responsabilidade das empresas pelos danos causados às pessoas, ao Estado e à comunidade, através do estabelecimento de medidas para auxiliar na reversão do quadro por elas criado ou visando a repartir com elas os custos gerados a todos pela sua atividade.

Nessa linha, o Projeto de Lei (PL) 00513, de 1999[407], institui o ressarcimento obrigatório aos estabelecimentos públicos de saúde, pelas indústrias do tabaco, das despesas com o tratamento de pacientes, portadores de doenças provocadas ou agravadas pelo fumo e seus derivados, inclusive fumantes passivos. O artigo 2º do PL entende como doenças provocadas ou agravadas em conseqüência do uso de cigarros, diversas doenças tabaco-relacionadas, entre elas, câncer do pulmão, enfisema pulmonar, angina e infarto do miocárdio. De acordo com o Projeto, sempre que se verificasse, no SUS, o atendimento a pessoas portadoras dessas espécies de doenças, seria feito um laudo, em que se demonstraria se a doença decorreu do consumo do tabaco ou da exposição a ele. As empresas do setor seriam solidariamente responsáveis pelo ressarcimento ao SUS[408]. O Projeto de Lei 03129, de 2000[409], além do ressarcimento

---

qualquer natureza, destinados ao público infanto-juvenil, reproduzindo a forma de cigarros e similares.
406 PL 3423 — 2000 — Dep. Federal de Velasco e PL 3583 — 2000 — Dep. Fed. Paulo José Gouvêa.
407 O PL é de autoria do Deputado Cunha Bueno.
408 A preocupação com o ressarcimento ao SUS também se encontra no PL 00708 — 1999 — Dep. Fed. Carlito Mers.
409 O PL é de autoria do Deputado Dr. Hélio.

aos estabelecimentos públicos de saúde, ainda estabelece dever ser um percentual do valor arrecadado direcionado a instituições oficiais de pesquisa ou prevenção de doenças provocadas pelo consumo de tabaco[410].

A preocupação em instituir a obrigatoriedade de as empresas do setor custearem a recuperação dos dependentes de fumo encontra-se presente no Projeto de Lei 03481, de 2000[411]. Também o Projeto de Lei 04107, de 2001[412], cria contribuição destinada a financiar programa de tratamento de doenças provocadas pelo tabagismo, de 50% sobre o preço do fumo e dos produtos dele derivados, devendo essa contribuição ser destinada ao Ministério da Saúde, que distribuiria o dinheiro segundo critérios de incidência das patologias pelas várias regiões do país.

Já o Projeto de Lei Complementar 00139, de 2000[413], institui contribuição de intervenção no domínio econômico, de responsabilidade da indústria tabagista, para o financiamento de ações de tratamento aos doentes, vítimas do fumo. Tal contribuição seria de 2% sobre o lucro das pessoas jurídicas fabricantes e importadoras de cigarro.

Soma-se a esses o Projeto de Lei 06248, de 2002[414], obrigando as empresas de artigos fumígeros a veicular campanhas de orientação sobre os malefícios do fumo.

Tais projetos de lei têm em comum algo de novo e importante para o controle eficaz do tabagismo: eles transfe-

---

410 O PLP 00161, de 2000, de autoria de Raimundo Gomes de Matos, cria o Fundo de Reparação Civil, objetivando ressarcir ao SUS as despesas com atendimento e tratamento de pacientes portadores de doenças provocadas ou agravadas em decorrência do tabagismo.
411 O PL é de autoria do Deputado Geraldo Simões.
412 O PL é de autoria de José Carlos Coutinho.
413 O Projeto é de autoria de Luci Choinacki.
414 O PL é de autoria do Dr. Gomes.

rem, de uma certa maneira, às empresas do setor, a responsabilidade econômica pelas suas atividades, independentemente da comprovação de conduta culposa ou dolosa por parte delas. Eles impõem um ônus, o custo social de suas atividades, às próprias empresas. Eles apresentam instrumentais importantes para, se bem utilizados, desestimular a própria atividade econômica. Além do mais, trata-se de medidas já utilizadas pelo ordenamento jurídico brasileiro em outras matérias, o que aponta para uma possibilidade razoável de aceitação das mesmas.

5.3.3 Controle do tabagismo no Brasil: ação normativa do Estado

O tabagismo no Brasil tem sido abordado, nesses quase dez anos de mudança de perspectiva no tratamento da questão, quase que tão-somente como objeto de uma ação normativa do Estado[415].

Essa forma de tratamento da questão tem sido estimulada por organismos internacionais que se dedicam ao assunto, como a Organização Mundial da Saúde e a Organização Pan-americana da Saúde, assim como tem sido adotada por diversos países. Busca-se, dessa forma, considerar o tabagismo uma questão de saúde pública que demanda a elaboração de leis que busquem desestimular seu consumo e sua oferta.

---

415 Como afirmado no item IV do presente trabalho, Alexy denomina direitos fundamentais a uma ação normativa do Estado, os direitos a atos estatais de imposição de norma. Em outras palavras, requer-se a elaboração de leis que contemplem adequadamente a questão, aptas a alcançar o fim de desestimular a oferta e a procura de tabaco.

Especificamente no que se refere ao desestímulo ao consumo do tabaco, muitas medidas têm sido adotadas no Brasil. Campanhas educativas, controle da publicidade e patrocínio[416], disciplina das embalagens, restrições ao consumo de tabaco em certas circunstâncias e em certos locais, tratamento e apoio ao fumante, são exemplos de medidas contempladas na legislação brasileira que significam uma tentativa de desestímulo ao consumo ou à demanda pelo produto. Todas elas fazem parte de um todo único que visa a garantir uma conscientização dos consumidores, atuais e potenciais, sobre os malefícios causados pelo tabaco.

A Organização Pan-americana da Saúde acredita que as medidas mais eficazes para reduzir o consumo de tabaco são mesmo de natureza normativa. Para essa entidade, reduzir o consumo do tabaco requer ações no sentido de se prevenir a iniciação ao tabagismo, promover formas de deixar de fumar e reduzir a quantidade consumida. As leis significariam um importante instrumento para se alcançar esses fins[417].

Já o desestímulo à oferta de tabaco não tem recebido, pelo Estado brasileiro, atenção proporcional aos esforços despendidos ao longo da última década em relação à contenção da procura. De fato, se medidas podem ser observa-

---

416 Segundo o Banco Mundial, proibições totais relacionadas à publicidade e patrocínio de tabaco reduzem a demanda em aproximadamente 7% em países desenvolvidos. WORLD BANK. *La epidemia de tabaquismo. Los gobiernos y los aspectos económicos del control del tabaco*, p. 8.
417 ORGANIZACIÓN PANAMERICANA DE LA SALUD. *Desarollo de legislación para el control del tabaco*, p. 3. Observe-se que a própria entidade reconhece a necessidade de o Estado conseguir apoio público para adoção dessa legislação. Esse apoio derivaria da educação pública por ele mesmo desenvolvida, além de buscar estimular a não-aceitação social do vício.

das nesse sentido, tais como a vedação à concessão de crédito público relacionado à produção de fumo, no âmbito do Programa Nacional de Fortalecimento da Agricultura Familiar, estabelecida pela Resolução do Banco Central do Brasil n. 2.833/2001, elas têm sido poucas ou pouco significativas.

Isso não significa que medidas como a proibição de publicidade e patrocínio, ou de vendas a menores, presentes na legislação brasileira, não representem, também, formas de desestímulo à oferta. Todavia, elas podem ser consideradas tímidas se comparadas com outros mecanismos para se alcançar esse intuito.

Pode-se argumentar, para a defesa do tratamento preferencial adotado pelo Brasil em buscar o desestímulo ao consumo, que a própria Organização Mundial da Saúde afirma que, embora existam abundantes provas de que é possível reduzir a demanda de tabaco, muito menos verificáveis são aquelas que demonstram a possibilidade de se diminuir, com êxito, a oferta[418]. Os argumentos utilizados por essa entidade para sustentar sua posição decorrem da constatação de que o cultivo do tabaco é atrativo para os agricultores e proporciona lucros mais elevados por terra cultivada do que a maioria das plantações comerciais. Além disso, outros fatores tornariam o plantio do tabaco atrativo para os agricultores: o preço global do tabaco é relativamente estável em comparação com outros bens, além do fato de que a indústria do tabaco proporciona forte apoio a eles[419].

---

418 ORGANIZACIÓN PANAMERICANA DE LA SALUD. *La epidemia de tabaquismo*. Los gobiernos y los aspectos económicos del control del tabaco, p. 65.
419 ORGANIZACIÓN PANAMERICANA DE LA SALUD. *La epidemia de tabaquismo*. Los gobiernos y los aspectos económicos del control del tabaco, p. 67.

Nota-se, claramente, que, para a Organização Pan-americana da Saúde, reduzir a oferta significa dissuadir o plantio pelos agricultores. Essa pode ser considerada uma forma incompleta de compreensão da questão. Desestimular a oferta compreende, também e principalmente, *desestimular a atividade da indústria*. Significa, assim, *desestimular a atividade econômica das grandes empresas do setor, adquirentes do produto fornecido pelos agricultores e fornecedoras de produtos aos consumidores*.

Para atingir esse objetivo, o de desestimular a atividade econômica das empresas do setor, muitos são os instrumentos à disposição do Estado. Mas, diferentemente do que ocorre na tentativa de se dissuadir o consumo, as ações estatais não se devem limitar a ações normativas.

Note-se que as iniciativas de controle do tabagismo adotadas pelo Brasil têm ocorrido sob a forma de elaboração de normas. Isso significa dizer que o Estado brasileiro tem feito a opção pelas ações normativas, abrindo mão de ações fáticas (ver item 4.3.3) no sentido de controlar o tabagismo. Entretanto, na busca de desestímulo à oferta do tabaco e de produtos derivados, os melhores instrumentos não consistem em ações normativas. É preciso alinhar todos os órgãos do Estado em uma política antitabagista única, eliminando os descompassos entre políticas públicas de diferentes órgãos. É preciso tornar a atividade econômica cara, custosa, para aqueles que se dispõem a desempenhá-la. É preciso deixar de oferecer atrativos para a atividade econômica, é preciso impor barreiras ao seu desenvolvimento e êxito, todas elas, medidas de política econômica estatal[420].

---

420 Estudos do Banco Mundial apontam formas de se reduzir a oferta de tabaco: medidas pontuais em uma empresa, proibição do produto,

Nessa forma de tratamento do problema, iniciativas como a de alguns Projetos de Lei apresentados no item anterior, em que se transfere para a empresa o custo dos danos por ela gerados e atualmente assumidos pelo Estado, são bem-vindas. Elas nada mais fazem do que tornar mais custosa e menos atrativa a atividade econômica. Mas ainda se constituem em ações normativas. Tornar mais custosa a atividade econômica, mediante uma ação fática do Estado, requer o envolvimento de seus órgãos em uma política comum. Nesse contexto, destacam-se as ações de indenização promovidas por fumantes e ex-fumantes.

Não faz sentido elaborar normas de desestímulo à oferta de tabaco se as empresas não são responsabilizadas pelo mal que fazem. Não é razoável uma ação consistente dos Poderes Legislativo e Executivo com vistas a onerar a atividade econômica, desestimulando-a, se o Poder Judiciário a exonera do dever de assumir os danos que têm causado. Impor o dever de indenizar as vítimas do consumo dos produtos, aliado às outras medidas normativas, pode-se constituir nas bases de um eficiente quadro de medidas estatais de controle do tabagismo. A negativa do Poder Judiciário em se alinhar em uma política pública geral, no caso do tabagismo, além de apontar para uma visão equivocada das circunstâncias da questão, relatadas nos itens II e III do presente trabalho, representa um enorme contra-senso.

---

substituição de cultivos, restrições ao comércio, como a proibição à importação, eliminação de subsídios e combate ao contrabando. E conclui que elas são pouco promissoras. De fato, sozinhas elas podem ser consideradas pouco promissoras. Mas essas medidas precisam estar inseridas em um contexto mais amplo, em que se busca controlar o consumo e, além disso, "encarecer" o exercício da atividade econômica. Ver WORLD BANK. *La epidemia de tabaquismo*. Los gobiernos y los aspectos económicos del control del tabaco, p. 9.

Observe-se, ainda, por fim, que é praticamente consenso entre os especialistas, que dentre as medidas fundamentais por significarem um meio eficaz para a redução do consumo e da oferta, destaca-se a questão do preço dos produtos derivados do tabaco. O preço do cigarro representa, sem sombra de dúvidas, um elemento-chave para o controle do tabagismo. Acredita-se que o aumento do preço dos derivados do tabaco seja capaz de alcançar dois importantes objetivos: aumentar a arrecadação do Estado e diminuir o consumo dos produtos[421]. Além de servir à redução do consumo, uma vez que estudos demonstram que um aumento de 10% no preço do maço reduz a procura em torno de 4% em países desenvolvidos e 8% em países em desenvolvimento[422], o aumento do preço do produto significa uma importante medida de desestímulo à própria oferta. Documentos internos da indústria tabagista trazidos a público reconhecem que, dentre todas as possíveis medidas estatais a serem adotadas em relação ao controle do tabagismo, o aumento dos impostos representaria uma das maiores ameaças à viabilidade da indústria[423]. O preço pode ser alterado através de uma ação normativa do Estado, aumentando os impostos incidentes sobre o produto. Mas o preço também aumentará, necessariamente, através de iniciativas em que se onere a atividade das empresas,

---

[421] Nesse sentido: BRASIL. Ministério da Saúde. Instituto Nacional do Câncer. *Bases para a implantação de um programa de controle do tabagismo*, p. 40; WORLD BANK. *Curbing the epidemic*. Governments and the economics of tobacco control, p. 3.
[422] WORLD BANK. *La epidemia de tabaquismo*. Los gobiernos y los aspectos económicos del control del tabaco, p. 7.
[423] CONFIE en nosotros. Somos la industria tabacalera. Campaign for Tobacco-Free Kids (USA) e Action on Smoking and Health (UK). Washington/Londres, Apr. 2001. p. 21.

transferindo a elas os custos gerados pelos danos por elas mesmas causados.

5.3.4 Política econômica de desestímulo ao consumo e à oferta do tabaco e de produtos dele derivados

Todas as medidas possíveis de ser desenvolvidas no âmbito da tentativa estatal de se controlar o tabagismo poderão ser enquadradas como medidas de desestímulo ao consumo ou como medidas de desestímulo à oferta do produto tabaco. A produção e o consumo, por sua vez, nada mais são do que etapas do fenômeno econômico. Por essa razão, o professor Washington Peluso Albino de Souza as considera "institutos" do Direito Econômico[424].

Através de normas jurídicas (ação normativa) ou de implementação de ações públicas (ação fática) é possível fomentar atividades econômicas ou desestimulá-las. Embora a questão do tabagismo seja compreendida como uma questão de saúde pública, é preciso assinalar que as possíveis iniciativas estatais ou internacionais de controle do tabagismo sempre se constituirão em medidas de política econômica[425].

---

[424] SOUZA, Washington Peluso Albino de. *Primeiras linhas de direito econômico*. 2. ed. atual. e rev. por Terezinha Helena Linhares. Belo Horizonte: Fundação Brasileira de Direito Econômico, 1992.

[425] A política econômica é o objeto de estudo do Direito Econômico para muitos importantes autores dessa disciplina. Nesse sentido, LEOPOLDINO DA FONSECA, João Bosco. Direito econômico. 4. ed. Rio de Janeiro: Forense, 2001; SOUZA, Washington Peluso Albino de. Primeiras linhas de direito econômico. 5. ed. São Paulo: LTr, 2003; VAZ, Isabel. Direito econômico da concorrência. Rio de Janeiro: Forense, 1993; CAMARGO, Ricardo Antônio Lucas. Direito econômico: aplicação e eficácia. Porto Alegre: Sergio Antonio Fabris, 2001.

Propugna-se, assim, pela elaboração, desenvolvimento e reconhecimento de uma política econômica consistente de desestímulo ao consumo e à oferta do tabaco. Essa política econômica estatal (ou internacional), além de deliberada, deverá utilizar mecanismos legítimos para dissuadir ações econômicas privadas, seja essa ação do próprio fumante, seja da empresa que desempenha a atividade econômica.

O professor João Bosco Leopoldino da Fonseca classifica as várias políticas econômicas possíveis em três grupos: 1) as políticas econômicas destinadas a preservar um determinado estado já existente; 2) as políticas econômicas que teriam por finalidade provocar um crescimento equilibrado e 3) as políticas econômicas destinadas a sanar os problemas gerados pela adoção de qualquer tipo de política econômica ou pela omissão de atuação político-econômica, que seria o grupo das políticas de regulação conjuntural. Neste trabalho, acredita-se que a política econômica de controle do tabagismo se deva enquadrar nessa última categoria[426].

Se ao Direito Econômico compete, em certas ocasiões, o papel de fomentador da atividade econômica, igualmente a ele compete o papel de desestimulador da mesma. Assim, se, conforme ensina a Professora Isabel Vaz, ao Direito Econômico importa garantir o acesso ao consumo, ou o direito ao consumo[427], também seria correto afirmar que, em ocasiões em que assim for necessário, por obediência a va-

---

[426] LEOPOLDINO DA FONSECA, João Bosco. *Direito econômico — políticas econômicas*. Belo Horizonte: Movimento Editorial da Faculdade de Direito da UFMG, 1996. p. 7-8.
[427] VAZ, Isabel. *Direito econômico da concorrência*. Rio de Janeiro: Forense, 1993. p. 358.

lores do ordenamento jurídico[428], deve essa disciplina obstruir, dificultar o consumo e, da mesma forma, a própria oferta de um produto.

Assim, como sujeito da atividade econômica, agente normativo e regulador, o Estado deverá intervir, utilizando mecanismos legítimos, com vistas a preservar a vida humana, valor maior. A intervenção do Estado na economia, elemento fundamental do próprio conteúdo do Direito Econômico, segundo Farjat[429], nesse caso, seria conduzida por

---

[428] Manoel Gonçalves Ferreira Filho, ao se referir à atuação do Estado no plano econômico, afirma que a função dessa atuação é zelar pelo interesse geral, cuidando para que a finalidade da economia, qual seja, a satisfação das necessidades humanas e a concretização do bem-estar, seja alcançada, sempre no respeito às normas e princípios inseridos na Constituição. FERREIRA FILHO, Manoel Gonçalves. *Direito constitucional econômico*. São Paulo: Saraiva, 1990. p. 39.

[429] Para Gerard Farjat, a noção de Direito Econômico surgiu claramente com a intervenção do Estado. FARJAT, Gerard. *A noção de direito econômico*. Tradução João Bosco Leopoldino da Fonseca. Belo Horizonte: Movimento Editorial da Faculdade de Direito da UFMG, 1996. p. 44. Veja também o Direito Econômico como conseqüência do surgimento da intervenção estatal na economia em VENÂNCIO FILHO, Alberto. *A intervenção do Estado no domínio econômico*: o direito público econômico no Brasil. Ed. Fac-similar. Rio de Janeiro: Renovar, 1998. Nesse livro, Venâncio Filho cita Georges Ripert para apontar as várias formas de intervenção estatal na economia: "Proibir, autorizar, ordenar, fiscalizar e explorar, eis a gama de intervenções do Estado nos interesses privados". VENÂNCIO FILHO, Alberto. *A intervenção do Estado no domínio econômico*: o direito público econômico no Brasil, p. 87. André de Laubadère, por sua vez, conceitua o Direito Econômico como o "direito aplicável às intervenções das pessoas públicas na economia e aos órgãos dessas intervenções". LAUBADÈRE, André de. *Direito público econômico*. Coimbra; Livraria Almedina, 1985. p. 28. Na mesma linha, CABRAL DE MONCADA, Luís S. *Direito econômico*. 2. ed. Coimbra: Coimbra Editora, 1988.

razões não exclusivamente econômicas, mas também sanitárias, coerentemente com o princípio da economicidade, de acordo com ensinamentos do professor Washington Peluso Albino de Souza[430].

Ensina Venâncio Filho que o preço do café foi tutelado, através de intervenções estatais na economia, a partir do início do século passado, no Brasil, quando o aumento de sua produção não correspondia às possibilidades de absorção pelos mercados brasileiros. A intervenção teve por finalidade *impedir o aviltamento dos preços* e evitar a derrocada da própria estrutura econômica e financeira do país[431]. Sabe-se que o café desempenhou, desde o início da história do país, papel relevante na economia, ao lado do tabaco. Nos dias atuais, sabe-se que não é possível afirmar haver uma dependência da economia brasileira em relação a este último produto e que a riqueza dele advinda é ilusória. Por tudo isso é que se reivindica, neste momento, uma política econômica pontual e sistemática de desestímulo real à atividade econômica que tenha por objeto o tabaco.

Enfim, a política estatal de controle do tabagismo constitui-se, acima de tudo, em uma política econômica. Essa afirmação decorre da constatação de que seu escopo nada mais é do que *desestimular a oferta e o consumo de um produto, tratando-se de uma intervenção estatal em um setor econômico*. Além do mais, independentemente das razões sanitárias que a justificam, o *acesso à saúde*, especialmente neste caso, somente pode ser assegurado mediante medidas econômicas, que devem, juntas, compor a política econômica estatal.

---

430 Ver mais sobre isso no item 4.3.4 do presente trabalho.
431 VENÂNCIO FILHO, Alberto. *A intervenção do Estado no domínio econômico*: o direito público econômico no Brasil, p. 91 e ss.

Sendo política econômica e constituindo-se, portanto, em objeto de Direito Econômico, essas medidas orientam-se pelas regras desse ramo do Direito. Entre elas, destacam-se: a) *a regra do interesse social*, que toma o interesse social como fundamento dos juízos de valor do Direito Econômico e por essa orientação procura realizar os princípios da Justiça Distributiva; b) *a regra da utilidade pública*, que estabelece que nas relações do Estado com os particulares, assim como na política econômica praticada por ele ou pelo particular, a motivação pela utilidade pública deve ser predominante. As tarifas e outros ônus deverão ser compatíveis com os objetivos da administração e da política econômica, respeitados os legítimos interesses públicos e privados; c) *a regra da precaução*, ao enunciar esta que os agentes econômicos e os participantes, em geral, da política econômica do país, devem dispor de meios legais para evitar que medidas de política econômica não coincidentes com o interesse geral e com as atividades econômicas em particular venham a ser postas em prática, sem que tais agentes ofereçam garantias efetivas para a defesa contra a probabilidade dos prejuízos econômicos e sociais decorrentes; d) *a regra da flexibilização*, instrumento para a garantia da defesa dos direitos das partes envolvidas nas negociações e e) *regra da subsidiariedade*, que recomenda a referência explícita ou por recurso espontâneo aos "valores" jurídicos, econômicos ou políticos componentes de seu objeto[432].

Tais regras, aplicadas à questão do tabagismo, *autorizam a elevação do preço do cigarro, por uma medida econômica estatal, por razões de interesse público e privado; re-*

---

432 As referidas "regras de Direito Econômico" são de autoria do professor Washington Peluso Albino de Souza. SOUZA, Washington Peluso Albino de. *Primeiras linhas de direito econômico*. 5. ed., p. 120-132.

querem uma ação estatal para a contrabalançar os efeitos da ação política estatal de desestímulo ao consumo e à produção de tabaco, através de desenvolvimento de alternativas de substituição de culturas e reemprego, por exemplo; autorizam a adoção de referenciais políticos e econômicos para a adoção das medidas pertinentes; autorizam a exigência de contrapartidas das empresas para os custos de sua ação econômica no mercado, na linha de diversos Projetos de Lei anteriormente apresentados, entre outras conseqüências.

Outras características do Direito Econômico encaixam-se perfeitamente no tratamento jurídico de medidas de desestímulo ao tabagismo. Pode-se mencionar, nesse sentido, o *caráter prospectivo* do Direito Econômico, projetando para o futuro a conjuntura atual e elaborando objetivos e diretrizes a serem alcançadas, fruto de sua interdisciplinaridade com a Ciência Econômica. Permite-se, assim traçar objetivos de política econômica de controle do consumo e produção do tabaco a serem atingidos em um dado período de tempo. Igualmente, a preferência pelas *sanções premiais*, resultado do declínio da imperatividade da lei, representaria a possibilidade de estabelecimento de punições de caráter moral[433], quando for o caso, ou de "premiações" a certas condutas empresariais alinhadas à política econômica estatal, bem como, no caso específico do tema em análise, de estabelecimento de estímulos para a substituição de culturas ou da própria atividade econômica.

A chamada *função indicativa* do Direito Econômico, caracterizada pela "*indicação da conduta desejada pelo emissor da norma, garantindo àquele que preencher os pres-*

---

[433] Sobre isso, ver LEOPOLDINO DA FONSECA, João Bosco. Direito Econômico., p. 30.

supostos ali descritos benefícios de toda ordem"[434], encontra campo fértil na juridicização do tabagismo, apontando caminhos à busca de desestímulos pela norma. Ao Direito Econômico compete, portanto, a disciplina do tabagismo de tal maneira que promova, estimule as ações individuais e empresariais que importem em abandono de atividades a isso relacionadas, premiando-as.

---

[434] CAMARGO, Ricardo Antônio Lucas. *Direito Econômico: aplicação e eficácia*, p. 107.

Capítulo 6

A REGULAMENTAÇÃO DO TABACO EM NÍVEL INTERNACIONAL

Assim como o Sr. José, no Brasil, naquele dia do mês de janeiro de 2003, acendia um cigarro, outras pessoas, naquele mesmo momento, em muitos outros pontos do planeta, faziam exatamente a mesma coisa, expondo a própria vida e a vida de outras pessoas a sérios danos. São estórias de pessoas muitas vezes muito distantes geograficamente, mas unidas na condição de vítimas de um produto fatal.

Por outro lado, se para o Brasil, a vida daquela pessoa, o Sr. José, é considerada cara e insubstituível, é preciso preservá-la, não apenas das ações desenvolvidas nacionalmente pelas empresas, mas é imprescindível tentar alcançar um controle mais amplo. Pouco adianta um controle nacional eficaz da propaganda comercial de tabaco, por exemplo, se o Sr. José continua exposto a campanhas de marketing agressivas das indústrias e presentes nos filmes de Hollywood ou nos campeonatos esportivos europeus, todos eles transmitidos pela televisão aberta. Um controle eficaz do tabagismo passa por uma ação internacional de preservação da vida das pessoas, todas e cada uma delas, insubstituíveis e preciosas.

6.1 Controle internacional do tabagismo – a celebração da Convenção-Quadro para o controle do tabaco

Em 21 de maio de 2003, foi aprovada por unanimidade, pelos 192 Estados membros da Organização Mundial da Saúde (OMS)[435], durante a realização da 56ª reunião da Assembléia Mundial de Saúde, em Genebra, Suíça, a Convenção-Quadro para o controle do tabaco[436] ou "Framework Convention on Tobacco Control" (FCTC), o primeiro tratado internacional de saúde pública já elaborado. A aprovação da Convenção-Quadro constitui-se em um estágio avançado de um processo, iniciado há algum tempo pela OMS, no sentido de se buscar conceder um tratamento internacional a um problema global.

O início do processo pode ser verificado na década de 70, quando a Assembléia Mundial da Saúde (AMS) primeiramente reconheceu sua preocupação com o livre comércio e consumo do tabaco[437]. Em seguida, o resultado de diversas pesquisas científicas apontando os graves danos à saúde pública decorrentes do tabagismo, bem como a possibilida-

---

435 O 192º país a integrar as negociações foi o Timor Leste, na 5ª Sessão do OIN.
436 Para a Organização Pan-americana da Saúde, uma Convenção-Quadro seria um tratado multilateral, que contém obrigações mais ou menos gerais. Ela pode tornar-se mais rígida através da adoção, pelos Estados, de "Protocolos", sobre temas específicos. A Convenção-Quadro e qualquer Protocolo somente obrigam aos Estados que os adotarem e ratificarem. PAN AMERICAN HEALTH ORGANIZATION. *The framework convention on tobacco control*: strengthening health globally. Washington DC: PAHO, [s.d.]. p. 4.
437 Ver mais sobre isso em Convenção-Quadro para o controle do tabaco. Origem, história e evolução. Secretaria-Executiva da Comissão Nacional para o Controle do Tabaco, [s.l.], maio 2002.

de de controle legítimo do problema levaram a AMS a recomendar à Organização Mundial da Saúde, em 1996, o desenvolvimento de um instrumento jurídico internacional que fosse hábil a servir de instrumento para o controle do tabagismo e que estivesse fundamentado no artigo 19 da Constituição da OMS, que a autoriza a adotar acordos dessa natureza[438]. Em maio de 1999, a Resolução WHA 52.18, da 52ª Assembléia Mundial de Saúde, solicitou aos Estados membros que trabalhassem e atuassem para o controle do tabagismo em nível internacional, preparando o texto de uma Convenção-Quadro.

O documento, aprovado em maio de 2003, pelos Estados membros da OMS, é resultado de alguns anos de negociação, em nível internacional, regional e, em certos casos, como no Brasil, também em nível nacional[439]. Especificamente em nível internacional, as negociações, mantidas através de um Órgão Intergovernamental de Negociação (OIN), criado para esse fim, ocorreram em seis sessões, em Genebra, de outubro de 2000 a março de 2003[440]. Todas

---

[438] Muitas são as Resoluções da AMS para o controle do tabagismo. Elas podem ser classificadas em "medidas para reduzir a *demanda* por tabaco" e "medidas para reduzir a *oferta* de tabaco". Veja mais em Convenção-Quadro para o controle do tabaco. Origem, história e evolução. Secretaria-Executiva da Comissão Nacional para o Controle do Tabaco, maio 2002, p. 4 e ss.
[439] Veja, a esse respeito, o próximo item do presente trabalho.
[440] A primeira sessão do Órgão Internacional de Negociação ocorreu de 16 a 21 de outubro de 2000 e contou com 148 Estados membros, além de observadores de seis organizações internacionais, a União Européia, três representantes de outras organizações intergovernamentais e vinte e cinco organizações não-governamentais. A segunda sessão ocorreu de 30 de abril a 5 de maio de 2001 e contou com a presença de 158 Estados. A terceira sessão ocorreu de 22 a 28 de novembro de 2001 e apresentou representantes de 169 Estados. A quarta sessão

essas sessões foram intercaladas por negociações regionais, em que eram pactuadas posições comuns entre grupos de países, facilitando os trabalhos do OIN[441].

Durante as fases de negociação do texto, alguns temas logo se revelaram mais polêmicos e demandaram um trabalho de negociação mais exaustivo, com a finalidade de se obter consenso. Entre eles, destacam-se: a) publicidade, promoção e patrocínio de produtos derivados de tabaco; b) política de taxação de cigarros; c) empacotamento e embalagem dos produtos derivados do tabaco; d) comércio ilícito e) recursos financeiros; f) responsabilidade e indenização e g) relação entre comércio e saúde[442].

A aprovação e adoção do texto do Tratado ocorreu em maio de 2003, durante a realização da 56ª Assembléia Mundial de Saúde. A Convenção-Quadro entrou em vigor em 25 de fevereiro de 2005, noventa dias após a quadragésima ratificação. No Brasil, sua ratificação somente foi

---

ocorreu de 18 a 23 de março de 2002 e apresentou representantes de 160 Estados. The Framework Convention on Tobacco Control. A primer. WHO/NCD/TFI/99.8. Rev. 6, p. 2-3. A Quinta OIN ocorreu de 15 a 26 out. 2002 e a 6ª, de 17 a 28 fev. 2003.

441 Como exemplos de negociações em nível regional, pode-se citar o African Regional Meeting on Framework Convention For Tobacco control, de 05-07/03/2001, a 3ª Rodada de Negociações dos países latino-americanos e do Caribe, em setembro de 2002, no México, a South-East Ásia Region on the Framework Convention on Tobacco Control — Republic of Indonésia, entre outras. Cite-se, ainda, pela importância do tema, a reunião sobre "Mercado Ilegal", realizada de 30 de julho a 1º de agosto, em Nova Iorque, com o objetivo de se elaborar um documento para subsidiar um futuro Protocolo. Veja mais em The Framework convention on Tobacco Control. A primer. WHO/NCD/TFI/99.8. Rev. 6, p. 3 e ss.

442 Os três últimos desses itens ficaram dependentes de obtenção de consenso até a 6ª sessão do OIN.

aprovada pelo Senado Federal em 27 de outubro de 2005.[443]

Durante a fase de negociações, como já era de se esperar, a iniciativa da OMS gerou reação nas empresas do setor. Dentre os argumentos contrários à iniciativa apresentados, por empresas diversas, em nível nacional e internacional, destacam-se a alegação de que a Organização Mundial da Saúde poderia estar-se excedendo em sua autoridade legal; de que o texto apresentava "falhas", favorecendo situações condenáveis, como, por exemplo, o contrabando, ao se pretender aumentar impostos; além de afirmarem que a proposta representava violações a direitos fundamentais, como a liberdade de expressão e significava perda de soberania pelos Estados. Por outro lado, as empresas se mostraram favoráveis a determinados aspectos do texto, como a proteção de menores, informações sobre os produtos e seus riscos, controle do mercado ilegal e o estabelecimento de critérios para produtos de "risco reduzido" à saúde. Chama a atenção, a esse respeito, a insistência das empresas em que se preserve o direito dos adultos de escolher fumar[444].

A aprovação do texto também encontrou resistência em alguns Estados. Estados Unidos, China, Cuba, Rússia e

---

[443] Vinte e oito Estados aderiram à Convenção-Quadro no primeiro dia em que o texto estava disponível para assinatura, entre eles, o Brasil. A Noruega foi o primeiro país a ratificá-lo.
[444] A OMS é vista como inimiga pelas indústrias tabagistas. Vide Campaign for Tobacco Free-Kids — CONFIE en nosotros. Somos la industria tabacalera, p. 44 e ss. Veja também Dirty Dealings — big tobaccos lobbying, pay-offs, and public relations to undermine national and global health policies. Infact, Boston, oct. 2002. Neste ultimo texto, podem-se ler referências às diversas iniciativas de lobby, pelas empresas, em diversos Estados, inclusive no Brasil e no âmbito da OMS, para dissuadir a iniciativa de se controlar o tabagismo.

Japão foram os Estados mais resistentes a algumas das propostas que vinham sendo negociadas. A questão da publicidade, por exemplo, encontrava dificuldade de aprovação nos Estados Unidos, Japão e Alemanha, por razões distintas[445]. O primeiro deles, até o último momento das negociações, mostrou-se resistente em relação a algumas das propostas[446].

Os benefícios advindos da celebração de um tratado internacional para o controle do tabaco são inegáveis. O principal deles, segundo a própria Organização Mundial da Saúde, reside na possibilidade de se promover políticas nacionais sem o risco de que sejam prejudicadas por condutas internacionais[447]. Além disso, é promovida uma mobilização nacional e internacional de apoio técnico e financeiro para o controle do tabagismo, conduzindo a uma cooperação internacional para esse controle; há um aumento de conscientização dos governos e respectivos ministérios envolvidos no tema, em todos os Estados, bem como de toda a sociedade civil e, por conseqüência, promove-se um fortalecimento das iniciativas nacionais, incipientes ou não, nesse sentido. Por outro lado, em Estados em que a política nacional de controle do tabagismo já se encontre bem sedi-

---

[445] Segundo informa o e-mail enviado por: Por um mundo sem tabaco — INCa/Conprev, (em 06 fev. 2003, às 18:29, assunto: Brasil quer alta de imposto e queda de propaganda de cigarros), os Estados Unidos, na questão da publicidade, enfrentavam pressões internas de suas grandes indústrias manufatureiras. Já a Alemanha, enfrentava pressão de editoras e empresas de publicidade.
[446] Texto do e-mail enviando por: Por um Mundo sem Tabaco — INCa/Conprev, em 12 mar. 2003, às 11:08, assunto: Balanço final da Convenção-Quadro para o controle do tabaco — Parte 1.
[447] ORGANIZACIÓN MUNDIAL DE LA SALUD. *El convenio marco para la lucha antitabáquica*. Presentación. WHO/NCD/TFI/99.8.Rev.2, p. 2.

mentada, a ratificação da Convenção-Quadro, mesmo vinculando-os juridicamente, não os impede de adotar regras ainda mais rígidas. O tratado tem, assim, funções de complementação, fomento e apoio às medidas nacionais antitabagistas, não uma intenção de substituição ou conflito[448].

Além disso, a Convenção-Quadro não violará outros acordos internacionais existentes. Entidades como a Organização Mundial do Comércio, a UNICEF, a FAO, a Organização Internacional do Trabalho e o Banco Mundial, acompanharam as negociações para a celebração do tratado, buscando, com isso, evitar conflitos entre a Convenção-Quadro e outros tratados internacionais[449]. Sobre o possível conflito de interesses entre questões comerciais e sanitárias, é de se salientar que a Organização Mundial do Comércio reconhece a proteção da saúde humana como prioridade[450].

6.1.1 A Convenção-Quadro para o controle do tabaco: teor

O texto final da Convenção-Quadro, aprovado pelos 192 Estados-membros, consiste em um Preâmbulo e onze Partes. No Preâmbulo, encontram-se os "Considerandos".

---

448 No mesmo sentido, Secretaria-Executiva da Comissão Nacional para o controle do tabaco. Convenção-Quadro para o controle do tabaco. Origem, história e evolução, maio 2002, p. 6.
449 PAN AMERICAN HEALTH ORGANIZATION. *The framework convention on tobacco control*: strengthening health globally, [s.d.].
450 WORLD HEALTH ORGANIZATION. Global Tobacco Control Law: towards a WHO framework convention on tobacco control. INTERNACIONAL CONFERENCE, 7-9 Jan. 2000. *Report*, New Delhi, 2000, p. 14. No mesmo sentido, Santé publique, commerce mondial et la convention-cadre pour la lutte contre le tabaco. The Campaign for Tobacco Free-Kids, Washington, mars/2000.

A Parte I é destinada à Introdução, em que se apresenta a lista das expressões utilizadas e a relação entre o tratado e outros acordos e instrumentos jurídicos. A Parte II contém o objetivo, os princípios básicos e as obrigações gerais. A Parte III é dedicada às medidas relacionadas com a redução da *demanda* de tabaco. A Parte IV aponta as medidas relacionadas à redução da *oferta* do tabaco. A Parte V refere-se à proteção do meio-ambiente. A Parte VI é dedicada à responsabilidade das empresas. A Parte VII refere-se à cooperação técnica e científica e à comunicação de informação. A Parte VIII trata de acordos institucionais e recursos financeiros. A Parte IX tem por objeto a solução de controvérsias. A Parte X trata do desenvolvimento da Convenção-Quadro e a Parte XI, das disposições finais.

A leitura do inteiro teor do documento conduz à constatação de que ele se baseia e se sustenta em evidências científicas, mesmo que essas ainda encontrem dificuldade de ser assimiladas pelas pessoas e pelas instituições nacionais ou sejam rejeitadas pelas empresas. Um exemplo disso se encontra no Preâmbulo, quando se reconhece "que a ciência demonstrou *inequivocamente* que o consumo de tabaco *e a exposição à fumaça do tabaco* são causas de morte, doenças e incapacidade"[451]. Outro exemplo é o reconheci-

---

451 Mais adiante, ainda no Preâmbulo, se afirma: "Reconhecendo ainda que os cigarros e alguns outros produtos que contêm tabaco estão desenvolvidos de maneira muito sofisticada, com o fim de criar e manter a dependência, que muitos dos compostos que contêm e a fumaça que produzem são farmacologicamente ativos, tóxicos, mutagênicos e cancerígenos e que a dependência figura como um transtorno específico nas principais classificações internacionais de doenças" e "profundamente preocupados com o importante número de fumantes e consumidores de outras formas de tabaco entre as crianças e adolescentes no mundo inteiro e, particularmente, com o fato de que se começa a fumar em idades cada vez mais jovens." Essas informações, comprovadas cien-

mento, presente no artigo 13, de que a proibição total da publicidade, a promoção e o patrocínio reduziriam o consumo dos produtos de tabaco, posição essa sustentada em conclusões do Banco Mundial em estudos sobre o tema.

Outro aspecto que chama a atenção na leitura do texto final é a prioridade que se dá à proteção à saúde pública, presente logo no início do Preâmbulo do tratado. Tal afirmação poderá ser utilizada, futuramente, em discussões sobre possíveis conflitos entre suas normas, bem como entre as ações nele sustentadas e outras normas ou interesses. No mesmo sentido, mas direcionado às políticas nacionais de controle do tabagismo, no artigo 5, em que se estabelecem as obrigações gerais, o item 3 afirma que, no momento de firmar e aplicar suas políticas de saúde pública relativas ao controle do tabagismo, os Estados devem atuar de maneira a proteger tais políticas contra os interesses comerciais e outros interesses da indústria.

Algumas normas da Convenção-Quadro, pelas discussões que causaram, pela importância de constarem em uma norma internacional ou pela própria característica da conduta que regulamentam, em que o tratamento internacional é imprescindível, como é o caso do contrabando ou comércio ilícito de produtos, merecem comentários:

a) *Comércio ilícito* – a proteção contra o comércio ilícito é matéria em que o tratamento em nível internacional é absolutamente necessário. O tema requer uma preocupação dos Estados em manter o preço dos produtos em um nível relativamente elevado e sem grandes oscilações de Estado para Estado. No texto do tratado, o combate ao

---

tificamente, são preciosas e tornam-se valiosas quando passam a compor o texto de uma norma internacional.

comércio ilícito é considerado uma medida para reduzir a oferta do tabaco e encontra-se presente no artigo 15. Pela gravidade do problema, pela unanimidade da crença em sua necessidade e urgência, desde o começo das negociações se discute a possibilidade de celebração de um Protocolo específico. Mesmo assim, algumas medidas já constam do texto da Convenção-Quadro, como, por exemplo, a adoção de indicações, nas embalagens dos produtos, que ajudem a determinar sua origem e facilitar o monitoramento de sua circulação; a adoção, nas embalagens, de dizeres informando o local (país, estado ou mercado) em que a venda do produto é permitida, entre outras. Especificamente no caso do problema brasileiro, em que o comércio ilícito de cigarros ocorre a partir do Paraguai, é de expressiva importância o estabelecimento de normas internacionais e sua ratificação pelo próprio Paraguai. Nesse sentido, por Decreto do Poder Executivo daquele país, datado de 11 de junho de 2001, foi criada a Comissão Nacional Interinstitucional para o controle do tabagismo, encarregada da preparação da posição paraguaia para as negociações internacionais com vistas à elaboração da Convenção-Quadro e da Coordenação Nacional dos Programas de controle do tabagismo. Note-se que o Paraguai, juntamente com o Brasil, foi um dos países que assinaram o tratado logo no primeiro dia a isso destinado[452].

b) *Publicidade, promoção e patrocínio* – Um dos aspectos mais discutidos no âmbito do OIN constituiu-se nos limites da regulamentação da publicidade, promoção e patrocínio de produtos de tabaco. De um lado, relatórios de

---

452 TOBACO o Salud. *Boletin informativo de la Comissión Nacional Interinstitucional para el control del tabaquismo*. Assunción, n. 1, año 1, p. 1, 1-30 set. 2002.

pesquisas promovidas pelo Banco Mundial apontavam a necessidade de proibição total de tais atividades, como medida eficaz de contenção do consumo de produtos como o cigarro[453]. De outro lado, alguns países alegavam impossibilidade de proceder a um controle rígido, utilizando como argumentos o direito fundamental de liberdade de expressão e normas constitucionais que impediam tal proibição. Visando alcançar consenso, o Presidente do OIN, em seu último texto, propôs limitar a publicidade do cigarro, sem se proceder a uma proibição total. Essa proposta, que tinha como finalidade solucionar o impasse verificado nas negociações, recebeu fortes críticas, em especial das organizações não-governamentais que acompanhavam o processo de negociação. Por fim, o texto aprovado fez a opção pelo caminho intermediário. Reconhece a importância de uma proibição total, propõe a ocorrência desta, mas deixa aberta a possibilidade para uma mera restrição, ao invés de proibição, por parte daqueles países cujas Constituições impeçam esta última. Embora, a uma primeira vista, a impressão seja a de que o texto final se apresentou flexível demais, a verdade é que sua análise cuidadosa permite verificar claramente seu rigor. A regra estabelecida pelo artigo 13, itens 1, 2 e 3, é a proibição total. A restrição apenas ocorreria em caráter subsidiário, como exceção. Daí o caráter rigoroso da norma.

c) *Responsabilidade e Indenização* – Outro aspecto em que pôde ser verificada muita dificuldade em se obter

---

[453] As organizações não-governamentais pleiteavam a proibição total da publicidade, promoção e patrocínio de produtos de tabaco. ¡Prohibición de la publicidad, la promoción y el patrocínio del tabaco! Infact, Boston, Oct. 2002.

consenso, é o tema da responsabilidade das empresas. Antes de qualquer outro comentário, é preciso que se verifique que *a mera discussão sobre a inserção ou não, do tema, no texto do tratado, nada mais representa que o reconhecimento, pelos Estados e pela OMS, da importância da responsabilidade (e das indenizações) como medida de controle do tabagismo*, muito embora ações judiciais nesse sentido somente tenham resultados expressivos nos Estados Unidos. Para subsidiar as discussões sobre o assunto, o item então denominado "Responsabilidade e Indenização" foi objeto, em abril de 2001, de uma reunião especial, entre especialistas. Muitos países advogavam a tese de que o tema deveria ser descartado do texto do tratado, argumentando tratar-se de uma questão de direito privado sendo inserida em um contexto de direito público[454]. O resultado final foi um texto enfraquecido pela redação repleta de ressalvas, principalmente se comparado ao texto do Presidente apresentado na 5ª Sessão do OIN. Além disso, a expressão "Indenizações" foi eliminada do título da Parte VI e do artigo 19, que tratam do assunto[455]. Entretanto, sua mera inserção no texto final é significativa e pode ser interpretada como reconhecimento, pelos Esta-

---

454 As organizações não-governamentais que acompanhavam as discussões eram favoráveis 'a inserção do tema no texto da Convenção-Quadro. ¡Que incluya fuertes medidas de responsabilidad legal e indemnizaciones! Infact, Boston, Oct. 2002.
455 O texto final, artigo 19, 1, diz: "Para fins de controle do tabagismo, as Partes adotarão medidas legislativas ou promoverão suas leis vigentes, quando seja necessário, para tratar da responsabilidade penal e civil, inclusive a indenização, quando pertinente". A redação apresentada na 5ª sessão do OIN dizia: As partes adotarão medidas legislativas ou utilizarão suas leis vigentes para tratar da responsabilidade e indenização com fins de controle do tabagismo".

dos, da importância dos litígios como instrumento para o controle do tabagismo.

d) *Financiamento* – Também cumpre ressaltar a importância do estabelecimento, no texto final aprovado, de medidas para financiar o controle do tabagismo, em especial em países em desenvolvimento ou cujas economias dependam do tabaco. Essa preocupação, presente já no Preâmbulo, pode ser verificada em diversas partes do texto (artigos 4, 3 e 6; 5, 6; 20, 5, 23 e 26) e facilita futuras negociações com organismos internacionais financiadores.

Por fim, cumpre observar que a Convenção-Quadro, embora seja um tratado de saúde pública e celebrado por uma Organização internacional incumbida de zelar pela saúde, nada mais faz que, orientada pela intenção de se controlar o consumo de um produto lesivo à saúde, estabelecer expressamente *medidas para reduzir sua demanda e sua oferta*. Assim a Parte III regulamenta oito formas de se reduzir a demanda (através do controle de preços e impostos, estabelecendo normas para controlar a exposição à fumaça, regulando o conteúdo do produto, regulando a informação sobre o produto, regulando a embalagem, tratando da educação e conscientização, regulando a publicidade, promoção e patrocínio e o abandono da dependência), ao passo que a Parte IV apresenta três medidas para reduzir a oferta (controle do comércio ilícito, controle de vendas *a* e *por* menores e apoio a atividades alternativas)[456]. Está clara,

---

[456] É de se observar, entretanto, a timidez do tratado em estabelecer mecanismos de controle da oferta. Um dos aspectos importantes e que não consta do texto é a intenção de se promover um desestímulo à atividade econômica desenvolvida pelas empresas do setor. Todavia, é facilmente compreensível a inconveniência de um tal tratamento pela

portanto, a circunstância de uma intervenção econômica em um mercado, restringindo seu livre comércio, orientada por finalidades sanitárias.

6.1.2 A Convenção-Quadro para o controle do tabaco e o Brasil

A posição do Brasil nas negociações para a celebração da Convenção-Quadro foi de flagrante liderança. A começar pela presidência do Órgão Internacional de Negociação, a princípio a cargo do embaixador brasileiro Celso Amorim e, posteriormente, de responsabilidade do embaixador Luís Felipe de Seixas Corrêa, ambos eleitos por unanimidade, o Brasil foi destaque durante toda a fase de negociação do tratado[457].

A posição de destaque desempenhada pelo Brasil deve-se, também, à política nacional de controle do tabagismo, responsável por conceder tratamento interno ou promover discussões internas sobre temas que estavam sendo discutidos em âmbito internacional.

A preocupação em conceder às negociações internacionais o tratamento que elas mereciam, pela importância do tema, resultou na criação de uma Comissão Nacional para o Controle do Uso do Tabaco (CNCUT), através do Decreto n. 3.136, de 13/08/99. A Comissão, presidida pelo Ministério da Saúde, era composta por diversos ministérios (Indústria e Comércio Exterior, Trabalho e Emprego, Fa-

---

Convenção-Quadro, que geraria reação, dificultando gravemente a aprovação do texto.

457 O embaixador Celso Amorim foi eleito na 1ª sessão da OIN e, após sua transferência para Londres, foi eleito, na 4ª OIN, para substituí-lo, o embaixador Seixas Corrêa.

zenda, Relações Exteriores, Justiça, Educação, Agricultura e Abastecimento, Desenvolvimento), concedendo tratamento multidisciplinar às discussões e permitindo a divulgação da intenção da OMS entre vários grupos de interesses envolvidos. A CNCUT reuniu-se por diversas vezes, buscando consenso interno nas propostas que seriam apresentadas pelo Brasil, no âmbito das sessões do OIN. Após a aprovação e assinatura, pelo Brasil, do texto final do tratado, foi criada a Comissão nacional para implementação da Convenção-Quadro para o controle do tabaco e de seus protocolos no Brasil, em 01 de agosto de 2003. A composição desta Comissão previa, ainda, a participação do Ministério do Meio Ambiente e do Ministério das Comunicações. Sua primeira iniciativa foi promover um seminário sobre a Convenção-Quadro na Câmara dos Deputados, com o objetivo de divulgar os termos do tratado e sensibilizar os legisladores brasileiros sobre a importância de sua aprovação[458].

Com o fito de promover discussão interna sobre o tema e envolver a sociedade civil, o Ministério da Saúde foi, ainda, responsável por proceder a uma Consulta Pública, de n. 01, em setembro de 2000, sobre a proposta da OMS de se elaborar um tratado internacional sobre o controle do tabagismo.

6.2 Política econômica internacional de desestímulo ao consumo e à oferta de tabaco

Embora seja indiscutível sua característica de tratado de saúde pública, tendo em vista seu tema e objeto de re-

---

[458] Note-se que o trâmite da Convenção-Quadro para ingresso no ordenamento jurídico brasileiro deverá obedecer ao disposto no artigo 49, I da CR/88.

gulamentação, a Convenção-Quadro para o controle do tabaco apresenta um inegável viés econômico e se constitui em verdadeira política econômica internacional de controle do tabagismo. O próprio Ministério da Saúde brasileiro admite isso indiretamente, ao afirmar que *"de forma diferente do que acontece com a maioria dos problemas de saúde pública, o tabagismo conta com um importante fator causal ligado a um negócio. O negócio de vender produtos de tabaco"*[459].

A natureza econômica da Convenção-Quadro decorre da constatação de que ela representa uma verdadeira intervenção estatal no livre-comércio de uma espécie de produto. É o reconhecimento, por um órgão internacional, de que não é possível adotar pressupostos liberais para permitir o livre comércio de um produto, quando ele causa dano às pessoas, como ocorre com o tabaco e produtos dele derivados. Por outro lado a Convenção-Quadro trará conseqüências significativas sobre a economia de diversos dos Estados que a ratificarem.

A lógica adotada pelo tratado, mesmo que implicitamente, é a de que, se um produto causa danos, não se pode promover um aumento ou um estímulo ao aumento de sua comercialização[460]. Isso faz da Convenção-Quadro, *objeto de uma política econômica internacional de desestímulo a*

---

459 Por que aprovar a Convenção-Quadro para o controle do tabaco? Ministério da Saúde, Instituto Nacional do Câncer, Rio de Janeiro, 2002.
460 Nesse sentido, SHAPIRO, Ira S. Treating cigarettes as an exception to the trade rules. *SAIS Review*, v. XXII, n. 1, winter-spring 2002. p. 87-96. No mesmo texto, pode-se ler: "Normas comerciais não são insensíveis à necessidade de tratamento especial de produtos que causem dano. Comércio de armas foi excluído das regras do GATT e da Organização Mundial do Comércio [...]". (tradução livre).

uma atividade econômica. O mesmo se pode comprovar pela leitura do artigo 1, d), do tratado, em que se estabelece que o *"controle do tabaco"* compreende "diversas estratégias de *redução da oferta, da demanda* e dos danos, com objetivo de melhorar a saúde da população, eliminando ou reduzindo o consumo de produtos de tabaco e a exposição à fumaça do tabaco".

Pode-se classificar, portanto, a Convenção-Quadro como uma norma de Direito Econômico Internacional, aqui compreendido como um sub-ramo do Direito Econômico que tem por objeto de estudo as políticas econômicas desenvolvidas internacionalmente[461]. Neste caso, a norma

---

[461] Pode-se afirmar existirem diferenças conceituais entre o chamado "Direito Econômico Internacional" e o "Direito Internacional Econômico". Neste trabalho, a opção é feita pelo "Direito Econômico Internacional", compreendido como um sub-ramo do Direito Econômico que leva em consideração, nas relações internacionais, pressupostos distintos dos comumente adotados pelo Direito Internacional clássico. Assim, ele se sustentaria, por exemplo, nas idéias de desigualdade econômica real entre os Estados e de interdependência econômica entre eles, abandonando a crença comumente disseminada de soberania econômica plena. Essa concepção parece mais afinada com a filosofia personalista adotada como marco teórico do trabalho. A esse respeito, Celso D. de Albuquerque Mello acredita que o Direito Internacional carece de uma mudança profunda em seus pressupostos e características, abandonando sua configuração moderna, nascida na Europa Ocidental, na época em que os grandes Estados já estavam formados. Fazendo referência expressa à filosofia personalista de Emmanuel Mounier, ele propugna por uma democratização do Direito Internacional, resgatando a pessoa, relegada a segundo plano no século passado. MELLO, Celso D. de Albuquerque. *Curso de direito internacional público.* 13. ed. Rio de Janeiro: Renovar, 2001. v. I, p. 44-45. O citado professor postula a revisão do Direito Internacional ensinado nas faculdades, buscando transformá-lo em um Direito Internacional do Desenvolvimento. E afirma: *"O DIP se encontra em uma verdadeira crise nos dias de hoje."*

de Direito Econômico Internacional constitui-se em uma política econômica de controle da oferta e da demanda do tabaco, promovida pela Organização Mundial da Saúde e adotada pelos Estados.

MELLO, Celso D. de Albuquerque. *Curso de direito internacional público*, v. I, p. 49-52. A incorporação de uma idéia de "finalidade" pela essência do Direito Internacional é também postulada por Prosper Weil. Sem distinguir entre as denominações "Direito Econômico Internacional" e "Direito Internacional Econômico", ele considera a necessidade de compreensão do Direito Internacional como um direito "realista", não mais um direito de coexistência entre os Estados, limitado às relações, mas ele se transformaria em um *direito de finalidade*, em um quadro necessário às políticas econômicas de desenvolvimento. WEIL, Prosper. *Le droit international économique*: mythe ou réalité? In Aspects du droit international économique. Élaboration, controle, sanction. Paris: A. Pedone, 1972. p. 1-34. Na mesma linha de raciocínio, de compreensão do Direito Internacional como um instrumento para o desenvolvimento, Alain Pellet afirma ser necessária uma visão de Estado menos abstrata, que leve em consideração as circunstâncias concretas, suas desigualdades. E reivindica uma transição da idéia de "Estado abstrato" para "Estado situado". De acordo com esse autor, assim como, no direito interno, o homem individualista de 1789 foi suplantado pela idéia de homem situado, da mesma forma, no plano internacional, é o "Estado situado" que deve se tornar objeto de consideração. O princípio da igualdade soberana passa a ser compreendido como um objetivo a se atingir. PELLET, Alain. *Le droit international du développement*. Paris: Presse Universitaires de France, 1987. p. 62-63. O Prof. João Bosco Leopoldino opta por um "Direito Econômico Internacional". LEOPOLDINO DA FONSECA, João Bosco. *Direito econômico*. 4. ed. Rio de Janeiro: Forense, 2001. Sobre o Direito Econômico Internacional, veja também SILVA, Roberto Luiz. *Direito econômico internacional e direito comunitário*. Belo Horizonte: Del Rey, 1995. Sobre Direito Internacional Econômico, veja CARREAU, Dominique. *Droit international économique*. 2. ed. Paris: Librairie Générale de Droit et de Jurisprudence, 1980.

Capítulo 7

CONCLUSÃO

Ao sair do elevador, naquele dia de janeiro de 2003, o Sr. José deve ter ido se encontrar com a filha, que trabalha naquele prédio. Ou foi, ele mesmo, trabalhar, em uma sala, no primeiro andar. No fim do dia, ele brincou com os netos, fez compras com a esposa, assistiu ao noticiário de TV e comentou, preocupado, sobre o futuro do país. E, certamente, fumou alguns outros cigarros.

Atitude corriqueira na vida de tantas pessoas em todo o mundo, o hábito de fumar possui complexas conseqüências, ainda não suficientemente conhecidas por todos. Para além dos graves efeitos negativos para a saúde, esses um pouco mais conhecidos, reconhecidos e divulgados que seus demais resultados negativos, o tabagismo constitui-se, ainda, em tema desafiador para muitas ciências, entre elas, a Ciência Jurídica.

Estudos científicos sérios já demonstram a fragilidade dos mitos que envolvem o tabagismo. Esses mitos, embora já estejam suficientemente superados pela ciência, permanecem no imaginário popular, confundindo vítimas do hábito, reforçando argumentos da indústria, gerando equívocos na compreensão da gravidade do problema.

Assim, é insustentável, nos dias atuais, a afirmação de que fumar possa ser benéfico à saúde física e/ou psíquica dos consumidores, mito esse que percorre todas as fases da história do tabaco, história, aliás, das próprias pessoas que fizeram uso dele. A esse respeito, é preciso que se reafirme que, apesar de se tratar, nesse ponto, de questão em que os resultados científicos encontram-se melhor divulgados, *é também mito crer que todos os conhecem*. Em outras palavras: embora, aparentemente, todas as pessoas tenham acesso à informação, nos dias atuais, de que fumar causa danos à sua saúde, *as informações divulgadas ainda não foram capazes de superar séculos de crença em sentido contrário*.

Também é preciso desmitificar a idéia de que o tabaco seja responsável por gerar riqueza para o Estado. Essa crença se sustenta na análise superficial dos resultados econômicos gerados pelo tabagismo, em especial aqueles relacionados ao pagamento de tributos e à geração de empregos. Como se afirmou e se demonstrou no item III do presente trabalho, a importância econômica do tabaco tem sido superestimada, principalmente, por aqueles que têm interesse na atividade, como a própria indústria do setor. Os números de empregos gerados não são tão significativos quanto se supõe. A precária qualidade de vida a que se expõem os agricultores e suas famílias e sua submissão ao enorme poder econômico das empresas reforçam a constatação de que desestimular a oferta não gerará resultados tão nefastos quanto se imagina. Além do mais, estudos demonstram que, mesmo uma política satisfatória de desestímulo ao tabaco levará muitas décadas até alcançar uma diminuição significativa da procura, o que se traduz em um gradual impacto na questão dos empregos, gerando tempo suficiente para se desenvolver uma política de cultura alternativa ou a criação de novos postos de trabalho.

Quanto à alegação de que a arrecadação tributária advinda do tabaco é fundamental para o Estado, estudos apresentados demonstram que se trata de uma análise simplista do problema. Os gastos para o Estado, resultantes do tabagismo, superam o que se arrecada, mesmo com impostos elevados, como o caso do IPI, no Brasil. O mito da geração de riquezas também precisa ser superado.

Um outro problema grave, com conseqüências diretas no Direito e para a conclusão desta tese, encontra-se na *crença de que fumar seja exercício de livre-arbítrio*, o que impediria ou restringiria uma ação estatal para o seu desestímulo. O texto do item IV do presente trabalho pretendeu demonstrar que o hábito constitui-se em um caso de sujeição e vulnerabilidade, antes que de liberdade da pessoa. Elementos necessários para a caracterização do livre-arbítrio, como a ação voluntária, o querer consciente, definitivamente, não se encontram presentes no tabagismo. *Propugna-se, portanto, pelo reconhecimento da existência de um direito de não fumar, fundamental, desdobramento dos direitos fundamentais à vida e à saúde. Esse direito demandaria ações estatais, fáticas e normativas, alinhando seus órgãos e elaborando normas de desestímulo ao consumo e à produção de tabaco.*

Essa conclusão é obtida através da opção pela pessoa humana como valor maior, o valor-fim da Ciência. Se se toma a pessoa humana como medida de todas as coisas e a vida como imprescindível à própria existência da pessoa humana, não há como não se reconhecer a ela esse direito.

O acesso ao conhecimento das bases equivocadas em que se sustentam esses mitos, além de se constituir em direito da pessoa humana, é imprescindível para uma política estatal consistente de controle do tabagismo. No Brasil, os primeiros passos para a implementação de uma política de desestímulo ao consumo e à produção do tabaco já foram dados, o que tem sido responsável por colocar o país em uma situação de pioneirismo e liderança nessa questão. Mas são apenas os primeiros passos. É chegada a hora de se evoluir nessa política.

Evoluir, no atual estágio de controle do tabagismo no Brasil, significa reconhecer que, embora as razões que orientam a política de controle do tabagismo sejam, principalmente, sanitárias, ela nada mais representa do que uma política econômica de desestímulo a uma atividade econômica e precisa ser assim compreendida. Assim, *as ações estatais devem se pautar pela intenção de se desestimular o consumo e a produção do produto tabaco*. Desestimular através da elaboração e aprimoramento das normas de controle do tabagismo, desestimular através do alinhamento de todos os órgãos em direção a essa política. A análise do ordenamento jurídico brasileiro, nesse sentido, aponta uma mudança recente de enfoque na legislação incidente sobre o tabaco, no sentido de abandonar concepções equivocadas, sustentadas nos mitos. Por outro lado, ações estatais fáticas de controle do tabagismo têm se mostrado ainda tímidas. É chegado o momento de se inaugurar um segundo estágio de controle do tabagismo no Brasil, *que apresente normas mais consistentes e decisões judiciais e administrativas mais afinadas com os resultados produzidos pela ciência.*

Tais políticas econômicas somente serão corretamente disciplinadas se compreendidas através do enfoque oferecido pelo Direito Econômico. As características das normas desse ramo do Direito, suas regras, seus princípios, com ênfase no princípio da economicidade, assim como a alternativa oferecida pelas *sanções premiais*, constituem elementos fundamentais para a compreensão e a juridicização do fato econômico em questão.

Por fim, é preciso reconhecer a importância de uma política econômica internacional de controle do tabaco, para o sucesso das iniciativas estatais. Questões como a publicidade e o patrocínio de produtos derivados de tabaco, bem como o contrabando, são problemas que requerem, necessariamente, uma ação global para seu controle eficaz. Nesse caso, destaca-se a importância de iniciativas promovidas por organizações internacionais, especialmente a Convenção-Quadro para o controle do tabaco, como uma fundamental *política econômica internacional de controle do tabaco, baseada em concepções renovadas de normas internacionais, pautando-se pelas evidências de desigualdade real entre os Estados, de profunda interdependência econômica entre eles e apresentando viés desenvolvimentista.*

Mas, principalmente e acima de tudo, é preciso que se compreenda a questão do tabagismo a partir de seu significado real para a vida digna das pessoas, abrindo mão de argumentos e concepções que as coloquem em segundo plano, superadas em importância por razões normativas ou econômicas estatais e, portanto, anti-humanistas.

A economia não pode definir e construir a História, em detrimento das pessoas. Tampouco o exercício de uma atividade econômica está autorizado a definir e destruir histórias de vida de pessoas. Ao Estado incumbe a tarefa de intervir, sempre que necessário e de forma não-arbitrária, para preservar a vida das pessoas.

A Ciência, as normas, nacionais ou internacionais, bem como as instituições, precisam estar verdadeiramente a serviço das pessoas. Se resultados científicos sérios apontam a gravidade do exercício livre de uma determinada atividade econômica para a vida e saúde, é preciso que as normas e as instituições, existentes e a serem desenvolvidas, atuem efetivamente para a proteção da pessoa, valor maior. Somente assim, poderiam ser consideradas humanizadas a Ciência, as normas e as instituições.

Não há razões, em uma perspectiva personalista, que sustentem a resistência em se controlar o tabagismo. Mitos precisam ser revistos. Evidências científicas demonstram que a realidade é diferente do que fazem crer os mitos. Fumar causa danos à própria pessoa fumante, às outras pessoas, à coletividade de pessoas. Em uma visão de mundo personalista, a intervenção estatal justifica-se para a proteção de mim mesmo e do outro, outro eu mesmo.

Retomando, em sede de conclusão, os questionamentos propostos na introdução deste trabalho, tem-se que: *Considerando-se que o hábito de fumar está longe de se configurar um exercício de livre-arbítrio da pessoa, ela possui o direito de não fumar, como desdobramento de seu direito à vida e à saude. Como forma de se assegurar o direito de não fumar, ao Estado compete elaborar normas e políticas que possibilitem o acesso das pessoas à vida e à saúde, em uma perspectiva de desestímulo à atividade econômica. Aliada às ações educativas e preventivas sanitárias, o Estado e as organizações internacionais devem desenvolver medidas de política econômica de desestímulo à oferta e ao consumo do tabaco.*

O controle do tabagismo será exercido, em nível nacional ou internacional, através do controle da oferta e da procura pelo produto. Nisso consiste a política econômica nacional ou internacional de controle do tabagismo: na regulação da oferta e da procura pelo produto. Dessa forma, coloca-se a economia a serviço da pessoa, invertendo o quadro atual de submissão.

O Sr. José e, como ele, outras tantas pessoas fumantes, são vítimas do consumo de um produto lesivo à própria pessoa e à coletividade de pessoas. A vida do Sr. José é única e insubstituível. Ela precisa ser preservada.

REFERÊNCIAS BIBLIOGRÁFICAS

ASSOCIAÇÃO BRASILEIRA DE NORMAS TÉCNICAS. *NBR 6023*: informação e documentação — referências — elaboração. Rio de Janeiro, 2002. 24 p.
____. *NBR 10520*: informação e documentação — apresentação de citações em documentos. Rio de Janeiro, 2002. 7 p.
____. *NBR 14724*: informação e documentação — trabalhos acadêmicos — apresentação. Rio de Janeiro, 2002. 6 p.
AGOSTINHO, Santo. *Confissões*. 9. ed. Petrópolis: Vozes, 1988.
____. *O livre-arbítrio*. Tradução Nair de Assis Oliveira. São Paulo: Paulus, 1995.
ALEXY, Robert. *Teoria de los derechos fundamentales*. Madrid: Centro de Estudios Políticos y Constitucionales, 2002.
ALLEMAN, Jacobus Johannes. Salva-se no ateísmo o valor da pessoa humana? In: SOCIEDADE BRASILEIRA DE FILÓSOFOS CATÓLICOS. *Humanismo pluridimensional*. Atas da Primeira Semana Internacional de Filosofia. São Paulo: Loyola, 1974. 2 v.
ALTHUSSER, Louis et al. *Polêmica sobre o humanismo*. Lisboa: Editorial Presença, 1967.
ANSART, Pierre. *Idéologies, conflits et pouvoir*. Paris: Presses Universitaires de France, 1977.

ARISTÓTELES. *Ética a Nicômacos*. Tradução Mário da Gama Kury. 4. ed. Brasília: Ed. UnB, 2001.

BALEEIRO, Aliomar. *Uma introdução à ciência das finanças*. 15. ed. atualizada por Dejalma de Campos. Rio de Janeiro: Forense, 1998.

BANCO MUNDIAL; ORGANIZACIÓN PANAMERICANA DE LA SALUD. *La epidemia de tabaquismo*. Los gobiernos y los aspectos económicos del control del tabaco. Publicación Científica n. 577, Washington DC, 1999.

_____. *La epidemia de tabaquismo*. Los gobiernos y los aspectos económicos del control del tabaco. Washington DC, 2001.

BERTI, Silma Mendes. *Responsabilidade civil pela conduta da mulher durante a gravidez*. Tese (Doutoramento em Direito) — Faculdade de Direito da Universidade Federal de Minas Gerais, 2002.

BETTENCOURT, P. F. T. O conceito da pessoa humana através dos séculos. In: SOCIEDADE BRASILEIRA DE FILÓSOFOS CATÓLICOS. *Humanismo pluridimensional*. Atas da Primeira Semana Internacional de Filosofia. São Paulo: Loyola, 1974. 2. v.

BOURGOGNIE, Thierry. The Philosophy and Scope of Consumer Law and Policy. In: MANIET, F.; DUNAJ, B. *The scope and objectives of consumer law*. Louvain-la-neuve: Centre de Droit de la Consommation, Université Catholique de Louvain, 1994. p. 23-36.

BRASIL. Ministério da Fazenda. Secretaria da Receita Federal. SEMINÁRIO INTERNACIONAL SOBRE FRAUDES NO SETOR DE CIGARROS. *Anais* ... Brasília, 2001.

_____. *Bases para a implantação de um programa de controle do tabagismo*. Rio de Janeiro: Ministério da Saúde, 1996.

_____. *O cigarro brasileiro*. Análises e propostas para a redução do consumo. Rio de Janeiro: Ministério da Saúde, 2000.

_____. *Programa nacional de controle do tabagismo e outros fatores de risco de câncer*. Modelo lógico e avaliação 2001. Rio de Janeiro: Ministério da Saúde, 2002.

BURKERT, Walter. *Mito e mitologia*. Tradução Maria Helena da Rocha Pereira. Lisboa: Edições 70, 2001.

CABRAL DE MONCADA, Luís S. *Direito económico*. 2. ed. Coimbra: Coimbra Editora, 1988.

_____. *Universalismo e individualismo na concepção do Estado*: S. Tomás de Aquino. Coimbra: Armênio Amado Editor, 1943.

CALMON, Eliana. As gerações dos direitos e as novas tendências. *Revista de Direito do Consumidor*, São Paulo, n. 39, Revista dos Tribunais, p. 41-48, jul./set. 2001.

CAMARGO, Ricardo Antônio Lucas. *Direito econômico*: aplicação e eficácia. Porto Alegre: Sergio Antonio Fabris Editor, 2001.

CANOTILHO, J. J. Gomes. *Direito constitucional e teoria da constituição*. 5. ed. Coimbra: Almedina, 2002.

CARREAU, Dominique. *Droit international économique*. 2. ed. Paris: Librairie Générale de Droit et de Jurisprudence, 1980.

CASSIRER, Ernst. *O mito do Estado*. Tradução Álvaro Cabral. Rio de Janeiro: Zahar Editores, 1976.

CHENOT, Bernard. Droit public économique. In: DICTIONNAIRE des Sciences Économiques. Dir. Jean Romeuf. Paris: P.U.F, 1958.

_____. *Organisation économique de l'état*. Paris: Librairie Dalloz, 1965.

CIGANA, Caio. Cresce a participação do fumo brasileiro. *Gazeta Mercantil*, São Paulo, 05 maio 2003, Caderno Agribusiness, p. B-10.

COASE, Ronald H. The problem of social cost. *The journal of Law & Economics*, v. III, p. 1-44, Oct. 1960.

COMPARATO, Fábio Konder. *A afirmação histórica dos direitos humanos*. 2. ed. São Paulo: Saraiva, 2001.

CONFIE en nosotros. Somos la industria tabacalera. Campaign for Tobacco-Free Kids (USA) e Action on Smoking and Health (UK). Washington/Londres, p. 10, Apr. 2001.

COOTER, Robert; ULEN, Thomas. *Law and economics*. 2. nd. Reading, Massachusetts: Addison-Wesley, 1996.

CORRALES, Carlos Floriano. *Derecho y economía*: una aproximación al análisis económico del derecho. Cáceres: Universidad de Extremadura, 1998.

DALLARI, Dalmo. *O poder dos juízes.* São Paulo: Saraiva, 1996.
DAYNARD, Richard A. Tobacco litigation recognized as public health strategy: 28 billion arguments for the industry to improve its behaviour. *Alliance Bulletin,* Genebra, issue 28, p. 4, 16 oct. 2002.
DEL PRIORE, Mary; VENÂNCIO, Renato. *O livro de ouro da história do Brasil.* Rio de Janeiro: Ediouro, 2001.
ECO, Humberto. *Como se faz uma tese.* Tradução Gilson César Cardoso de Souza. 15. ed.. São Paulo: Perspectiva, 2000.
ELIADE, Mircea. *Mito e realidade.* Tradução Pola Civelli. 2. ed. São Paulo: Perspectiva, 1986.
EMERSON, Elizabeth. *Enseñanzas de las campañas em favor de ambientes libres de humo de tabaco em Califórnia.* Washington: Organización Panamericana de la Salud, [s.d.].
FARIAS, Maria do Carmo Bittencourt de. *A liberdade esquecida.* São Paulo: Loyola, 1995.
FARJAT, Gerard. *A noção de direito econômico.* Tradução João Bosco Leopoldino da Fonseca. Belo Horizonte: Movimento Editorial da Faculdade de Direito da UFMG, 1996.
FERRAZ JUNIOR, Tércio Sampaio. *A ciência do direito.* 2. ed. São Paulo: Atlas, 1980.
FERREIRA FILHO, Manoel Gonçalves. *Comentários à constituição brasileira de 1988.* São Paulo: Saraiva, 1990. v. 1.
_____. *Direito constitucional econômico.* São Paulo: Saraiva, 1990.
FERREIRA, Aurélio Buarque de Holanda. *Novo dicionário da língua portuguesa.* 2. ed. Rio de Janeiro: Nova Fronteira, 1986.
FERREIRA, Pinto. *Comentários à constituição brasileira.* São Paulo: Saraiva, 1989. v. I.
_____. *Princípios gerais do direito constitucional moderno.* 5. ed. São Paulo: Revista dos Tribunais, 1971. v. 2.
FORGIONI, Paula. *Fundamentos do antitruste.* São Paulo: Revista dos Tribunais, 1998.
GINZBURG, Carlo. *O queijo e os vermes.* Tradução Maria Betânia Amoroso. São Paulo: Companhia das Letras, 1987.
GLANTZ, Stanton A.; BALBACH, Edith D. *Tobacco war.* London: University of California Press, 2000.

GUSMÃO, Paulo Dourado de. *Introdução ao estudo do direito*. 29. ed. Rio de Janeiro: Forense, 2001.

GUSTIN, Miracy Barbosa de Sousa; DIAS, Maria Tereza Fonseca. *(Re)pensando a pesquisa jurídica*. Belo Horizonte: Del Rey, 2002.

HAYES, Andrew. Is the EU good for our health? – different responses to different risks. *Health and Consumer Protection*, DG. Bruxelles, Consumer Voice n. 3, p. 18-19, 2000.

HEIDEGGER, Martin. *Carta sobre o humanismo*. Tradução Pinharanda Gomes e prefácio António José Brandão. 2. ed. Lisboa: Guimarães e Cia Editores, 1980.

HOJAS doradas, cosecha estéril – los costos de cultivar tabaco. Campaign for Tobacco Free Kids. Washington DC, p. 1, Nov. 2001.

HOWELLS, Geraint. Tackling Tobacco the European Way. INTERNATIONAL CONSUMER LAW CONFERENCE, 9th. Consumer Choice and Risk in Society. Áthens, 10 to 12 apr. 2003. p. 3.

JACQUEMIN, Alex; SCHRANS, Guy. Élements structurels d'une magistrature économique. *Revue Trimestrelle de Droit Commercial*, Paris, n. 3, p. 421-434, jui./sep. 1977.

_____. *Le droit économique*. Paris: Presses Universitaires de France, 1974.

JAPIASSÚ, Hilton; MARCONDES, Danilo. *Dicionário básico de filosofia*. 3. ed. rev. e ampl. Rio de Janeiro: Jorge Zahar Ed., 1996.

JÚRI condena Philip Morris em US$ 150 Mi. *Folha de S. Paulo*, São Paulo, 23 mar. 2002, p. A-17.

KARSTEN, Jens. Tobacco control in the European Union and the proihibition of advertising. (Controle do tabaco na União Européia e a proibição da propaganda). *Revista de Direito do Consumidor*, São Paulo, n. 40, Revista dos Tribunais, p. 9-19, out./dez. 2001.

KELSEN, Hans. *O problema da justiça*. Tradução João Baptista Machado. 2. ed. São Paulo: Martins Fontes, 1996.

KELSEN, Hans. *Teoria pura do direito*. 6. ed. São Paulo: Martins Fontes, 1998.

KIRK, G. S. *El mito*: su significado y funciones em la Antiguedad y otras culturas. Barcelona: Paidos Studio, 1985.
LATORRE, Angel. *Introdução ao direito*. Coimbra: Livraria Almedina, 1978.
LAUBADÈRE, André de. *Direito público econômico*. Coimbra; Livraria Almedina, 1985.
LE GOFF, Jacques. *A história nova*. Tradução Eduardo Brandão. 4. ed. São Paulo: Martins Fontes, 1988.
LEGAZ Y LACAMBRA, Luiz. *Humanismo, estado y derecho*. Barcelona: Casa Editorial Bosch, 1960.
LEISTIKOW, Bruce N. The human and financial costs of smoking. In: MURIN, Susan; SILVESTRI, Gerard. Clinics in Chest Medicine. *WB Sanders Company*, Filadélfia, v. 21, n. 1, p. x, Mar. 2000.
LEOPOLDINO DA FONSECA, João Bosco. *Cláusulas abusivas nos contratos*. 2. ed. Rio de Janeiro: Forense, 1995.
_____. *Direito econômico – políticas econômicas*. Belo Horizonte: Movimento Editorial da Faculdade de Direito da UFMG, 1996.
_____. *Direito econômico*. 4. ed. Rio de Janeiro: Forense, 2001.
_____. *Lei de proteção da concorrência*. 2. ed. Rio de Janeiro: Forense, 2001.
_____. *O plano nacional de desenvolvimento como expressão de linguagem do direito*. Tese (Doutoramento em Direito) — Faculdade de Direito da Universidade Federal de Minas Gerais, 1989.
LIMA, Alceu Amoroso. *Pelo humanismo ameaçado*. Rio de Janeiro: Editora Tempo Brasileiro, 1965.
LINHARES, Paulo Afonso. *Direitos fundamentais e qualidade de vida*. São Paulo: Iglu Editora, 2002.
LOPES DE SOUZA, Ney. As Limitações Constitucionais do Direito Econômico. *Revista de Direito Econômico*, Brasília, n. 12, ano 5, p. 2-16, abr. 1979.
LÓPEZ, Juan Torres. *Análisis económico del derecho*. Madrid: Editorial Tecnos, 1978.
LORENZETTI, Ricardo Luís. *Consumidores*. Buenos Aires: Rubinzal-Culzoni, 2003.

_____. Haciendo realidad los derechos humanos. *Revista de Direito do Consumidor*, São Paulo, n. 39, Revista dos Tribunais, p. 9-31, jul./set. 2001.
LUCCIONI, Gennie. *Atualidade do mito*. Tradução Carlos Arthur R. do Nascimento. São Paulo: Livraria Duas Cidades, 1977.
LUCKESI, Cipriano Carlos. O humanismo no Brasil. In: NOGARE, Pedro Dalle. *Humanismos e anti-humanismos*. Introdução à antropologia filosófica. 13. ed. Petrópolis: Vozes, 1994. p. 270-289.
MACKAY, Judith; ERIKSEN, Michael. *The tobacco atlas*. Genebra: WHO, 2002.
MALTA, Cynthia. O Brilho dos Vaga-lumes. *Gazeta Mercantil*, São Paulo, 04 a 06 jul. 2003, Caderno Fim de Semana, p. 1.
MARITAIN, Jacques. *Por um humanismo cristão*. São Paulo: Ed. Paulus, 1999.
MARQUES, Cláudia Lima. *Contratos no código de defesa do consumidor*. 4. ed. São Paulo: Revista dos Tribunais, 2002.
MARTINS, Ives Gandra da Silva. O Direito Econômico na Constituição. *Revista de Direito Econômico*, Brasília, n. 27, p. 73-82, jan./jul. 1998.
MATA-MACHADO, Edgar de Godoi da. *Contribuição ao personalismo jurídico*. Prefácio da professora Elza Maria Miranda Afonso. Belo Horizonte: Del Rey, 2000.
MELLO, Celso D. de Albuquerque. *Curso de direito internacional público*. 13. ed. Rio de Janeiro: Renovar, 2001. v. I.
MILL, John Stuart. *A liberdade; utilitarismo*. Tradução Eunice Ostrensky. São Paulo: Martins Fontes, 2000.
MOIX, Candide. *O pensamento de Emmanuel Mounier*. Tradução Frei Marcelo L. Simões. Rio de Janeiro: Paz e Terra, 1968.
MONDIN, Battista. *O humanismo filosófico de Tomás de Aquino*. Bauru: EDUSC, 1998.
MORAES, Paulo Valério Dal Pai. *Código de defesa do consumidor*: no contrato, na publicidade, nas demais práticas comerciais. Porto Alegre: Síntese, 1999.
MOUNIER, Emmanuel. *O personalismo*. Tradução João Bénard da Costa. 2. ed. São Paulo: Livraria Duas Cidades, 1964.

MURIN, Susan; SILVESTRI, Gerard. Clinics in Chest Medicine. *WB Sanders Company*, Filadélfia, v. 21, n. 1, p. x, Mar. 2000.

NARDI, Jean-Baptiste. *A história do fumo brasileiro*. Rio de Janeiro: ABIFUMO, 1985.

NOGARE, Pedro Dalle. *Humanismos e anti-humanismos*. Introdução à antropologia filosófica. 13. ed. Petrópolis: Vozes, 1994.

NOGUEIRA, Alcântara. *Poder e humanismo*. Porto Alegre: Sergio Antonio Fabris Editor, 1989.

NUNES, Castro. *Teoria e prática do poder judiciário*. Rio de Janeiro: Forense, 1943.

NUSDEO, Fábio. *Curso de economia*. Introdução ao direito econômico. 2. ed. rev. São Paulo: Revista dos Tribunais, 2000.

OLIVEIRA, Amanda Flávio de. A defesa do Consumidor e a Proteção da Livre Concorrência como Princípios Constitucionais Complementares. *Revista do Curso de Direito*. Belo Horizonte, v. 01, n. 01, UNI-BH, p. 113-119, 2002.

_____. O Sistema Nacional de Defesa do Consumidor – Histórico. *Revista de Direito do Consumidor*, São Paulo, v. 44, Ed. Revista dos Tribunais, p. 97-105, out./dez. 2002.

_____. Os contratos habitacionais à luz do Código de Defesa do Consumidor. SEMINÁRIO SISTEMA FINANCEIRO DE HABITAÇÃO. *Anais* ... Belo Horizonte: Ajufe, 2000. p. 41-49.

_____. *Direito da concorrência e poder judiciário*. Rio de Janeiro: Forense, 2002.

ORGANIZACIÓN MUNDIAL DE LA SALUD. *El convenio marco para la lucha antitabáquica*. Presentación. WHO/NCD/TFI/99.8.Rev.2, p. 2.

_____. *Desarollo de legislación para el control del tabaco*. Modelos y Guias. Washington, DC, jun. 2002.

_____. *El tabaquismo en America Latina, Estados Unidos y Canada* (período 1990-1999). Jun. 2000.

_____. *La epidemia de tabaquismo*. Los gobiernos y los aspectos económicos del control del tabaco. Washington, DC, 2000.

_____. *Tabaco*: lo que todos debemos saber. Washington DC, 2002.

PACHECO, Pedro Mercado. *El analisis economico del derecho.* Una reconstruccion teorica. Madrid: Centro de Estudios Constitucionales, 1994.

PAGLIARO, Antonino. *A vida do sinal.* Ensaio sobre a língua e outros símbolos. 2. ed. Lisboa: Fundação Calouste Gulbenkian, 1983.

PAN AMERICAN HEALTH ORGANIZATION. *The framework convention on tobacco control*: strengthening health globally. Washington, DC, [s.d.].

PELLET, Alain. *Le droit international du développement.* Paris: Presse Universitaires de France, 1987. p. 62-63.

PERINE, Marcelo. Um conflito de humanismos. In: VAZ, Henrique C. de Lima. *Humanismo hoje*: tradição e missão. Belo Horizonte: PUC-Minas, Instituto Jacques Maritain, 2001. p. 28-47.

PHILIP Morris condenada a pagar US$ 28 bilhões. *Gazeta Mercantil*, São Paulo, 07 out. 2002, p. A-8.

POLINSKY, A Mitchel. *Introducción al análisis económico del derecho.* Barcelona: Editorial Ariel, 1983.

POSNER, Richard A. *Economic analysis of law.* Fifth Edition. New York: Aspen Law and Business, 1998.

_____. *Economic analysis of law.* Fourth Edition. Boston and Toronto: Little, Brown and Company, 1992.

_____. Some uses and abuses of economics in law. *University of Chicago Review*, Chicago, v. 46, n. 2, p. 281-315, winter 1979.

_____. The decline of law as an autonomous discipline: 1962-1987. *Harvard Law Review*, v. 100, p. 761-780, 1987.

_____. What do Judges and Justices Maximize? (The Same Thing Everybody Else Does). *Supreme Court Economic Review.* George Mason University Press, Fairfax, Virginia, v. 3, p. 1-41, 1993.

RECASÉNS SICHES, Luís. *Tratado general de filosofia del derecho.* México: Editorial Porrua, 1986.

RIVERO, Jean. *Le conseil constitutionnel et les libertés.* Paris: Economica, 1984.

ROMANO, Santi. *Princípios de direito constitucional geral*. Tradução Maria Helena Diniz. São Paulo: Revista dos Tribunais, 1977.

ROSEMBERG, José. *Tabagismo e saúde*. Informação para profissionais de saúde. Rio de Janeiro: Centro de Documentação do Ministério da Saúde, 1987.

_____. *Temas sobre tabagismo*. São Paulo: Secretaria de Estado de Saúde, 1998.

RYAN, John F. EU Tobacco Control – Fighting for lives. *Health and Consumer Protection*, DG. Bruxelles, Consumer Voice n. 2, p. 4, 2000.

SALOMÃO FILHO, Calixto. *Direito concorrencial* – as estruturas. São Paulo: Malheiros Editores, 1998.

SAMPAIO, José Adércio Leite. *Direito à intimidade e à vida privada*. Belo Horizonte: Del Rey, 1998.

SANTOS, António Carlos; GONÇALVES, Maria Eduarda; MARQUES, Maria Manuel Leitão. *Direito económico*. Coimbra: Livraria Almedina, 1993.

SARLET, Ingo Wolfgan. Os direitos fundamentais sociais na Constituição de 1988. *Revista de Direito do Consumidor*, São Paulo, n. 30, Revista dos Tribunais, p. 97-122, abr./jun. 1999.

SARTRE, Jean-Paul. *L'existentialisme est un humanisme*. Paris: Gallimard, 1996.

SCHOPENHAUER, Arthur. *O livre-arbítrio*. São Paulo: Ed. Novo Horizonte, [s.d.].

SEFFRIN, Guido. *O fumo no Brasil e no mundo*. Santa Cruz do Sul: AFUBRA, 1995.

SENECA. *Diálogos*. Consolaciones a Márcia, a su madre Hélvia y a Polibio. Tradução Juan Marine Isidro. Madrid: Editorial Gredos, 1996.

_____. *Diálogos*. Tradução Juan Marine Isidro. Madrid: Editorial Gredos, 2000.

SHAPIRO, Ira S. Treating cigarettes as an exception to the trade rules. *SAIS Review*, v. XXII, n. 1, p. 87-96, winter-spring 2002.

SILVA, José Afonso da. *Curso de direito constitucional positivo*. 6. ed. São Paulo: Revista dos Tribunais, 1990.

SILVA, Roberto Luiz. *Direito econômico internacional e direito comunitário*. Belo Horizonte: Del Rey, 1995.

SOUZA Cruz usou contrabando nos anos 90. *Valor Econômico*, 08 maio 2002, p. B-6-7.

SOUZA, Washington Peluso Albino de. *Lições de direito econômico*. Porto Alegre: Sergio Antonio Fabris Editor, 2002.

_____. *Primeiras linhas de direito econômico*. 2. ed. atual. e rev. por Terezinha Helena Linhares. Belo Horizonte: Fundação Brasileira de Direito Econômico, 1992.

_____. *Primeiras linhas de direito econômico*. 5. ed. São Paulo: LTr, 2003.

_____. *Teoria da constituição econômica*. Belo Horizonte: Del Rey, 2002.

TOBACO o Salud. *Boletin informativo de la Comissión Nacional Interinstitucional para el control del tabaquismo*. Assunción, n. 1, año 1, p. 1, 1-30 set. 2002.

TOMÁS DE AQUINO, Santo. *Tratado de la ley. Tratado de la justicia*. Opúsculo sobre el gobierno de los príncipes. Tradução Carlos Ignácio Gonzáles. México: Editorial Porrúa, 1975.

TURUNEN, Sinikka. Des consommateurs font front au tabagisme. *Health and Consumer Protection*, DG. Bruxelles, Consumer Voice n. 3, p. 13-14, Sept. 1999.

VAZ, Henrique C. de Lima. *Humanismo hoje*: tradição e missão. Belo Horizonte: Puc-Minas, Instituto Jacques Maritain, 2001.

VAZ, Isabel. *Direito econômico da concorrência*. Rio de Janeiro: Forense, 1993.

_____. *Direito econômico das propriedades*. Rio de Janeiro: Forense, 1992.

VENÂNCIO FILHO, Alberto. *A intervenção do Estado no domínio econômico*: o direito público econômico no Brasil. Ed. Fac-similar. Rio de Janeiro: Renovar, 1998.

_____. *A intervenção do Estado no domínio econômico. O direito público econômico no Brasil*. Rio de Janeiro: Fundação Getúlio Vargas, 1968.

VILLEY, Michel. *Filosofia do direito — definições e fins do direito*. São Paulo: Atlas, 1977.

WEIL, Prosper. *Le droit international économique*: mythe ou réalité? In Aspects du droit international économique. Élaboration, controle, sanction. Paris: A. Pedone, 1972. p. 1-34.

WORLD BANK. *Curbing the epidemic*. Governments and the economics of tobacco control. Washington DC: WB, 1999.

_____. *La epidemia de tabaquismo*. Los gobiernos y los aspectos económicos del control del tabaco. Washington DC: WB, 1999.

WORLD HEALTH ORGANIZATION. *Advancing knowledge on regulating tobacco products*. Genebra: WHO, 2001.

_____. Global Tobacco Control Law: towards a WHO framework convention on tobacco control. INTERNACIONAL CONFERENCE, 7-9 Jan. 2000. Report, New Delhi, 2000.

_____. *Health Impact*, 2003. Dra. Gro Harlem Brundtland, Diretora-Geral da Organização Mundial da Saúde. Disponível em: http://www.who.int/tobacco/health_impact/en. Acesso em: 05 jul. 2003.

_____. *Tobacco poses a major obstacle to childrens rights – report*. Genebra, WHO 24, 4 may 2001. Press Release.

ANEXO

Convenção — Quadro para Controle do Tabaco

Convenio Marco de la OMS para el Control del Tabaco

Preámbulo

Las Partes en el presente Convenio,
Determinadas a dar prioridad a su derecho de proteger la salud pública,
Reconociendo que la propagación de la epidemia de tabaquismo es un problema mundial con graves consecuencias para la salud pública, que requiere la más amplia cooperación internacional posible y la participación de todos los países en una respuesta internacional eficaz, apropiada e integral,
Teniendo en cuenta la inquietud de la comunidad internacional por las devastadoras consecuencias sanitarias, sociales, económicas y ambientales del consumo de tabaco y de la exposición al humo de tabaco en el mundo entero,
Seriamente preocupadas por el aumento del consumo y de la producción de cigarrillos y otros productos de tabaco

en el mundo entero, particularmente en los países en desarrollo, y por la carga que ello impone en las familias, los pobres y en los sistemas nacionales de salud,

Reconociendo que la ciencia ha demostrado inequívocamente que el consumo de tabaco y la exposición al humo de tabaco son causas de mortalidad, morbilidad y discapacidad, y que las enfermedades relacionadas con el tabaco no aparecen inmediatamente después de que se empieza a fumar o a estar expuesto al humo de tabaco, o a consumir de cualquier otra manera productos de tabaco,

Reconociendo además que los cigarrillos y algunos otros productos que contienen tabaco están diseñados de manera muy sofisticada con el fin de crear y mantener la dependencia, que muchos de los compuestos que contienen y el humo que producen son farmacológicamente activos, tóxicos, mutágenos y cancerígenos, y que la dependencia del tabaco figura como un trastorno aparte en las principales clasificaciones internacionales de enfermedades,

Reconociendo también que existen claras pruebas científicas de que la exposición prenatal al humo de tabaco genera condiciones adversas para la salud y el desarrollo del niño,

Profundamente preocupadas por el importante aumento del número de fumadores y de consumidores de tabaco en otras formas entre los niños y adolescentes en el mundo entero, y particularmente por el hecho de que se comience a fumar a edades cada vez más tempranas,

Alarmadas por el incremento del número de fumadoras y de consumidoras de tabaco en otras formas entre las mujeres y las niñas en el mundo entero y teniendo presente la necesidad de una plena participación de la mujer en todos los niveles de la formulación y aplicación de políticas, así como la necesidad de estrategias de control del tabaco específicas en función del género,

Profundamente preocupadas por el elevado número de miembros de pueblos indígenas que fuman o de alguna otra manera consumen tabaco,

Seriamente preocupadas por el impacto de todas las formas de publicidad, promoción y patrocinio encaminadas a estimular el consumo de productos de tabaco,

Reconociendo que se necesita una acción cooperativa para eliminar toda forma de tráfico ilícito de cigarrillos y otros productos de tabaco, incluidos el contrabando, la fabricación ilícita y la falsificación,

Reconociendo que el control del tabaco en todos los niveles, y particularmente en los países en desarrollo y en los países con economías en transición, necesita de recursos financieros y técnicos suficientes adecuados a las necesidades actuales y previstas para las actividades de control del tabaco,

Reconociendo la necesidad de establecer mecanismos apropiados para afrontar las consecuencias sociales y económicas que tendrá a largo plazo el éxito de las estrategias de reducción de la demanda de tabaco,

Conscientes de las dificultades sociales y económicas que pueden generar a mediano y largo plazo los programas de control del tabaco en algunos países en desarrollo o con economías en transición, y reconociendo la necesidad de asistencia técnica y financiera en el contexto de las estrategias de desarrollo sostenible formuladas a nivel nacional,

Conscientes de la valiosa labor que sobre el control del tabaco llevan a cabo muchos Estados y destacando el liderazgo de la Organización Mundial de la Salud y los esfuerzos desplegados por otros organismos y órganos del sistema de las Naciones Unidas, así como por otras organizaciones intergubernamentales internacionales y regionales en el establecimiento de medidas de control del tabaco,

Destacando la contribución especial que las organizaciones no gubernamentales y otros miembros de la sociedad civil no afiliados a la industria del tabaco, entre ellos órganos de las profesiones sanitarias, asociaciones de mujeres, de jóvenes, de defensores del medio ambiente y de consumidores e instituciones docentes y de atención sanitaria, han aportado a las actividades de control del tabaco a nivel nacional e internacional, así como la importancia decisiva de su participación en las actividades nacionales e internacionales de control del tabaco,

Reconociendo la necesidad de mantener la vigilancia ante cualquier intento de la industria del tabaco de socavar o desvirtuar las actividades de control del tabaco, y la necesidad de estar informados de las actuaciones de la industria del tabaco que afecten negativamente a las actividades de control del tabaco,

Recordando el artículo 12 del Pacto Internacional de Derechos Económicos, Sociales y Culturales, adoptado por la Asamblea General de las Naciones Unidas el 16 de diciembre de 1966, en el que se declara que toda persona tiene derecho al disfrute del más alto nivel posible de salud física y mental,

Recordando asimismo el preámbulo de la Constitución de la Organización Mundial de la Salud, en el que se afirma que el goce del grado máximo de salud que se pueda lograr es uno de los derechos fundamentales de todo ser humano sin distinción de raza, religión, ideología política o condición económica o social,

Decididas a promover medidas de control del tabaco basadas en consideraciones científicas, técnicas y económicas actuales y pertinentes,

Recordando que en la Convención sobre la eliminación de todas las formas de discriminación contra la mujer, adoptada por la Asamblea General de las Naciones Unidas el 18 de diciembre de 1979, se establece que los Estados Partes en dicha Convención adoptarán medidas apropiadas para eliminar la discriminación contra la mujer en la esfera de la atención médica,

Recordando además que en la Convención sobre los Derechos del Niño, adoptada por la Asamblea General de las Naciones Unidas el 20 de noviembre de 1989, se establece que los Estados Partes en dicha Convención reconocen el derecho del niño al disfrute del más alto nivel posible de salud,

Han acordado lo siguiente:

PARTE I: INTRODUCCIÓN

Artículo 1
Lista de expresiones utilizadas

Para los efectos del presente Convenio:

a) «comercio ilícito» es toda práctica o conducta prohibida por la ley, relativa a la producción, envío, recepción, posesión, distribución, venta o compra, incluida toda práctica o conducta destinada a facilitar esa actividad;

b) una «organización de integración económica regional» es una organización integrada por Estados soberanos a la que sus Estados Miembros han traspasado competencia respecto de una diversidad de asuntos, inclusive la facultad de adoptar decisiones vinculantes para sus Estados Miembros en relación con dichos asuntos;[462]

c) por «publicidad y promoción del tabaco» se entiende toda forma de comunicación, recomendación o acción co-

---

[462] Cuando proceda, el término «nacional» se referirá a las organizaciones de integración económica regionales.

mercial con el fin, el efecto o el posible efecto de promover directa o indirectamente un producto de tabaco o el uso de tabaco;

d) el «control del tabaco» comprende diversas estrategias de reducción de la oferta, la demanda y los daños con objeto de mejorar la salud de la población eliminando o reduciendo su consumo de productos de tabaco y su exposición al humo de tabaco;

e) la «industria tabacalera» abarca a los fabricantes, distribuidores mayoristas e importadores de productos de tabaco;

f) la expresión «productos de tabaco» abarca los productos preparados totalmente o en parte utilizando como materia prima hojas de tabaco y destinados a ser fumados, chupados, mascados o utilizados como rapé;

g) por «patrocinio del tabaco» se entiende toda forma de contribución a cualquier acto, actividad o individuo con el fin, el efecto o el posible efecto de promover directa o indirectamente un producto de tabaco o el uso de tabaco.

Artículo 2
Relación entre el presente Convenio y otros acuerdos e instrumentos jurídicos

1. Para proteger mejor la salud humana, se alienta a las Partes a que apliquen medidas que vayan más allá de las estipuladas por el presente Convenio y sus protocolos, y nada en estos instrumentos impedirá que una Parte imponga exigencias más estrictas que sean compatibles con sus disposiciones y conformes al derecho internacional.

2. Las disposiciones del Convenio y de sus protocolos no afectarán en modo alguno al derecho de las Partes a concertar acuerdos bilaterales o multilaterales, incluso acuerdos regionales o subregionales, sobre cuestiones rela-

cionadas con el Convenio y sus protocolos o sobre cuestiones adicionales, a condición de que dichos acuerdos sean compatibles con sus obligaciones establecidas por el presente Convenio y sus protocolos. Las Partes interesadas notificarán esos acuerdos a la Conferencia de las Partes por conducto de la Secretaría.

PARTE II: OBJETIVO, PRINCIPIOS BÁSICOS Y OBLIGACIONES GENERALES

Artículo 3
Objetivo

El objetivo de este Convenio y de sus protocolos es proteger a las generaciones presentes y futuras contra las devastadoras consecuencias sanitarias, sociales, ambientales y económicas del consumo de tabaco y de la exposición al humo de tabaco proporcionando un marco para las medidas de control del tabaco que habrán de aplicar las Partes a nivel nacional, regional e internacional a fin de reducir de manera continua y sustancial la prevalencia del consumo de tabaco y la exposición al humo de tabaco.

Artículo 4
Principios básicos

Para alcanzar los objetivos del Convenio y de sus protocolos y aplicar sus disposiciones, las Partes se guiarán, entre otros, por los principios siguientes:
1. Todos deben estar informados de las consecuencias sanitarias, la naturaleza adictiva y la amenaza mortal del consumo de tabaco y de la exposición al humo de tabaco y se deben contemplar en el nivel gubernamental apropiado

medidas legislativas, ejecutivas, administrativas u otras medidas para proteger a todas las personas del humo de tabaco.

2. Se requiere un compromiso político firme para establecer y respaldar, a nivel nacional, regional e internacional, medidas multisectoriales integrales y respuestas coordinadas, tomando en consideración lo siguiente:

a) la necesidad de adoptar medidas para proteger a todas las personas de la exposición al humo de tabaco;

b) la necesidad de adoptar medidas para prevenir el inicio, promover y apoyar el abandono y lograr una reducción del consumo de productos de tabaco en cualquiera de sus formas;

c) la necesidad de adoptar medidas para promover la participación de las personas y comunidades indígenas en la elaboración, puesta en práctica y evaluación de programas de control del tabaco que sean socialmente y culturalmente apropiados para sus necesidades y perspectivas; y

d) la necesidad de adoptar medidas para que, cuando se elaboren estrategias de control del tabaco, se tengan en cuenta los riesgos relacionados específicamente con el género.

3. La cooperación internacional, particularmente la transferencia de tecnología, conocimientos y asistencia financiera, así como la prestación de asesoramiento especializado, con el objetivo de establecer y aplicar programas eficaces de control del tabaco tomando en consideración los factores culturales, sociales, económicos, políticos y jurídicos locales es un elemento importante del presente Convenio.

4. Se deben adoptar a nivel nacional, regional e internacional medidas y respuestas multisectoriales integrales para reducir el consumo de todos los productos de tabaco, a fin de prevenir, de conformidad con los principios de la

salud pública, la incidencia de las enfermedades, la discapacidad prematura y la mortalidad debidas al consumo de tabaco y a la exposición al humo de tabaco.

5. Las cuestiones relacionadas con la responsabilidad, según determine cada Parte en su jurisdicción, son un aspecto importante del control total del tabaco.

6. Se debe reconocer y abordar la importancia de la asistencia técnica y financiera para ayudar a realizar la transición económica a los cultivadores y trabajadores cuyos medios de vida queden gravemente afectados como consecuencia de los programas de control del tabaco, en las Partes que sean países en desarrollo y en las que tengan economías en transición, y ello se debe hacer en el contexto de estrategias nacionales de desarrollo sostenible.

7. La participación de la sociedad civil es esencial para conseguir el objetivo del Convenio y de sus protocolos.

Artículo 5
Obligaciones generales

1. Cada Parte formulará, aplicará, actualizará periódicamente y revisará estrategias, planes y programas nacionales multisectoriales integrales de control del tabaco, de conformidad con las disposiciones del presente Convenio y de los protocolos a los que se haya adherido.

2. Con ese fin, cada Parte, con arreglo a su capacidad:

a) establecerá o reforzará y financiará un mecanismo coordinador nacional o centros de coordinación para el control del tabaco; y

b) adoptará y aplicará medidas legislativas, ejecutivas, administrativas y/o otras medidas eficaces y cooperará, según proceda, con otras Partes en la elaboración de políticas apropiadas para prevenir y reducir el consumo de tabaco, la adicción a la nicotina y la exposición al humo de tabaco.

3. A la hora de establecer y aplicar sus políticas de salud pública relativas al control del tabaco, las Partes actuarán de una manera que proteja dichas políticas contra los intereses comerciales y otros intereses creados de la industria tabacalera, de conformidad con la legislación nacional.

4. Las Partes cooperarán en la formulación de propuestas sobre medidas, procedimientos y directrices para la aplicación del Convenio y de los protocolos a los que se hayan adherido.

5. Las Partes cooperarán según proceda con las organizaciones intergubernamentales internacionales y regionales y otros órganos competentes para alcanzar los objetivos del Convenio y de los protocolos a los que se hayan adherido.

6. Las Partes, con arreglo a los medios y recursos de que dispongan, cooperarán a fin de obtener recursos financieros para aplicar efectivamente el Convenio mediante mecanismos de financiamiento bilaterales y multilaterales.

PARTE III: MEDIDAS RELACIONADAS CON LA REDUCCIÓN DE LA DEMANDA DE TABACO

Artículo 6
Medidas relacionadas con los precios e impuestos para reducir la demanda de tabaco

1. Las Partes reconocen que las medidas relacionadas con los precios e impuestos son un medio eficaz e importante para que diversos sectores de la población, en particular los jóvenes, reduzcan su consumo de tabaco.

2. Sin perjuicio del derecho soberano de las Partes a decidir y establecer su propia política tributaria, cada Parte tendrá en cuenta sus objetivos nacionales de salud en lo

referente al control del tabaco y adoptará o mantendrá, según proceda, medidas como las siguientes:

a) aplicar a los productos de tabaco políticas tributarias y, si corresponde, políticas de precios para contribuir al logro de los objetivos de salud tendentes a reducir el consumo de tabaco; y

b) prohibir o restringir, según proceda, la venta y/o la importación de productos de tabaco libres de impuestos y libres de derechos de aduana por los viajeros internacionales.

3. De conformidad con el artículo 21, en sus informes periódicos a la Conferencia de las Partes, éstas comunicarán las tasas impositivas aplicadas a los productos de tabaco y las tendencias del consumo de dichos productos.

Artículo 7
Medidas no relacionadas con los precios para reducir la demanda de tabaco

Las Partes reconocen que las medidas integrales no relacionadas con los precios son un medio eficaz e importante para reducir el consumo de tabaco. Cada Parte adoptará y aplicará medidas legislativas, ejecutivas, administrativas u otras medidas eficaces que sean necesarias para el cumplimiento de sus obligaciones dimanantes de los artículos 8 a 13 y cooperará con las demás Partes según proceda, directamente o por intermedio de los organismos internacionales competentes, con miras a su cumplimiento. La Conferencia de las Partes propondrá directrices apropiadas para la aplicación de lo dispuesto en esos artículos.

Artículo 8
Protección contra la exposición al humo de tabaco

1. Las Partes reconocen que la ciencia ha demostrado de manera inequívoca que la exposición al humo de tabaco es causa de mortalidad, morbilidad y discapacidad.

2. Cada Parte adoptará y aplicará, en áreas de la jurisdicción nacional existente y conforme determine la legislación nacional, medidas legislativas, ejecutivas, administrativas y/u otras medidas eficaces de protección contra la exposición al humo de tabaco en lugares de trabajo interiores, medios de transporte público, lugares públicos cerrados y, según proceda, otros lugares públicos, y promoverá activamente la adopción y aplicación de esas medidas en otros niveles jurisdiccionales.

Artículo 9
Reglamentación del contenido de los productos de tabaco

La Conferencia de las Partes, en consulta con los órganos internacionales competentes, propondrá directrices sobre el análisis y la medición del contenido y las emisiones de los productos de tabaco y sobre la reglamentación de esos contenidos y emisiones. Cada Parte adoptará y aplicará medidas legislativas, ejecutivas y administrativas u otras medidas eficaces aprobadas por las autoridades nacionales competentes para que se lleven a la práctica dichos análisis y mediciones y esa reglamentación.

Artículo 10
Reglamentación de la divulgación de información sobre los productos de tabaco

Cada Parte adoptará y aplicará, de conformidad con su legislación nacional, medidas legislativas, ejecutivas, administrativas u otras medidas eficaces para exigir que los fabricantes e importadores de productos de tabaco revelen a las autoridades gubernamentales la información relativa al contenido y las emisiones de los productos de tabaco. Cada Parte adoptará y aplicará asimismo medidas eficaces para que se revele al público la información relativa a los componentes tóxicos de los productos de tabaco y las emisiones que éstos pueden producir.

Artículo 11
Empaquetado y etiquetado de los productos de tabaco

1. Cada Parte, dentro de un periodo de tres años a partir de la entrada en vigor del Convenio para esa Parte, adoptará y aplicará, de conformidad con su legislación nacional, medidas eficaces para conseguir lo siguiente:

a) que en los paquetes y etiquetas de los productos de tabaco no se promocione un producto de tabaco de manera falsa, equívoca o engañosa o que pueda inducir a error con respecto a sus características, efectos para la salud, riesgos o emisiones, y no se empleen términos, elementos descriptivos, marcas de fábrica o de comercio, signos figurativos o de otra clase que tengan el efecto directo o indirecto de crear la falsa impresión de que un determinado producto de tabaco es menos nocivo que otros, por ejemplo expresiones tales como «con bajo contenido de alquitrán», «ligeros», «ultra ligeros» o «suaves»; y

b) que en todos los paquetes y envases de productos de tabaco y en todo empaquetado y etiquetado externos de los mismos figuren también advertencias sanitarias que describan los efectos nocivos del consumo de tabaco, y que puedan incluirse otros mensajes apropiados. Dichas advertencias y mensajes:

i) serán aprobados por las autoridades nacionales competentes;

ii) serán rotativos;

iii) serán grandes, claros, visibles y legibles;

iv) deberían ocupar el 50% o más de las superficies principales expuestas y en ningún caso menos del 30% de las superficies principales expuestas;

v) podrán consistir en imágenes o pictogramas, o incluirlos.

2. Todos los paquetes y envases de productos de tabaco y todo empaquetado y etiquetado externos de los mismos, además de las advertencias especificadas en el párrafo 1(b) de este artículo, contendrán información sobre los componentes pertinentes de los productos de tabaco y de sus emisiones de conformidad con lo definido por las autoridades nacionales.

3. Cada Parte exigirá que las advertencias y la información textual especificadas en los párrafos 1(b) y 2 del presente artículo figuren en todos los paquetes y envases de productos de tabaco y en todo empaquetado y etiquetado externos de los mismos en su idioma o idiomas principales.

4. A efectos del presente artículo, la expresión «empaquetado y etiquetado externos» en relación con los productos de tabaco se aplica a todo envasado y etiquetado utilizados en la venta al por menor del producto.

Artículo 12
Educación, comunicación, formación y concienciación del público

Cada Parte promoverá y fortalecerá la concienciación del público acerca de las cuestiones relativas al control del tabaco utilizando de forma apropiada todos los instrumentos de comunicación disponibles. Con ese fin, cada Parte adoptará y aplicará medidas legislativas, ejecutivas, administrativas u otras medidas eficaces para promover lo siguiente:

a) un amplio acceso a programas integrales y eficaces de educación y concienciación del público sobre los riesgos que acarrean para la salud el consumo de tabaco y la exposición al humo de tabaco, incluidas sus propiedades adictivas;

b) la concienciación del público acerca de los riesgos que acarrean para la salud el consumo de tabaco y la exposición al humo de tabaco, así como de los beneficios que reportan el abandono de dicho consumo y los modos de vida sin tabaco, conforme a lo especificado en el párrafo 2 del artículo 14;

c) el acceso del público, de conformidad con la legislación nacional, a una amplia variedad de información sobre la industria tabacalera que revista interés para el objetivo del presente Convenio;

d) programas eficaces y apropiados de formación o sensibilización y concienciación sobre el control del tabaco dirigidos a personas tales como profesionales de la salud, trabajadores de la comunidad, asistentes sociales, profesionales de la comunicación, educadores, responsables de las políticas, administradores y otras personas interesadas;

e) la concienciación y la participación de organismos públicos y privados y organizaciones no gubernamentales no asociadas a la industria tabacalera en la elaboración y aplicación de programas y estrategias intersectoriales de control del tabaco; y

f) el conocimiento público y el acceso a la información sobre las consecuencias sanitarias, económicas y ambientales adversas de la producción y el consumo de tabaco.

Artículo 13
Publicidad, promoción y patrocinio del tabaco

1. Las Partes reconocen que una prohibición total de la publicidad, la promoción y el patrocinio reduciría el consumo de productos de tabaco.

2. Cada Parte, de conformidad con su constitución o sus principios constitucionales, procederá a una prohibición total de toda forma de publicidad, promoción y patro-

cinio del tabaco. Dicha prohibición comprenderá, de acuerdo con el entorno jurídico y los medios técnicos de que disponga la Parte en cuestión, una prohibición total de la publicidad, la promoción y el patrocinio transfronterizos originados en su territorio. A este respecto, cada Parte, dentro de un plazo de cinco años a partir de la entrada en vigor del Convenio para la Parte en cuestión, adoptará medidas legislativas, ejecutivas, administrativas u otras medidas apropiadas e informará en consecuencia de conformidad con el artículo 21.

3. La Parte que no esté en condiciones de proceder a una prohibición total debido a las disposiciones de su constitución o sus principios constitucionales aplicará restricciones a toda forma de publicidad, promoción y patrocinio del tabaco. Dichas restricciones comprenderán, de acuerdo con el entorno jurídico y los medios técnicos de que disponga la Parte en cuestión, la restricción o una prohibición total de la publicidad, la promoción y el patrocinio originados en su territorio que tengan efectos transfronterizos. A este respecto, cada Parte adoptará medidas legislativas, ejecutivas, administrativas u otras medidas apropiadas e informará en consecuencia de conformidad con el artículo 21.

4. Como mínimo, y de conformidad con su constitución o sus principios constitucionales, cada Parte:

a) prohibirá toda forma de publicidad, promoción y patrocinio del tabaco que promueva un producto de tabaco por cualquier medio que sea falso, equívoco o engañoso en alguna otra forma o que pueda crear una impresión errónea con respecto a sus características, efectos para la salud, riesgos o emisiones;

b) exigirá que toda publicidad de tabaco y, según proceda, su promoción y patrocinio, vaya acompañada de una advertencia o mensaje sanitario o de otro tipo pertinente;

c) restringirá el uso de incentivos directos o indirectos que fomenten la compra de productos de tabaco por parte de la población;

d) exigirá, si no ha adoptado una prohibición total, que se revelen a las autoridades gubernamentales competentes los gastos efectuados por la industria del tabaco en actividades de publicidad, promoción y patrocinio aún no prohibidas. Dichas autoridades podrán decidir que esas cifras, a reserva de lo dispuesto en la legislación nacional, se pongan a disposición del público y de la Conferencia de las Partes de conformidad con el artículo 21;

e) procederá dentro de un plazo de cinco años a una prohibición total o, si la Parte no puede imponer una prohibición total debido a su constitución o sus principios constitucionales, a la restricción de la publicidad, la promoción y el patrocinio por radio, televisión, medios impresos y, según proceda, otros medios, como Internet; y

f) prohibirá o, si la Parte no puede imponer la prohibición debido a su constitución o sus principios constitucionales, restringirá el patrocinio de acontecimientos y actividades internacionales o de participantes en las mismas por parte de empresas tabacaleras.

5. Se alienta a las Partes a que pongan en práctica medidas que vayan más allá de las obligaciones establecidas en el párrafo 4.

6. Las Partes cooperarán en el desarrollo de tecnologías y de otros medios necesarios para facilitar la eliminación de la publicidad transfronteriza.

7. Las Partes que hayan prohibido determinadas formas de publicidad, promoción y patrocinio del tabaco tendrán el derecho soberano de prohibir las formas de publicidad, promoción y patrocinio transfronterizos de productos de tabaco que penetren en su territorio, así como de imponerles las mismas sanciones previstas para la publicidad, la

promoción y el patrocinio que se originen en su territorio, de conformidad con la legislación nacional. El presente párrafo no respalda ni aprueba ninguna sanción en particular.

8. Las Partes considerarán la elaboración de un protocolo en el cual se establezcan medidas apropiadas que requieran colaboración internacional para prohibir completamente la publicidad, la promoción y el patrocinio transfronterizos.

Artículo 14
Medidas de reducción de la demanda relativas a la dependencia y al abandono del tabaco

1. Cada Parte elaborará y difundirá directrices apropiadas, completas e integradas, basadas en pruebas científicas y en las mejores prácticas, teniendo presentes las circunstancias y prioridades nacionales, y adoptará medidas eficaces para promover el abandono del consumo de tabaco y el tratamiento adecuado de la dependencia del tabaco.

2. Con ese fin, cada Parte procurará lo siguiente:

a) idear y aplicar programas eficaces de promoción del abandono del consumo de tabaco en lugares tales como instituciones docentes, unidades de salud, lugares de trabajo y entornos deportivos;

b) incorporar el diagnóstico y el tratamiento de la dependencia del tabaco y servicios de asesoramiento sobre el abandono del tabaco en programas, planes y estrategias nacionales de salud y educación, con la participación de profesionales de la salud, trabajadores comunitarios y asistentes sociales, según proceda;

c) establecer en los centros de salud y de rehabilitación programas de diagnóstico, asesoramiento, prevención y tratamiento de la dependencia del tabaco; y *d*) colaborar con otras Partes para facilitar la accesibilidad y asequibilidad de los tratamientos de la dependencia del tabaco, incluidos productos farmacéuticos, de conformidad con el artículo 22. Dichos productos y sus componentes pueden ser medicamentos, productos usados para administrar medicamentos y medios diagnósticos cuando proceda.

PARTE IV: MEDIDAS RELACIONADAS CON LA REDUCCIÓN DE LA OFERTA DE TABACO

Artículo 15
Comercio ilícito de productos de tabaco

1. Las Partes reconocen que la eliminación de todas las formas de comercio ilícito de productos de tabaco, como el contrabando, la fabricación ilícita y la falsificación, y la elaboración y aplicación a este respecto de una legislación nacional y de acuerdos subregionales, regionales y mundiales son componentes esenciales del control del tabaco.

2. Cada Parte adoptará y aplicará medidas legislativas, ejecutivas, administrativas u otras medidas eficaces para que todos los paquetes o envases de productos de tabaco y todo empaquetado externo de dichos productos lleven una indicación que ayude a las Partes a determinar el origen de los productos de tabaco y, de conformidad con la legislación nacional y los acuerdos bilaterales o multilaterales pertinentes, ayude a las Partes a determinar el punto de desviación y a vigilar, documentar y controlar el movimiento de los productos de tabaco y su situación legal. Además, cada Parte:

a) exigirá que todos los paquetes y envases de productos de tabaco para uso al detalle y al por mayor que se vendan en su mercado interno lleven la declaración: *«Venta autorizada únicamente en (insertar el nombre del país o de la unidad subnacional, regional o federal)»*, o lleven cualquier otra indicación útil en la que figure el destino final o que ayude a las autoridades a determinar si está legalmente autorizada la venta del producto en el mercado interno; y

b) examinará, según proceda, la posibilidad de establecer un régimen práctico de seguimiento y localización que dé más garantías al sistema de distribución y ayude en la investigación del comercio ilícito.

3. Cada Parte exigirá que la información o las indicaciones que ha de llevar el empaquetado según el párrafo 2 del presente artículo figuren en forma legible y/o en el idioma o los idiomas principales del país.

4. Con miras a eliminar el comercio ilícito de productos de tabaco, cada Parte:

a) hará un seguimiento del comercio transfronterizo de productos de tabaco, incluido el comercio ilícito, reunirá datos sobre el particular e intercambiará información entre autoridades aduaneras, tributarias y otras autoridades, según proceda y de conformidad con la legislación nacional y los acuerdos bilaterales o multilaterales pertinentes aplicables;

b) promulgará o fortalecerá legislación, con sanciones y recursos apropiados, contra el comercio ilícito de productos de tabaco, incluidos los cigarrillos falsificados y de contrabando;

c) adoptará medidas apropiadas para garantizar que todos los cigarrillos y productos de tabaco falsificados y de contrabando y todo equipo de fabricación de éstos que se hayan decomisado se destruyan aplicando métodos inócuos para el medio ambiente cuando sea factible, o se eliminen de conformidad con la legislación nacional;

d) adoptará y aplicará medidas para vigilar, documentar y controlar el almacenamiento y la distribución de productos de tabaco que se encuentren o se desplacen en su jurisdicción en régimen de suspensión de impuestos o derechos; y

e) adoptará las medidas que proceda para posibilitar la incautación de los beneficios derivados del comercio ilícito de productos de tabaco.

5. La información recogida con arreglo a lo dispuesto en los párrafos 4(a) y 4(d) del presente artículo será transmitida, según proceda, en forma global por las Partes en sus informes periódicos a la Conferencia de las Partes, de conformidad con el artículo 21.

6. Las Partes promoverán, según proceda y conforme a la legislación nacional, la cooperación entre los organismos nacionales, así como entre las organizaciones intergubernamentales regionales e internacionales pertinentes, en lo referente a investigaciones, enjuiciamientos y procedimientos judiciales con miras a eliminar el comercio ilícito de productos de tabaco. Se prestará especial atención a la cooperación a nivel regional y subregional para combatir el comercio ilícito de productos de tabaco.

7. Cada Parte procurará adoptar y aplicar medidas adicionales, como la expedición de licencias, cuando proceda, para controlar o reglamentar la producción y distribución de los productos de tabaco a fin de prevenir el comercio ilícito.

Artículo 16
Ventas a menores y por menores

1. Cada Parte adoptará y aplicará en el nivel gubernamental apropiado medidas legislativas, ejecutivas, administrativas u otras medidas eficaces para prohibir la venta de productos de tabaco a los menores de la edad que determine la legislación interna, la legislación nacional o a los me-

nores de 18 años. Dichas medidas podrán consistir en lo siguiente:

a) exigir que todos los vendedores de productos de tabaco indiquen, en un anuncio claro y destacado situado en el interior de su local, la prohibición de la venta de productos de tabaco a los menores y, en caso de duda, soliciten que cada comprador de tabaco demuestre que ha alcanzado la mayoría de edad;

b) prohibir que los productos de tabaco en venta estén directamente accesibles, como en los estantes de los almacenes;

c) prohibir la fabricación y venta de dulces, refrigerios, juguetes y otros objetos que tengan forma de productos de tabaco y puedan resultar atractivos para los menores; y

d) garantizar que las máquinas expendedoras de tabaco bajo su jurisdicción no sean accesibles a los menores y no promuevan la venta de productos de tabaco a los menores.

2. Cada Parte prohibirá o promoverá la prohibición de la distribución gratuita de productos de tabaco al público y especialmente a los menores.

3. Cada Parte procurará prohibir la venta de cigarrillos sueltos o en paquetes pequeños que vuelvan más asequibles esos productos a los menores de edad.

4. Las Partes reconocen que, para que sean más eficaces, las medidas encaminadas a impedir la venta de productos de tabaco a los menores de edad deben aplicarse, cuando proceda, conjuntamente con otras disposiciones previstas en el presente Convenio.

5. A la hora de firmar, ratificar, aceptar o aprobar el presente Convenio o de adherirse al mismo, o en cualquier otro momento posterior, toda Parte podrá indicar mediante una declaración escrita que se compromete a prohibir la introducción de máquinas expendedoras de tabaco dentro de su jurisdicción o, según proceda, a prohibir completa-

mente las máquinas expendedoras de tabaco. El Depositario distribuirá a todas las Partes en el Convenio las declaraciones que se formulen de conformidad con el presente artículo.

6. Cada Parte adoptará y aplicará medidas legislativas, ejecutivas, administrativas u otras medidas eficaces, con inclusión de sanciones contra los vendedores y distribuidores, para asegurar el cumplimiento de las obligaciones establecidas en los párrafos 1 a 5 del presente artículo.

7. Cada Parte debería adoptar y aplicar, según proceda, medidas legislativas, ejecutivas, administrativas u otras medidas eficaces para prohibir la venta de productos de tabaco por personas de una edad menor a la establecida en la legislación interna, la legislación nacional o por menores de 18 años.

Artículo 17
Apoyo a actividades alternativas económicamente viables

Las Partes, en cooperación entre sí y con las organizaciones intergubernamentales internacionales y regionales competentes, promoverán según proceda alternativas económicamente viables para los trabajadores, los cultivadores y eventualmente, los pequeños vendedores de tabaco.

PARTE V: PROTECCIÓN DEL MEDIO AMBIENTE

Artículo 18
Protección del medio ambiente y de la salud de las personas

En cumplimiento de sus obligaciones establecidas en el presente Convenio, las Partes acuerdan prestar debida atención a la protección ambiental y a la salud de las personas en relación con el medio ambiente por lo que respecta al cultivo de tabaco y a la fabricación de productos de tabaco, en sus respectivos territorios.

PARTE VI: CUESTIONES RELACIONADAS CON LA RESPONSABILIDAD

Artículo 19
Responsabilidad

1. Con fines de control del tabaco, las Partes considerarán la adopción de medidas legislativas o la promoción de sus leyes vigentes, cuando sea necesario, para ocuparse de la responsabilidad penal y civil, inclusive la compensación cuando proceda.

2. Las Partes cooperarán entre sí en el intercambio de información por intermedio de la Conferencia de las Partes, de conformidad con el artículo 21, a saber:

a) información, de conformidad con el párrafo 3(a) del artículo 20, sobre los efectos en la salud del consumo de productos de tabaco y la exposición al humo de tabaco; y

b) información sobre la legislación y los reglamentos vigentes y sobre la jurisprudencia pertinente.

3. Las Partes, según proceda y según hayan acordado entre sí, dentro de los límites de la legislación, las políticas y las prácticas jurídicas nacionales, así como de los tratados vigentes aplicables, se prestarán recíprocamente ayuda en los procedimientos judiciales relativos a la responsabilidad civil y penal, de forma coherente con el presente Convenio.

4. El Convenio no afectará en absoluto a los derechos de acceso de las Partes a los tribunales de las otras Partes, donde existan esos derechos, ni los limitará en modo alguno.

5. La Conferencia de las Partes podrá considerar, si es posible, en una etapa temprana, teniendo en cuenta los trabajos en curso en foros internacionales pertinentes, cuestiones relacionadas con la responsabilidad, incluidos enfoques internacionales apropiados de dichas cuestiones y medios idóneos para apoyar a las Partes, cuando así lo soliciten, en sus actividades legislativas o de otra índole de conformidad con el presente artículo.

PARTE VII: COOPERACIÓN TÉCNICA Y CIENTÍFICA Y COMUNICACIÓN DE INFORMACIÓN

Artículo 20
Investigación, vigilancia e intercambio de información

1. Las Partes se comprometen a elaborar y promover investigaciones nacionales y a coordinar programas de investigación regionales e internacionales sobre control del tabaco. Con ese fin, cada Parte:

a) iniciará, directamente o por conducto de organizaciones intergubernamentales internacionales y regionales y de otros órganos competentes, investigaciones y evaluaciones científicas, cooperará en ellas y promoverá y alentará así investigaciones que aborden los factores determinantes y las consecuencias del consumo de tabaco y de la exposición al humo de tabaco e investigaciones tendentes a identificar cultivos alternativos; y

b) promoverá y fortalecerá, con el respaldo de organizaciones intergubernamentales internacionales y regionales y de otros órganos competentes, la capacitación y el apoyo destinados a todos los que se ocupen de actividades de control del tabaco, incluidas la investigación, la ejecución y la evaluación.

2. Las Partes establecerán, según proceda, programas de vigilancia nacional, regional y mundial de la magnitud, las pautas, los determinantes y las consecuencias del consumo de tabaco y de la exposición al humo de tabaco. Con ese fin, las Partes integrarán programas de vigilancia del tabaco en los programas nacionales, regionales y mundiales de vigilancia sanitaria para que los datos se puedan cotejar y analizar a nivel regional e internacional, según proceda.

3. Las Partes reconocen la importancia de la asistencia financiera y técnica de las organizaciones intergubernamentales internacionales y regionales y de otros órganos. Cada Parte procurará:

a) establecer progresivamente un sistema nacional de vigilancia epidemiológica del consumo de tabaco y de los indicadores sociales, económicos y de salud conexos;

b) cooperar con organizaciones intergubernamentales internacionales y regionales y con otros órganos competentes, incluidos organismos gubernamentales y no gubernamentales, en la vigilancia regional y mundial del tabaco y en el intercambio de información sobre los indicadores especificados en el párrafo 3(a) del presente artículo; y

c) cooperar con la Organización Mundial de la Salud en la elaboración de directrices o procedimientos de carácter general para definir la recopilación, el análisis y la difusión de datos de vigilancia relacionados con el tabaco.

4. Las Partes, con arreglo a la legislación nacional, promoverán y facilitarán el intercambio de información científica, técnica, socioeconómica, comercial y jurídica de dominio público, así como de información sobre las prácticas de la industria tabacalera y sobre el cultivo de tabaco, que sea pertinente para este Convenio, y al hacerlo tendrán en cuenta y abordarán las necesidades especiales de las Partes que sean países en desarrollo o tengan economías en transición. Cada Parte procurará:

a) establecer progresivamente y mantener una base de datos actualizada sobre las leyes y reglamentos de control del tabaco y, según proceda, información sobre su aplicación, así como sobre la jurisprudencia pertinente, y cooperar en la elaboración de programas de control del tabaco a nivel regional y mundial;

b) compilar progresivamente y actualizar datos procedentes de los programas nacionales de vigilancia, de conformidad con el párrafo 3(a) del presente artículo; y

c) cooperar con organizaciones internacionales competentes para establecer progresivamente y mantener un sistema mundial con objeto de reunir regularmente y difundir información sobre la producción y manufactura del tabaco y sobre las actividades de la industria tabacalera que tengan repercusiones para este Convenio o para las actividades nacionales de control del tabaco.

5. Las Partes deberán cooperar en las organizaciones intergubernamentales regionales e internacionales y en las instituciones financieras y de desarrollo a que pertenezcan, a fin de fomentar y alentar el suministro de recursos técnicos y financieros a la Secretaría del Convenio para ayudar a las Partes que sean países en desarrollo o tengan economías en transición a cumplir con sus compromisos de vigilancia, investigación e intercambio de información.

Artículo 21
Presentación de informes e intercambio de información

1. Cada Parte presentará a la Conferencia de las Partes, por conducto de la Secretaría, informes periódicos sobre su aplicación del Convenio, que deberían incluir lo siguiente:

a) información sobre las medidas legislativas, ejecutivas, administrativas o de otra índole adoptadas para aplicar el Convenio;

b) información, según proceda, sobre toda limitación u obstáculo surgido en la aplicación del Convenio y sobre las medidas adoptadas para superar esos obstáculos;

c) información, según proceda, sobre la ayuda financiera o técnica suministrada o recibida para actividades de control del tabaco;

d) información sobre la vigilancia y la investigación especificadas en el artículo 20; y

e) información conforme a lo especificado en los artículos 6.3, 13.2, 13.3, 13.4(d), 15.5 y 19.2.

2. La frecuencia y la forma de presentación de esos informes de todas las Partes serán determinadas por la Conferencia de las Partes. Cada Parte elaborará su informe inicial en el término de los dos años siguientes a la entrada en vigor de este Convenio para dicha Parte.

3. La Conferencia de las Partes, de conformidad con los artículos 22 y 26, considerará mecanismos para ayudar a las Partes que sean países en desarrollo o tengan economías en transición, a petición de esas Partes, a cumplir con sus obligaciones estipuladas en este artículo.

4. La presentación de informes y el intercambio de información previstos en el presente Convenio estarán sujetos a la legislación nacional relativa a la confidencialidad y la privacidad. Las Partes protegerán, según decidan de común acuerdo, toda información confidencial que se intercambie.

Artículo 22
Cooperación científica, técnica y jurídica y prestación de asesoramiento especializado

1. Las Partes cooperarán directamente o por conducto de los organismos internacionales competentes a fin de fortalecer su capacidad para cumplir las obligaciones dima-

nantes de este Convenio, teniendo en cuenta las necesidades de las Partes que sean países en desarrollo o tengan economías en transición. Esa cooperación promoverá la transferencia de conocimientos técnicos, científicos y jurídicos especializados y de tecnología, según se haya decidido de común acuerdo, con objeto de establecer y fortalecer estrategias, planes y programas nacionales de control del tabaco encaminados, entre otras cosas, a lo siguiente:

a) facilitar el desarrollo, la transferencia y la adquisición de tecnología, conocimiento, aptitudes, capacidad y competencia técnica relacionados con el control del tabaco;

b) prestar asesoramiento técnico, científico, jurídico y de otra índole a fin de establecer y fortalecer estrategias, planes y programas nacionales de control del tabaco, con miras a la aplicación del Convenio mediante, entre otras cosas, lo siguiente:

i) ayuda, cuando así se solicite, para crear una sólida base legislativa, así como programas técnicos, en particular programas de prevención del inicio del consumo de tabaco, promoción del abandono del tabaco y protección contra la exposición al humo de tabaco;

ii) ayuda, según proceda, a los trabajadores del sector del tabaco para desarrollar de manera económicamente viable medios de subsistencia alternativos apropiados que sean económicamente y legalmente viables;

iii) ayuda, según proceda, a los cultivadores de tabaco para llevar a efecto la transición de la producción agrícola hacia cultivos alternativos de manera económicamente viable;

c) respaldar programas de formación o sensibilización apropiados para el personal pertinente, según lo dispuesto en el artículo 12;

d) proporcionar, según proceda, el material, el equipo y los suministros necesarios, así como apoyo logístico, para las estrategias, planes y programas de control del tabaco;

e) determinar métodos de control del tabaco, incluido el tratamiento integral de la adicción a la nicotina; y

f) promover, según proceda, investigaciones encaminadas a mejorar la asequibilidad del tratamiento integral de la adicción a la nicotina.

2. La Conferencia de las Partes promoverá y facilitará la transferencia de conocimientos técnicos, científicos y jurídicos especializados y de tecnología con el apoyo financiero garantizado de conformidad con el artículo 26.

PARTE VIII: ARREGLOS INSTITUCIONALES Y RECURSOS FINANCIEROS

Artículo 23
Conferencia de las Partes

1. Por el presente se establece una Conferencia de las Partes. La primera reunión de la Conferencia de las Partes será convocada por la Organización Mundial de la Salud a más tardar un año después de la entrada en vigor de este Convenio. La Conferencia determinará en su primera reunión el lugar y las fechas de las reuniones subsiguientes que se celebrarán regularmente.

2. Se celebrarán reuniones extraordinarias de la Conferencia de las Partes en las ocasiones en que la Conferencia lo considere necesario, o cuando alguna de las Partes lo solicite por escrito, siempre que, dentro de los seis meses siguientes a la fecha en que la Secretaría del Convenio haya comunicado a las Partes la solicitud, ésta reciba el apoyo de al menos un tercio de las Partes.

3. La Conferencia de las Partes adoptará por consenso su Reglamento Interior en su primera reunión.

4. La Conferencia de las Partes adoptará por consenso sus normas de gestión financiera, que regirán también el

financiamiento de cualquier órgano subsidiario que pueda establecer, así como las disposiciones financieras que regirán el funcionamiento de la Secretaría. En cada reunión ordinaria adoptará un presupuesto para el ejercicio financiero hasta la siguiente reunión ordinaria.

5. La Conferencia de las Partes examinará regularmente la aplicación del Convenio, adoptará las decisiones necesarias para promover su aplicación eficaz y podrá adoptar protocolos, anexos y enmiendas del Convenio de conformidad con lo dispuesto en los artículos 28, 29 y 33. Para ello:

a) promoverá y facilitará el intercambio de información de conformidad con los artículos 20 y 21;

b) promoverá y orientará el establecimiento y el perfeccionamiento periódico de metodologías comparables de investigación y acopio de datos, además de las previstas en el artículo 20, que sean pertinentes para la aplicación del Convenio;

c) promoverá, según proceda, el desarrollo, la aplicación y la evaluación de estrategias, planes, programas, políticas, legislación y otras medidas;

d) considerará los informes que le presenten las Partes de conformidad con el artículo 21 y adoptará informes regulares sobre la aplicación del Convenio;

e) promoverá y facilitará la movilización de recursos financieros para la aplicación del Convenio de conformidad con el artículo 26;

f) establecerá los órganos subsidiarios necesarios para cumplir con el objetivo del Convenio;

g) recabará, cuando corresponda, los servicios, la cooperación y la información de las organizaciones y órganos del sistema de las Naciones Unidas y de otras organizaciones y órganos intergubernamentales y no gubernamentales internacionales y regionales competentes y pertinentes como medio para fortalecer la aplicación del Convenio; y *h)* considerará otras medidas, según proceda, para alcanzar el objetivo del Convenio, teniendo presente la experiencia adquirida en su aplicación.

6. La Conferencia de las Partes establecerá los criterios para la participación de observadores en sus reuniones.

Artículo 24
Secretaría

1. La Conferencia de las Partes designará una secretaría permanente y adoptará disposiciones para su funcionamiento. La Conferencia de las Partes procurará hacer esto en su primera reunión.

2. Hasta que se haya designado y establecido una secretaría permanente, las funciones de secretaría de este Convenio estarán a cargo de la Organización Mundial de la Salud.

3. Las funciones de la Secretaría serán las siguientes:

a) adoptar disposiciones para las reuniones de la Conferencia de las Partes y de cualquiera de sus órganos subsidiarios y prestarles los servicios necesarios;

b) transmitir los informes que haya recibido en virtud del Convenio;

c) prestar apoyo a las Partes, en particular a las que sean países en desarrollo o tengan economías en transición, cuando así lo soliciten, en la recopilación y transmisión de la información requerida de conformidad con las disposiciones del Convenio;

d) preparar informes sobre sus actividades en el marco de este Convenio, siguiendo las orientaciones de la Conferencia de las Partes, y someterlos a la Conferencia de las Partes;

e) asegurar, bajo la orientación de la Conferencia de las Partes, la coordinación necesaria con las organizaciones intergubernamentales internacionales y regionales y otros órganos competentes;

f) concertar, bajo la orientación de la Conferencia de las Partes, los arreglos administrativos y contractuales que sean necesarios para el ejercicio eficaz de sus funciones; y

g) desempeñar otras funciones de secretaría especificadas en el Convenio y en cualquiera de sus protocolos, y las que determine la Conferencia de las Partes.

Artículo 25
Relaciones entre la Conferencia de las Partes y las organizaciones intergubernamentales

Para prestar cooperación técnica y financiera a fin de alcanzar el objetivo de este Convenio, la Conferencia de las Partes podrá solicitar la cooperación de organizaciones intergubernamentales internacionales y regionales competentes, incluidas las instituciones de financiamiento y desarrollo.

Artículo 26
Recursos financieros

1. Las Partes reconocen la importancia que tienen los recursos financieros para alcanzar el objetivo del presente Convenio.

2. Cada Parte prestará apoyo financiero para sus actividades nacionales destinadas a alcanzar el objetivo del Convenio, de conformidad con sus planes, prioridades y programas nacionales.

3. Las Partes promoverán, según proceda, la utilización de vías bilaterales, regionales, subregionales y otros canales multilaterales para financiar la elaboración y el fortalecimiento de programas multisectoriales integrales de control

del tabaco de las Partes que sean países en desarrollo y de las que tengan economías en transición. Por consiguiente, deben abordarse y apoyarse, en el contexto de estrategias nacionales de desarrollo sostenible, alternativas económicamente viables a la producción de tabaco, entre ellas la diversificación de cultivos.

4. Las Partes representadas en las organizaciones intergubernamentales regionales e internacionales y las instituciones financieras y de desarrollo pertinentes alentarán a estas entidades a que faciliten asistencia financiera a las Partes que sean países en desarrollo y a las que tengan economías en transición para ayudarlas a cumplir sus obligaciones en virtud del presente Convenio, sin limitar los derechos de participación en esas organizaciones.

5. Las Partes acuerdan lo siguiente:

a) a fin de ayudar a las Partes a cumplir sus obligaciones en virtud del Convenio, se deben movilizar y utilizar en beneficio de todas las Partes, en especial de los países en desarrollo y los países con economías en transición, todos los recursos pertinentes, existentes o potenciales, ya sean financieros, técnicos o de otra índole, tanto públicos como privados, disponibles para actividades de control del tabaco;

b) la Secretaría informará a las Partes que sean países en desarrollo y a las que tengan economías en transición, previa solicitud, sobre fuentes de financiamiento disponibles para facilitar el cumplimiento de sus obligaciones en virtud del Convenio;

c) la Conferencia de las Partes en su primera reunión examinará las fuentes y mecanismos existentes y potenciales de asistencia sobre la base de un estudio realizado por la Secretaría y de otra información pertinente, y considerará su adecuación; y

d) los resultados de este examen serán tenidos en cuenta por la Conferencia de las Partes a la hora de determinar la necesidad de mejorar los mecanismos existentes o establecer un fondo mundial voluntario u otros mecanismos financieros apropiados para canalizar recursos financieros adicionales, según sea necesario, a las Partes que sean países en desarrollo y a las que tengan economías en transición para ayudarlas a alcanzar los objetivos del Convenio.

PARTE IX: SOLUCIÓN DE CONTROVERSIAS

Artículo 27
Solución de controversias

1. Si surge una controversia entre dos o más Partes respecto de la interpretación o la aplicación del presente Convenio, esas Partes procurarán resolver la controversia por vía diplomática mediante negociación o cualquier otro medio pacífico de su elección, por ejemplo buenos oficios, mediación o conciliación. El hecho de que no se llegue a un acuerdo mediante buenos oficios, mediación o conciliación no eximirá a las Partes en la controversia de la responsabilidad de seguir tratando de resolverla.

2. Al ratificar, aceptar, aprobar o confirmar oficialmente el Convenio, al adherirse a él, o en cualquier momento después de ello, un Estado u organización de integración económica regional podrá declarar por escrito al Depositario que, en caso de controversia no resuelta de conformidad con el párrafo 1 del presente artículo, acepta como obligatorio un arbitraje especial de acuerdo con los procedimientos que adopte por consenso la Conferencia de las Partes.

3. Las disposiciones del presente artículo se aplicarán a todos los protocolos y a las Partes en dichos protocolos, a menos que en ellos se disponga otra cosa.

PARTE X: DESARROLLO DEL CONVENIO

Artículo 28
Enmiendas del presente Convenio

1. Cualquiera de las Partes podrá proponer enmiendas del presente Convenio. Dichas enmiendas serán examinadas por la Conferencia de las Partes.
2. Las enmiendas del Convenio serán adoptadas por la Conferencia de las Partes. La Secretaría comunicará a las Partes el texto del proyecto de enmienda al menos seis meses antes de la reunión en la que se proponga su adopción. La Secretaría comunicará asimismo los proyectos de enmienda a los signatarios del Convenio y, a título informativo, al Depositario.
3. Las Partes harán todo lo posible por llegar a un acuerdo por consenso sobre cualquier propuesta de enmienda del Convenio. Si se agotan todas las posibilidades de llegar a un acuerdo por consenso, como último recurso la enmienda será adoptada por una mayoría de tres cuartos de las Partes presentes y votantes en la reunión. A los efectos del presente artículo, por «Partes presentes y votantes» se entiende las Partes presentes que emitan un voto a favor o en contra. La Secretaría comunicará toda enmienda adoptada al Depositario, y éste la hará llegar a todas las Partes para su aceptación.
4. Los instrumentos de aceptación de las enmiendas se entregarán al Depositario. Las enmiendas adoptadas de conformidad con el párrafo 3 del presente artículo entrarán en vigor, para las Partes que las hayan aceptado, al nonagésimo día contado desde la fecha en que el Depositario haya recibido instrumentos de aceptación de por lo menos dos tercios de las Partes en el Convenio.
5. Las enmiendas entrarán en vigor para las demás Partes al nonagésimo día contado desde la fecha en que se haya

entregado al Depositario el instrumento de aceptación de las enmiendas en cuestión.

Artículo 29
Adopción y enmienda de los anexos del presente Convenio

1. Los anexos y enmiendas del presente Convenio se propondrán, se adoptarán y entrarán en vigor de conformidad con el procedimiento establecido en el artículo 28.
2. Los anexos del Convenio formarán parte integrante de éste y, salvo que se disponga expresamente otra cosa, toda referencia al Convenio constituirá al mismo tiempo una referencia a sus anexos.
3. En los anexos sólo se incluirán listas, formularios y otros materiales descriptivos relacionados con cuestiones de procedimiento y aspectos científicos, técnicos o administrativos.

PARTE XI: DISPOSICIONES FINALES

Artículo 30
Reservas

No podrán formularse reservas a este Convenio.

Artículo 31
Denuncia

1. En cualquier momento después de un plazo de dos años a partir de la fecha de entrada en vigor del Convenio para una Parte, esa Parte podrá denunciar el Convenio, previa notificación por escrito al Depositario.
2. La denuncia surtirá efecto al cabo de un año contado desde la fecha en que el Depositario haya recibido la noti-

ficación correspondiente o, posteriormente, en la fecha que se indique en dicha notificación.

3. Se considerará que la Parte que denuncia el Convenio denuncia asimismo todo protocolo en que sea Parte.

Artículo 32
Derecho de voto

1. Salvo lo dispuesto en el párrafo 2 del presente artículo, cada Parte en el Convenio tendrá un voto.

2. Las organizaciones de integración económica regional, en los asuntos de su competencia, ejercerán su derecho de voto con un número de votos igual al número de sus Estados Miembros que sean Partes en el Convenio. Esas organizaciones no ejercerán su derecho de voto si cualquiera de sus Estados Miembros ejerce el suyo, y viceversa.

Artículo 33
Protocolos

1. Cualquier Parte podrá proponer protocolos. Dichas propuestas serán examinadas por la Conferencia de las Partes.

2. La Conferencia de las Partes podrá adoptar protocolos del presente Convenio. Al adoptar tales protocolos deberá hacerse todo lo posible para llegar a un consenso. Si se agotan todas las posibilidades de llegar a un acuerdo por consenso, como último recurso el protocolo será adoptado por una mayoría de tres cuartos de las Partes presentes y votantes en la reunión. A los efectos del presente artículo, por «Partes presentes y votantes» se entiende las Partes presentes que emitan un voto a favor o en contra.

3. El texto de todo protocolo propuesto será comunicado a las Partes por la Secretaría al menos seis meses antes de la reunión en la cual se vaya a proponer para su adopción.

4. Sólo las Partes en el Convenio podrán ser Partes en un protocolo del Convenio.
5. Cualquier protocolo del Convenio sólo será vinculante para las Partes en el protocolo en cuestión. Sólo las Partes en un protocolo podrán adoptar decisiones sobre asuntos exclusivamente relacionados con el protocolo en cuestión.
6. Las condiciones para la entrada en vigor del protocolo serán las establecidas por ese instrumento.

Artículo 34
Firma

El presente Convenio estará abierto a la firma de todos los Miembros de la Organización Mundial de la Salud, de todo Estado que no sea Miembro de la Organización Mundial de la Salud pero sea miembro de las Naciones Unidas, así como de las organizaciones de integración económica regional, en la sede de la Organización Mundial de la Salud, en Ginebra, desde el 16 de junio de 2003 hasta el 22 de junio de 2003, y posteriormente en la Sede de las Naciones Unidas, en Nueva York, desde el 30 de junio de 2003 hasta el 29 de junio de 2004.

Artículo 35
Ratificación, aceptación, aprobación, confirmación oficial o adhesión

1. El Convenio estará sujeto a la ratificación, aceptación, aprobación o adhesión de los Estados y a la confirmación oficial o la adhesión de las organizaciones de integración económica regional. Quedará abierto a la adhesión a partir del día siguiente a la fecha en que el Convenio quede cerrado a la firma. Los instrumentos de ratificación, acep-

tación, aprobación, confirmación oficial o adhesión se depositarán en poder del Depositario.

2. Las organizaciones de integración económica regional que pasen a ser Partes en el Convenio sin que lo sea ninguno de sus Estados Miembros quedarán sujetas a todas las obligaciones que les incumban en virtud del Convenio. En el caso de las organizaciones que tengan uno o más Estados Miembros que sean Partes en el Convenio, la organización y sus Estados Miembros determinarán su respectiva responsabilidad por el cumplimiento de las obligaciones que les incumban en virtud del Convenio. En esos casos, la organización y los Estados Miembros no podrán ejercer simultáneamente derechos conferidos por el Convenio.

3. Las organizaciones de integración económica regional expresarán en sus instrumentos de confirmación oficial o de adhesión el alcance de su competencia con respecto a las cuestiones regidas por el Convenio. Esas organizaciones comunicarán además al Depositario toda modificación sustancial en el alcance de su competencia, y el Depositario la comunicará a su vez a las Partes.

Artículo 36
Entrada en vigor

1. El presente Convenio entrará en vigor al nonagésimo día contado desde la fecha en que haya sido depositado en poder del Depositario el cuadragésimo instrumento de ratificación, aceptación, aprobación, confirmación oficial o adhesión.

2. Respecto de cada Estado que ratifique, acepte, apruebe el Convenio o se adhiera a él una vez satisfechas las condiciones relativas a la entrada en vigor establecidas en el párrafo 1 del presente artículo, el Convenio entrará en vigor al nonagésimo día contado desde la fecha en que el

Estado haya depositado su instrumento de ratificación, aceptación, aprobación o adhesión.

3. Respecto de cada organización de integración económica regional que deposite un instrumento de confirmación oficial o de adhesión, una vez satisfechas las condiciones relativas a la entrada en vigor estipuladas en el párrafo 1 del presente artículo, el Convenio entrará en vigor al nonagésimo día contado desde la fecha en que la organización haya depositado su instrumento de confirmación oficial o de adhesión.

4. A los efectos del presente artículo, los instrumentos depositados por una organización de integración económica regional no se considerarán adicionales a los depositados por los Estados Miembros de esa organización.

Artículo 37
Depositario

El Secretario General de las Naciones Unidas será el Depositario del Convenio, de las enmiendas de éste y de los protocolos y anexos aprobados de conformidad con los artículos 28, 29 y 33.

Artículo 38
Textos auténticos

El original del presente Convenio, cuyos textos en árabe, chino, español, francés, inglés y ruso son igualmente auténticos, se depositará en poder del Secretario General de las Naciones Unidas.

EN TESTIMONIO DE LO CUAL los infrascritos, debidamente autorizados a esos efectos, han firmado el presente Convenio.

HECHO en GINEBRA el día veintiuno de mayo de dos mil tres.

Impresso em offset nas oficinas da
FOLHA CARIOCA EDITORA LTDA.
Rua João Cardoso, 23 – Tel.: 2253-2073
Fax.: 2233-5306 – Rio de Janeiro – RJ – CEP 20220-060